Guida pratica alla preparazione del concorso straordinario

a cura di

Francesco Odierna
Alessia Iscaro

CONTATTI

prof.odiernafrancesco@gmail.com

Gruppo di supporto WhatsApp
https://chat.whatsapp.com/C2SjFzKX1NZHWnBHhrdkLD

Indice

3

1 Introduzione

Il presente manuale propone in maniera sintetica, ma esaustiva, gli argomenti oggetto della prova scritta del concorso straordinario 2023.

Il manuale è stato scritto in modo da semplificare lo studio dei vari argomenti e presenta riferimenti bibliografici puntuali nel caso in cui il candidato volesse approfondire ulteriormente gli argomenti trattati. Sono inoltre presenti le espansioni online che consistono in mappe concettuali aventi ad oggetto la parte di normativa scolastica, fondamentale per il superamento della prova. Le mappe concettuali rappresentano un valido strumento per ripassare velocemente la normativa.

Il libro è organizzato in sei capitoli, introduzione compresa. Di seguito illustriamo brevemente il contenuto di ciascun capitolo. Alla fine proponiamo alcuni suggerimenti per studiare al meglio il manuale.

Il secondo e il terzo capitolo affrontano rispettivamente le principali teorie psicologiche e pedagogiche, nonché gli autori di riferimento. Consigliamo di studiare bene questo capitolo poiché gli argomenti presentati sono fondamentali per superare la prova scritta e potrebbero essere oggetto del colloquio orale.

Il quarto capitolo inizia con un'introduzione alla didattica, alle metodologie e alle tecniche didattiche. È fondamentale comprendere questa distinzione, nonché conoscere le teorie dell'apprendimento e le tecniche didattiche presentate in questo capitolo.

Il quinto capitolo tratta la verifica e la valutazione, spesso considerate uguali. Dopo aver visto le differenze tra la fase di verifica e quella di valutazione, tratteremo le principali teorie della valutazione, gli effetti distorsivi della valutazione e le tassonomie degli apprendimenti.

Il sesto capitolo ha ad oggetto la normativa scolastica. La trattazione, a volte schematica, a volte discorsiva, è completa e si basa sui testi normativi di riferimento (leggi, decreti legislativi, decreti ministeriali, etc.). La normativa non sarà oggetto della prova, ma è comunque fondamentale ai fini prova orale, la quale ha ad oggetto la progettazione di un'unità di apprendimento, e in generale per conoscere bene come funziona la scuola italiana.

Si consiglia di studiare il manuale seguendo l'ordine proposto dagli autori. Qualora il candidato volesse seguire un ordine diverso, può comunque farlo. Tuttavia, alcuni concetti potrebbero essere poco approfonditi poiché trattati nelle sezioni precedenti.

Buona lettura e in bocca al lupo per il concorso!

1.1 Come prepararsi alla prova scritta

Per prepararsi efficacemente alla prova scritta è fondamentale studiare gli argomenti proposti nel manuale ed è consigliato esercitarsi sui test delle prove preselettive del TFA sostegno degli anni precedenti, facilmente reperibili online. I quesiti proposti al concorso straordinario saranno simili a quelli delle preselettive del TFA sostegno, visto che gli argomenti oggetto della prova si sovrappongono a quelli previsti dal bando del TFA. Ciò permette di familiarizzare con la struttura delle domande e le tipologie di quesiti presenti nella prova.

1.2 Come prepararsi alla prova orale

Per quanto riguarda la prova orale, essa ha ad oggetto la progettazione di un'unità di apprendimento. Un valido strumento che vi guiderà passo passo nella progettazione di UDA è rappresentato dal manuale *"Guida pratica alla progettazione di unità di apprendimento"* di Francesco Odierna, coautore di questo manuale.

Per prepararsi efficacemente alla prova orale, è consigliabile iniziare sin da subito a esercitarsi nella progettazione di unità di apprendimento aventi ad oggetto discipline della classe di concorso per la quale si concorre, magari partendo dalle tracce estratte negli anni scorsi.

Inoltre, è consigliabile preparare una presentazione generica da utilizzare come punto di partenza per la progettazione.

È consigliabile esercitarsi anche nella presentazione del proprio discorso, in modo da sviluppare sicurezza e capacità di esprimersi in modo fluido e convincente. Praticare davanti a un pubblico o registrarsi mentre si fa il proprio discorso può aiutare a migliorare la propria abilità comunicativa e a superare eventuali timori o incertezze.

2 Psicologia

In questo capitolo affronteremo le teorie psicologiche più rilevanti legate in maniera sintetica e schematica, in modo tale da agevolare lo studio in vista del test preselettivo. Il capitolo è suddiviso in paragrafi, ognuno dedicato alle diverse teorie psicologiche e ai relativi autori.

2.1 Teorie dell'intelligenza

2.1.1 Teoria multifattoriale

Charles Spearman (1863-1945), psicologo britannico, è noto per aver elaborato la teoria multifattoriale. In sostanza, ogni attività cognitiva viene compiuta in base a due fattori: il fattore G e il fattore S.

Il fattore G rappresenta l'intelligenza generale o la capacità cognitiva di base. Tale fattore è comune a diverse abilità intellettuali e interviene in diverse prestazioni cognitive. Spearman credeva che tutte le attività mentali richiedessero un certo grado di intelligenza generale e che il fattore G fosse correlato alle prestazioni osservate in diversi test di intelligenza. Il fattore G è considerato un costrutto latente, cioè non è direttamente osservabile ma viene dedotto attraverso l'analisi dei dati dei test.

Oltre al fattore G, Spearman ha riconosciuto l'esistenza di fattori specifici, noti come fattori S, che influenzano le prestazioni in compiti specifici. Ad esempio, un fattore S potrebbe essere associato alle abilità linguistiche o a quelle matematiche. Questi fattori specifici rappresentano le differenze individuali nelle abilità intellettuali che vanno al di là dell'intelligenza generale.

2.1.2 Modello dei sette fattori primari

Louis Leon Thurstone (1887-1955), psicologo statunitense, propose un modello che racchiude il nucleo dell'intelligenza in sette fattori globali e che definì *primary mental abilities*, ovvero abilità mentali primarie (1938). I sette fattori primari identificati da Thurstone sono i seguenti:

1. *Comprensione verbale*: la capacità di comprendere e utilizzare il linguaggio verbale in modo efficace.

2. *Fluenza verbale*: la capacità di generare rapidamente parole o idee in risposta a uno stimolo.

3. *Abilità numerica:* la capacità di eseguire operazioni aritmetiche e comprendere i concetti numerici.

4. *Memoria associativa:* la capacità di ricordare e recuperare informazioni.

5. *Abilità spaziale:* la capacità di comprendere e manipolare le relazioni spaziali tra oggetti.

6. *Velocità percettiva:* la capacità di elaborare rapidamente informazioni visive.

7. *Ragionamento induttivo:* la capacità di ragionare, dedurre e risolvere problemi.

Secondo Thurstone, queste abilità cognitive primarie sono relativamente indipendenti tra loro, il che significa che una persona può eccellere in una o più abilità senza necessariamente eccellere in tutte le altre.

2.1.3 Teoria di Cattel

Raymond Cattell (1905-1998), psicologo inglese, è famoso per la sua Teoria di Cattell, secondo cui l'intelligenza sarebbe il prodotto di due componenti, uno genetico e uno derivante dall'interazione con l'ambiente. L'autore ipotizza la presenza di un solo fattore generale distinto in due diverse dimensioni:

1. *Intelligenza fluida:* è in uso quando l'esecuzione di un compito richiede processi e modi di pensare nuovi. Essa corrisponde alla capacità di ragionamento astratto.
2. *Intelligenza cristallizzata:* è in uso quando l'esecuzione di un compito richiede l'intervento di conoscenze e abilità precedentemente apprese.

2.1.4 Modello gerarchico a tre strati di Carroll

John Bissell Carroll (1916-2003), psicologo statunitense, ha lasciato un'impronta significativa nel campo della psicometria e delle misurazioni delle capacità cognitive. Il suo modello gerarchico a tre strati, pubblicato nel 1993, si basa sui dati dei test di intelligenza utilizzati nelle analisi fattoriali. Il modello propone la seguente suddivisione:

1. Il primo strato della struttura dell'intelligenza è costituito da una serie di abilità cognitive primarie che includono diverse capacità mentali. Queste abilità includono il ragionamento quantitativo, l'ortografia, la visualizzazione, l'attitudine per le lingue straniere, la discriminazione dei suoni del parlato, la fluidità delle idee, il tempo di reazione e altre ancora.
2. Al secondo strato si trovano otto abilità cognitive generali: intelligenza fluida, intelligenza cristallizzata, memoria generale e apprendimento, ampia capacità di recupero, elaborazione visiva, elaborazione uditiva, ampia velocità cognitiva, velocità di elaborazione.
3. Il terzo strato è rappresentato dal fattore di intelligenza generale, comunemente noto come fattore G: questa abilità di ordine superiore influisce su tutte le abilità nel primo e nel secondo strato.

2.1.5 Teoria triarchica dell'intelligenza

Robert Sternberg (1949), psicologo statunitense, ha elaborato la teoria triarchica dell'intelligenza, la quale afferma che l'intelligenza si esprime attraverso tre componenti fondamentali: analitica, pratica e creativa. In particolare:

1. L'intelligenza analitica, detta anche componenziale, è utile per analizzare, confrontare e fare valutazioni.
2. L'intelligenza pratica, detta anche esperienziale, è l'intelligenza attraverso cui si agisce, si applicano cognizioni e si utilizzano strumenti.
3. L'intelligenza creativa, detta anche contestuale, si riferisce alla progettazione e all'invenzione.

2.1.6 Intelligenze multiple di Gardner

Howard Gardner (1943) introduce nel suo libro *Frames of Mind* (1983) il concetto di intelligenze multiple, sostenendo l'esistenza di diverse forme di intelligenza.

Queste intelligenze sono relativamente indipendenti una dall'altra e possono essere plasmate e combinate da individui e culture in una varietà di modi adattivi.

All'intelligenza linguistica, intesa come la capacità di apprendere e riprodurre il linguaggio, e logico-matematica, ovvero la capacità di analizzare i problemi in modo logico, Gardner aggiunge i seguenti tipi di intelligenza:

1. L'intelligenza spaziale, ossia la capacità di riconoscere e utilizzare lo spazio.
2. L'intelligenza interpersonale, ovvero la capacità di comprendere i bisogni e i desideri altrui.
3. L'intelligenza intrapersonale, intesa come la capacità di riconoscere i propri bisogni e i propri sentimenti.

4. L'intelligenza corporeo cinestetica, ovvero la capacità di utilizzare il proprio corpo per risolvere problemi attraverso la coordinazione dei movimenti corporali.

5. L'intelligenza musicale, cioè la capacità di comporre, riconoscere e riprodurre musica.

Nell'opera *Intelligence Reframed*, Gardner ipotizza l'esistenza di altre forme di intelligenza. In particolare, egli propone l'intelligenza naturalistica, spirituale, esistenziale e morale.

L'intelligenza naturalistica entra a pieno diritto nel quadro delle intelligenze multiple poiché soddisfa i criteri stabiliti da Gardner in *Frames of Mind*. Questa forma di intelligenza si riferisce alla capacità di riconoscere, classificare e utilizzare elementi dell'ambiente naturale e si esprime con una forte sensibilità verso la natura.

Dopo una lunga discussione, Gardner ritiene che l'intelligenza spirituale sia troppo variegata, soggettiva e complessa per rientrare nel suo sistema e quindi non la considera tale.

Per quanto riguarda l'intelligenza esistenziale, questa soddisfa i criteri stabiliti da Gardner, tuttavia non esistono sufficienti prove empiriche che confermino la sua esistenza.

Riguardo all'intelligenza morale, Gardner sostiene che la moralità non debba essere mescolata con l'intelligenza e mette in discussione l'esistenza di tale forma di intelligenza intesa come capacità cognitiva distinta e misurabile, separata dai valori e dalle decisioni personali.

In conclusione, le intelligenze multiple sono sette se prendiamo in considerazione la prima opera di Gardner, ossia *Frames of Mind*. Successivamente, in *Intelligence Reframed*, l'autore ha ipotizzato l'esistenza di altre forme tre forme intelligenza ed è arrivato alla conclusione che solo quella naturalistica può essere considerata a pieno titolo come tale, sia perché soddisfa i criteri del suo costrutto teorico, sia perché esistono evidenze empiriche a supporto. Pertanto, secondo Gardner, esistono otto forme di intelligenza che ricapitoliamo: linguistica, logico-matematica, spaziale, interpersonale, intrapersonale, corporeo-cinestetica, musicale e naturalistica.

2.2 Teorie delle emozioni e intelligenza emotiva

2.2.1 Teoria delle emozioni universali

Paul Ekman (1934), nel 1972, ha sviluppato la teoria delle emozioni universali, sostenendo come alcune espressioni facciali delle emozioni siano innate e universali, presenti in tutte le culture umane.

Secondo Ekman, ci sono sette emozioni di primarie (o universali) che possono essere riconosciute attraverso l'osservazione delle espressioni facciali: felicità, tristezza, rabbia, disgusto, paura, sorpresa e disprezzo. D'altra parte, le emozioni secondarie sono: allegria, invidia, vergogna, ansia, rassegnazione, gelosia, speranza, perdono, offesa, nostalgia, rimorso, delusione.

Ekman ha condotto studi interculturali in cui ha mostrato fotografie di volti a persone di diverse culture e ha scoperto che queste sette espressioni facciali sono riconosciute e interpretate in modo simile in tutto il mondo, indipendentemente dalla cultura o dall'educazione. Ciò suggerisce che queste espressioni facciali e le emozioni che rappresentano hanno una base biologica comune.

2.2.2 Intelligenza emotiva

Nel 1990, Salovey e Mayer hanno introdotto per la prima volta il termine intelligenza emotiva, ovvero l'abilità di controllare i sentimenti e le emozioni proprie e degli altri, di distinguerle tra di loro e usare tali informazioni per guidare i propri pensieri e le proprie azioni.

Successivamente, nel 1995, Daniel Goleman ha definito l'intelligenza emotiva come la capacità di motivare sé stessi, di persistere nel perseguire un obiettivo nonostante le frustrazioni, di controllare gli impulsi, di modulare i propri stati d'animo evitando che la sofferenza ci impedisca di pensare, di essere empatici.

Le emozioni vengono definite come degli impulsi ad agire, ovvero piani di azione che ci consentono di gestire in tempo reale le emergenze della vita. Le inclinazioni biologiche a un certo tipo di azione vengono poi ulteriormente plasmate dall'esperienza personale e dalla cultura. Ad esempio, il lutto genera universalmente tristezza e dolore, ma il modo in cui esterniamo le nostre emozioni legate al lutto è segnato dal fattore culturale.

Secondo Goleman, l'intelligenza emotiva è formata da cinque caratteristiche base:

1. *Consapevolezza di sé:* riconoscere le proprie emozioni nel momento in cui si presentano.
2. *Dominio di sé:* la capacità di utilizzare i propri sentimenti per raggiungere uno scopo.
3. *Motivazione:* la capacità di riconoscere la reale motivazione che ci spinge e a compiere le azioni.
4. *Empatia:* la capacità di riconoscere le emozioni altrui e immedesimarsi nei loro sentimenti.
5. *Abilità sociale:* la capacità di stare insieme agli altri.

Quando l'intelligenza emotiva non viene sviluppata in modo adeguato, si può diventare analfabeti emotivi, ovvero non si è capaci di riconoscere le proprie emozioni e quelle altrui, rendendo difficile provare empatia e compassione. Al contrario, alti livelli di intelligenza emotiva ci permettono di essere empatici verso gli altri.

2.2.3 Sviluppo dell'empatia

Martin Hoffman (1924-2022), psicologo dello sviluppo noto per i suoi studi sull'empatia infantile e il suo sviluppo, ha contribuito in modo significativo alla comprensione dei diversi livelli e delle diverse dimensioni dell'empatia, evidenziando come questa capacità si manifesti fin dai primi giorni di vita e si sviluppi nel corso dell'infanzia e oltre.

L'empatia non è un concetto unitario, ma piuttosto si presenta in diverse forme che si sviluppano e si affinano nel corso del tempo. Secondo Hoffman, l'empatia emerge sin dai primi giorni di vita, evidenziando l'importanza e l'autonomia della dimensione emotiva.

Nelle prime manifestazioni empatiche, infatti, l'aspetto affettivo assume maggiore rilevanza, mentre quello cognitivo è ancora in gran parte assente. Con il progredire dello sviluppo, la componente cognitiva acquisisce sempre più importanza e si interseca con quella affettiva, permettendo così lo sviluppo di forme più complesse ed evolute di empatia. Questa prospettiva evidenzia la natura dinamica dell'empatia e il suo sviluppo graduale, in cui sia gli aspetti affettivi che quelli cognitivi diventano sempre più integrati e interconnessi.

Secondo Hoffman, esistono quattro livelli di sviluppo dell'empatia:

1. *Empatia globale:* occupa il primo anno di vita del bambino, il quale non riesce ancora a distinguere sé stesso dagli altri. Egli percepisce il dolore dell'altro come se fosse il proprio, senza separare le emozioni altrui dalle proprie.

2. *Empatia egocentrica:* si sviluppa nel secondo anno di vita, quando il bambino inizia a comprendere che è l'altra persona a vivere una situazione sgradevole. Egli è consapevole che il suo stato mentale non coincide con quello dell'altro.

3. *Empatia per i sentimenti dell'altro:* si estende dal secondo al terzo anno di età e si manifesta quando il bambino riconosce che i suoi sentimenti sono diversi da quelli degli altri. È in grado di rispondere ai sentimenti degli altri in modo non egocentrico, capendo che le necessità e le intenzioni di un'altra persona possono essere diverse dalle proprie.

4. *Empatia per le condizioni di vita dell'altro:* si colloca nella fase finale dell'infanzia, quando i sentimenti altrui vengono percepiti non solo come reazioni momentanee, ma anche come espressione dell'esperienza di vita generale dell'altro. Ciò significa che il bambino risponde in modo diverso alle situazioni di dolore transitorio o cronico, tenendo in considerazione le condizioni complessive dell'altra persona.

2.3 Creatività e pensiero divergente

La creatività può essere definita come un processo che coinvolge intuizioni, originalità nel generare idee, capacità di sintesi e analisi, nonché la capacità di dare una nuova struttura alle esperienze e conoscenze personali, interpretando i dati della realtà in modo insolito e personale.

Secondo Freud, l'origine della creatività risiede nel desiderio infantile, mentre Jung sostiene che il pensiero creativo si sviluppa attraverso due modalità: una di natura psicologica (dove il contenuto creativo è guidato da uno scopo diretto, consapevole e finalizzato) e una di natura visionaria (dove il processo creativo trae origine dall'inconscio).

2.3.1 Teoria dell'area transazionale

Donald Winnicott (1896-1971), psicoanalista britannico, individua un'area transizionale, ovvero un'area intermedia concessa al bambino tra la creatività primaria e la percezione oggettiva. La madre presenta il mondo al bambino e fa in modo che quest'ultimo possa prenderlo e farlo proprio in maniera creativa, soggettiva e personale all'interno dell'area transizionale: è in tale dimensione che si sviluppa la creatività. In breve, la teoria di Winnicott sull'area transizionale sottolinea l'importanza di uno spazio intermedio di gioco e fantasia nella vita di un individuo, in cui il sé si sviluppa, le relazioni si formano e la creatività trova espressione.

2.3.2 Pensiero laterale

Edward De Bono (1933-2021), psicologo maltese, è uno dei massimi esponenti del pensiero creativo. Egli sostiene che esistano due tipi di pensiero: verticale e laterale.

1. Il pensiero verticale è il tipo di pensiero che solitamente utilizziamo nella nostra vita quotidiana. Si basa su un approccio logico e sequenziale, in cui seguiamo le regole, l'ordine e la logica per arrivare a una soluzione. Il pensiero verticale si concentra sulle informazioni rilevanti, sull'analisi e sulla deduzione, e si basa su conoscenze e sui concetti esistenti. È un modo lineare di pensare, in cui si cerca una soluzione attraverso un processo di ragionamento *step-by-step*.

2. Il pensiero laterale, invece, è un tipo di pensiero che cerca di rompere i modelli convenzionali e di trovare soluzioni fuori dagli schemi. È un approccio non lineare, creativo e associativo. Il pensiero laterale incoraggia la ricerca di connessioni insolite, l'uso di analogie, la sperimentazione e l'esplorazione di idee diverse. Si tratta di cercare prospettive alternative, di sfidare le norme e di considerare punti di vista diversi da quelli comuni.

I famosi "sei cappelli per pensare" favoriscono l'attivazione di diversi settori nella mente, creando una mappa in grado di guidare il soggetto nella risoluzione di problemi. La tecnica dei sei cappelli per pensare permette di considerare un problema o un'idea da diverse angolazioni, incoraggiando il pensiero laterale e l'integrazione di diversi punti di vista. Ogni cappello offre un'opportunità per concentrarsi su un aspetto specifico e contribuisce al processo decisionale o alla risoluzione di problemi in modo più completo e sistematico. Di seguito i sei cappelli proposti da De Bono:

1. *Cappello blu:* rappresenta il ruolo del controllo e della gestione del pensiero. Indica il momento in cui si considerano gli obiettivi, le regole del pensiero e si pianificano le fasi del processo di pensiero. Il cappello blu coordina e gestisce il ragionamento generale.

2. *Cappello bianco:* è il cappello della neutralità e dell'obiettività. Si focalizza sui fatti, sui dati e sulle informazioni disponibili. Si valutano i dati oggettivi e si esaminano le conoscenze attuali. Questo cappello si concentra sull'aspetto analitico e oggettivo della questione.

3. *Cappello rosso:* rappresenta l'aspetto emotivo e intuitivo. Al cappello rosso è permesso esprimere le emozioni, le intuizioni, le sensazioni o i presentimenti. Si tratta di considerare le reazioni e le opinioni personali senza la necessità di fornire spiegazioni razionali.

4. *Cappello nero:* rappresenta il pensiero critico e cauto. Si concentra sugli aspetti negativi, sui rischi, sui punti deboli e sulle criticità dell'idea o del problema in esame. Si cerca di individuare le potenziali difficoltà o gli svantaggi.

5. *Cappello giallo:* è il cappello del pensiero positivo e costruttivo. Si focalizza sugli aspetti positivi, sui benefici, sulle opportunità e sulle soluzioni possibili. Si considerano i vantaggi e si cercano soluzioni o approcci positivi.

6. *Cappello verde:* rappresenta il pensiero creativo e innovativo. Si incoraggia l'esplorazione di nuove idee, possibilità e alternative. Si cerca di generare nuove prospettive, di pensare fuori dagli schemi e di sviluppare soluzioni originali.

2.3.3 Pensiero divergente e convergente

Joy Paul Guilford (1897-1987), psicologo statunitense, è noto per la distinzione tra pensiero divergente e convergente.

Il pensiero divergente è una forma particolare di pensiero che consiste nella capacità di generare soluzioni che siano contemporaneamente insolite, atipiche e efficaci per affrontare un determinato compito o problema. Il pensiero divergente è strettamente legato alla creatività, anche se solitamente non è correlato all'intelligenza come si potrebbe supporre.

Il pensiero convergente è caratterizzato dalla capacità di produrre risposte basate su regole logiche di inferenza e conoscenze acquisite in precedenza, nonché strategie già impiegate in passato.

Secondo Guilford, il pensiero divergente può essere valutato in base a quattro principali parametri:

1. *Fluidità:* un indicatore quantitativo che misura la quantità di idee generate.

2. *Flessibilità:* rappresenta la capacità di adottare diverse strategie e la flessibilità nel passare da un compito all'altro, richiedendo approcci differenti.

3. *Originalità:* la propensione a formulare idee originali e personali, che si distinguano da quelle generate dalla maggioranza.

4. *Elaborazione:* l'abilità di sviluppare e dare forma concreta alle proprie idee.

2.4 Sviluppo del linguaggio

2.4.1 Sviluppo del linguaggio secondo Skinner

Burrhus Skinner (1904-1990), noto per essere uno dei massimi esponenti del comportamentismo, sostiene che l'apprendimento del linguaggio sia possibile grazie al condizionamento degli adulti. Tale

24

condizionamento modella il linguaggio del bambino rafforzandolo selettivamente sugli aspetti della lallazione che più si avvicinano al discorso adulto, facendo sì che tali suoni vengano ripetuti. Questa teoria ha ricevuto molte critiche, in quanto considera il bambino un soggetto passivo, capace solo di rispondere agli impulsi stimolativi e ai rinforzi esterni.

2.4.2 Sviluppo del linguaggio secondo Piaget

Jean Piaget (1896-1980), psicologo svizzero noto per i suoi studi sullo sviluppo cognitivo dei bambini, identificò tre tipi di linguaggio che emergono nelle diverse fasi dello sviluppo:

1. *Linguaggio egocentrico:* nel primo stadio del pensiero preoperatorio, i bambini mostrano una tendenza a utilizzare il linguaggio in modo egocentrico. Questo significa che il linguaggio è principalmente diretto a sé stessi e viene usato come strumento per esprimere i propri pensieri e sentimenti, anche se non necessariamente comprensibile agli altri. Il linguaggio egocentrico riflette l'incapacità dei bambini di prendere prospettive diverse dalla loro e di adattarsi alle comunicazioni con gli altri.

2. *Linguaggio sociale:* man mano che i bambini sviluppano la capacità di comprendere e utilizzare il punto di vista degli altri, il loro linguaggio diventa più socializzato. In questa fase, i bambini imparano a comunicare in modo più efficace con gli altri, adattando il loro linguaggio alle esigenze dell'interazione sociale. Il linguaggio socializzato coinvolge l'uso di regole linguistiche condivise e la capacità di comprendere il contesto comunicativo.

3. *Linguaggio logico e concettuale:* nel corso dello sviluppo, i bambini acquisiscono gradualmente la capacità di utilizzare il linguaggio in modo più logico e concettuale. Questo tipo di linguaggio è caratterizzato dall'uso di concetti e regole

logiche per organizzare il pensiero e comunicare in modo più preciso e coerente. In questa fase, che coincide con l'età scolare, il linguaggio diventa sempre più adattato al ragionamento astratto e alle esigenze del pensiero formale.

2.4.3 Sviluppo del linguaggio secondo Vygotskij

Vygotskij (1896-1934) sostiene che il linguaggio del bambino sia già in origine di tipo sociale, perché assorbito in modo inconscio in famiglia e nell'ambiente circostante; di conseguenza, il bambino lo assorbe spontaneamente nelle sue strutture, imparando ad utilizzarlo in forme grammaticali, sintattiche, semantiche e lessicali corrette.

Vygotskij fa riferimento a due tipi di linguaggio:

- *Linguaggio interpersonale:* si riferisce alla comunicazione tra due o più individui. È il tipo di linguaggio utilizzato per comunicare con gli altri, attraverso la conversazione, la scrittura, il discorso e altre forme di interazione sociale. Vygotskij sosteneva che il linguaggio interpersonale giocasse un ruolo cruciale nello sviluppo cognitivo dei bambini, poiché permette loro di apprendere dai compagni e dagli adulti attraverso la mediazione sociale.

- *Linguaggio intrapersonale:* riguarda il linguaggio utilizzato internamente dall'individuo per pensare, riflettere, organizzare le proprie idee e risolvere problemi. È il linguaggio della mente, non esplicitamente condiviso con gli altri. Secondo Vygotskij, il linguaggio intrapersonale si sviluppa a partire dal linguaggio interpersonale. In altre parole, il bambino inizia ad utilizzare il linguaggio interno per guidare i propri processi mentali e la sua capacità di auto-regolazione cognitiva si basa sulla capacità di usare il linguaggio intrapersonale.

2.4.4 La grammatica mentale di Chomsky

Noam Chomsky (1928), linguista statunitense, ha teorizzato la grammatica mentale, la quale si riferisce a un sistema innato di regole e principi che sottende la capacità umana di produrre e comprendere il linguaggio. Secondo Chomsky, la grammatica mentale è un'entità biologicamente predisposta, presente in tutti gli esseri umani, indipendentemente dalla cultura o dall'esperienza individuale.

La grammatica mentale si basa sulla teoria generativa della linguistica, secondo cui il linguaggio è generato da una serie di regole formali che costituiscono una grammatica universale. Questa grammatica universale rappresenta le caratteristiche strutturali comuni a tutti i linguaggi umani e comprende principi fondamentali che governano la sintassi, la semantica e la fonologia.

La grammatica mentale, nella teoria di Chomsky, è considerata un'innata capacità biologica presente nel cervello umano. Questo significa che i bambini nascono con un sistema già predisposto ad acquisire e comprendere il linguaggio. L'esposizione all'input linguistico nell'ambiente circostante serve principalmente a stimolare e attivare questo sistema innato.

2.4.5 I cinque assiomi della comunicazione

Paul Watzlawick (1921-2007), psicologo e teorico della comunicazione austriaco, ha sviluppato i cinque assiomi della comunicazione nella sua teoria della comunicazione umana:

1. *È impossibile non comunicare*: questo assioma sottolinea che ogni comportamento, verbale o non verbale, è una forma di comunicazione. Anche il silenzio o l'assenza di comunicazione trasmettono un messaggio. Quindi, è impossibile non comunicare, perché anche il non fare nulla comunica qualcosa.

2. *Ogni comunicazione ha un aspetto di contenuto e un aspetto di relazione:* ogni messaggio trasmesso contiene un contenuto informativo specifico e riflette anche la natura della relazione tra i partecipanti. Le dinamiche relazionali influenzano la comunicazione e possono determinare il modo in cui il messaggio viene interpretato.

3. *La natura di una relazione dipende dalla punteggiatura delle sequenze di comunicazione:* la punteggiatura si riferisce alla struttura temporale e causale delle interazioni comunicative. Le persone interpretano le sequenze di eventi comunicativi in modo diverso, determinando così il significato e la natura della relazione. La punteggiatura può essere soggettiva e può portare a interpretazioni diverse nella stessa situazione comunicativa.

4. *Le comunicazioni possono essere simmetriche o complementari:* le interazioni comunicative possono essere basate su dinamiche simmetriche o complementari. Le dinamiche simmetriche implicano un'interazione tra partner paritari, mentre le dinamiche complementari implicano un'interazione tra partner con ruoli complementari, come dominante-sottomesso o aggressore-vittima.

5. *La comunicazione è sia digitale che analogica:* la comunicazione umana avviene su due livelli: digitale e analogico. Il livello digitale si riferisce al contenuto esplicito e verbale delle parole, mentre il livello analogico si riferisce ai segnali non verbali, come l'espressione facciale, il tono di voce e il linguaggio del corpo. Entrambi i livelli contribuiscono alla comprensione e all'interpretazione della comunicazione.

2.5 Sviluppo psicodinamico, sociale ed emotivo

2.5.1 Lo sviluppo psico-sociale secondo Erikson

Erik Erikson (1902-1994), famoso psicologo tedesco, ha teorizzato che la vita di un individuo può essere suddivisa in otto fasi, o crisi psicosociali, che si verificano lungo il corso della sua esistenza. Queste otto fasi si ripetono in tutti gli individui, anche se appartenenti a culture diverse.

La novità di Erikson, rispetto a Freud, consiste nel ritenere che lo sviluppo psico-sociale continui oltre l'adolescenza e prosegua per tutta la vita dell'individuo.

1. *Infanzia* (0-1 anno): la crisi fondamentale di questa fase è la fiducia vs. sfiducia. Durante il primo anno di vita, il bambino impara a fidarsi degli altri e del mondo circostante. Se le sue esigenze di base vengono soddisfatte e riceve amore e cura, allora svilupperà una fiducia di base che estenderà agli altri. Se, invece, le cure sono carenti, egli svilupperà un senso di sfiducia che estenderà anche agli altri.

2. *Prima infanzia* (2-3 anni): la crisi centrale di questa fase è l'autonomia vs. vergogna e dubbio. I bambini iniziano a sviluppare un senso di autonomia e di volontà. Se vengono incoraggiati a esplorare e ad assumere responsabilità appropriate, si sentiranno sicuri e autonomi. Altrimenti, potrebbero sviluppare vergogna e dubbio.

3. *Età prescolare* (3-6 anni): la crisi principale di questa fase è l'iniziativa vs. senso di colpa. I bambini iniziano a esplorare il mondo e a prendere iniziative. Se vengono incoraggiati a esprimere la propria creatività e a perseguire obiettivi, si svilupperà un senso di iniziativa. Altrimenti, potrebbero provare un senso di colpa per i loro desideri e le loro azioni.

4. *Età scolare* (6-12 anni): la crisi di questa fase è l'industriosità vs. inferiorità. I bambini entrano nella scuola e iniziano a

confrontarsi con il mondo esterno. Se riescono a raggiungere risultati e a sviluppare competenze, svilupperanno un senso di industriosità. Altrimenti, potrebbero sentirsi inferiori rispetto ai loro coetanei.

5. *Adolescenza* (12-18 anni): la crisi fondamentale di questa fase è l'identità vs. confusione di ruoli. I ragazzi cercano di scoprire chi sono e quale ruolo vogliono assumere nella società. Se riescono a formare un'identità coerente, svilupperanno un senso di sé stabile. Altrimenti, potrebbero sperimentare una confusione di ruoli e un senso di identità incerto.

6. *Giovinezza* (18-35 anni): la crisi principale di questa fase è l'intimità vs. isolamento. I giovani adulti cercano di stabilire relazioni significative e intime con gli altri. Se riescono a creare legami sani e duraturi, svilupperanno un senso di intimità. Altrimenti, potrebbero sperimentare sentimenti di isolamento e solitudine.

7. *Mezza età* (35-60 anni): la crisi centrale di questa fase è la generatività vs. stagnazione. Gli individui si impegnano a contribuire alla società, sia attraverso il lavoro, sia attraverso la cura della famiglia. Nel caso in cui la possibilità di generare venisse impedita, c'è il rischio che la personalità regredisca e si abbandoni ad un senso di vuoto, detto stagnazione.

8. *Tarda età adulta* (dai 60 anni in poi): la crisi principale di questa fase è l'integrità dell'Io vs. disperazione. Questa fase coinvolge una riflessione profonda sulla vita vissuta e una valutazione del senso di integrità e realizzazione personale. È un momento in cui le persone cercano di accettare e abbracciare la loro storia personale, affrontando la morte con serenità e saggezza, anziché con disperazione e rimpianto. Se l'individuo ritiene di aver realizzato molti progetti, allora

avrà un Io integro, altrimenti avvertirà un senso di disperazione.

2.5.2 Teoria delle relazioni oggettuali

Melanie Klein (1882-1960) è stata una psicoanalista austriaca naturalizzata britannica nota per le sue teorie sullo sviluppo psicologico dei bambini. Il suo pensiero si concentra sull'importanza dell'Io e dell'oggetto nelle dinamiche delle relazioni primarie e nel processo di formazione della personalità.

Per comprendere il pensiero di Melanie Klein sull'Io e sull'oggetto, è essenziale capire il concetto di posizione depressiva e la teoria delle relazioni oggettuali.

Secondo Klein, nei primi mesi di vita, i bambini vivono una fase di relazioni primarie in cui l'oggetto, ovvero la madre o il *caregiver* primario, è visto come una fonte di gratificazione e di frustrazione. Nel corso di questa fase, si sviluppa l'Io primitivo, che è influenzato dalla percezione che il bambino ha dell'oggetto.

Klein distingue due posizioni fondamentali nella relazione con l'oggetto: la posizione schizo-paranoide e la posizione depressiva.

Nella posizione schizo-paranoide, il bambino sperimenta sentimenti di amore e odio nei confronti dell'oggetto. In questa fase, l'oggetto viene percepito come una figura buona che gratifica i bisogni del bambino o come una figura cattiva che causa frustrazione e dolore. Il bambino vive una sorta di conflitto interno tra l'impulso a distruggere l'oggetto cattivo e la paura di perdere l'oggetto buono.

Successivamente, si sviluppa la posizione depressiva, che rappresenta una tappa cruciale nello sviluppo psichico. Durante questa fase, il bambino sviluppa la capacità di integrare gli aspetti buoni e cattivi dell'oggetto all'interno della propria immagine mentale. Questo permette al bambino di sviluppare sentimenti di rimorso, preoccupazione e affetto verso l'oggetto. L'Io si sviluppa ulteriormente, diventando in grado di tollerare l'ambivalenza e di stabilire relazioni più mature.

L'oggetto, nel pensiero di Melanie Klein, è una figura centrale nella formazione dell'Io. La relazione con l'oggetto influisce sul modo in cui l'Io si sviluppa e percepisce sé stesso e il mondo circostante. L'oggetto è considerato una presenza significativa che soddisfa i bisogni del bambino, ma che può anche causare conflitti e tensioni emotive.

2.5.3 Teoria del Sé

Heinz Kohut (1913-1981) è stato un influente psicoanalista austriaco noto per la sua teoria del Sé. Il suo lavoro ha contribuito allo sviluppo della psicoanalisi delle relazioni oggettuali e alla comprensione delle dinamiche dell'autostima e del narcisismo.

Secondo Kohut, il Sé è il nucleo centrale della personalità e rappresenta l'immagine e l'esperienza che un individuo ha di sé stesso. Egli distingue due aspetti fondamentali del Sé: il Sé nucleare e il Sé grandioso.

Il Sé nucleare è il nucleo profondo del Sé, che comprende il senso di esistenza, l'unità e la coerenza dell'individuo. È l'immagine interna di sé che si sviluppa attraverso le esperienze primarie con i caregiver e influenza la formazione dell'autostima. Kohut sostiene che, durante l'infanzia, il bambino ha bisogno di specchiarsi negli occhi degli altri, di essere riconosciuto, confermato e ammirato dai caregiver per sviluppare un Sé nucleare sano (funzione speculare).

Il Sé grandioso, invece, si riferisce alla parte del Sé che è coinvolta nella ricerca di gratificazione, successo e ammirazione. È correlato al bisogno di sentirsi importante, speciale e unico. Kohut considera il narcisismo come una componente normale e necessaria dello sviluppo psicologico, sottolineando che una certa quantità di autostima e narcisismo sani sono essenziali per una personalità equilibrata (funzione idealizzante).

Kohut sostiene che i disturbi narcisistici si sviluppano quando le esigenze di riconoscimento e conferma del Sé nucleare non sono state soddisfatte adeguatamente nell'infanzia. Questo può portare a una vulnerabilità narcisistica, in cui l'individuo cerca costantemente gratificazione esterna per compensare le carenze interne. In alcuni casi, possono manifestarsi disturbi narcisistici della personalità.

2.5.4   Teoria della madre buona e dell'oggetto transizionale

Donald Winnicott (1896-1971), psicoanalista britannico, ha contribuito in modo significativo alla comprensione dello sviluppo infantile e alla formazione del Sé. Alla nascita, il bambino non è un individuo separato dalla madre, ma esiste come un tutt'uno con lei. Tuttavia, per il suo sano sviluppo, il bambino ha bisogno non di una madre perfetta, ma di una madre buona che possa adattarsi alle sue esigenze. Nel corso del tempo, questa fusione iniziale inizia a diminuire per consentire al bambino di comprendere l'esistenza di un mondo esterno.

Durante questa transizione, il bambino si avvale di un oggetto transizionale, come un giocattolo o una coperta, che lo accompagna nel distacco dalla madre e rappresenta un'alternativa intermedia tra la madre e l'assenza totale. L'uso di questo oggetto transizionale rappresenta la prima esperienza di gioco del bambino e gli consente di esprimere appieno il suo potenziale personale.

Una delle funzioni più importanti di una madre buona è quella di favorire l'integrazione dell'Io del bambino attraverso l'*holding*, cioè la capacità di proteggerlo da eventi traumatici e di soddisfare i suoi bisogni. Inoltre, c'è l'*handling*, ovvero la modalità con cui la madre manipola il bambino.

Quando si parla di 'madre devota", Winnicott si riferisce alla condizione psicologica della madre stessa, che sviluppa una particolare sensibilità che le consente di agire nel modo giusto al momento giusto, in sintonia con il bambino e le sue esigenze.

All'inizio della vita, il bambino possiede un 'sé centrale primario", che rappresenta il suo potenziale innato per sperimentare la continuità dell'essere. Nel corso dello sviluppo, questo sé centrale acquisisce una propria realtà psichica e uno schema corporeo, che diventeranno il nucleo del sé, noto anche come 'vero sé potenziale".

Con il passare del tempo e l'arrivo alla maturità, la personalità dell'individuo si struttura attorno al sé centrale, con l'Io che assume il ruolo di difensore del sé e organizzatore delle strutture psichiche.

Tuttavia, quando il bambino sperimenta una carenza ambientale precoce, specialmente durante la fase di dipendenza, può svilupparsi un 'falso sé". Questo fenomeno è causato dall'incapacità della madre di cogliere e rispondere adeguatamente ai bisogni del bambino. Di conseguenza, il bambino inizia ad accumulare relazioni superficiali e si sviluppa a immagine e somiglianza di chi domina la scena, impedendo al suo vero sé di emergere e formare una personalità completa.

2.5.5   Sviluppo psicologico del bambino secondo Spitz

René Spitz (1887-1974), psicoanalista austriaco, concentra le sue teorie sullo sviluppo psicologico del bambino nei primi anni di vita. Spitz ha identificato tre fasi chiave in questo processo:

1. La *fase pre-oggettuale*: questa fase inizia sin dalla nascita e dura fino ai tre mesi circa. In questa fase il bambino vive in una sorta di condizione di autismo e di indifferenziazione identitaria. Durante questo periodo, il bambino sviluppa una relazione emotiva intensa con la madre o la figura di cura primaria. Spitz ha descritto questo legame come simbiosi. Il bambino dipende completamente dalla presenza e dalle cure della madre per la sopravvivenza e il benessere. La qualità di questa relazione influenzerà il futuro sviluppo sociale ed emotivo del bambino.

2. La *fase dell'oggetto precursore*: questa fase si verifica tra i tre e i nove mesi di età. Durante questa fase, il bambino inizia a sviluppare una maggiore consapevolezza dell'ambiente circostante. Il bambino inizia a sperimentare emozioni come la gioia, la tristezza e la paura. Si sviluppa una maggiore curiosità e desiderio di esplorazione. La figura di cura primaria svolge un ruolo cruciale nel fornire un ambiente sicuro e stimolante che consenta al bambino di esplorare e sviluppare le proprie competenze.

3. La *fase dell'oggetto libidico:* questa fase si estende dai 9 mesi fino a circa due anni di età. Durante questa fase, il bambino sviluppa una maggiore consapevolezza degli altri e inizia a interagire con il mondo sociale circostante. Il bambino sperimenta l'ansia da separazione e può manifestare comportamenti come l'attaccamento, la ricerca di conforto e la protesta quando separato dalla figura di cura primaria. Il bambino sviluppa anche una maggiore autonomia e inizia a esplorare il mondo intorno a sé.

2.5.6 Teoria sullo sviluppo del sé

Daniel Stern (1934-2012) è stato uno psicologo dello sviluppo noto per la sua teoria sullo sviluppo del sé e la sua enfasi sull'importanza delle interazioni sociali e delle esperienze sensoriali nel percorso di crescita di un individuo.

Le fasi dello sviluppo del sé sono:

1. *Sé emergente:* questa fase si verifica nei primi tre di vita del bambino, generalmente tra la nascita e i tre mesi di età. Durante questa fase, il bambino inizia a sviluppare una consapevolezza rudimentale di sé stesso e del suo corpo. Il bambino sperimenta sensazioni fisiche e inizia a percepire i

propri movimenti e le proprie azioni come distinti da quelli dell'ambiente circostante.

2. *Sé nucleare:* questa fase si verifica tra i tre e i nove mesi di età. Durante questa fase, il bambino sviluppa una maggiore consapevolezza del sé che inizia a vedere come un'entità distinta dagli altri. Il bambino inizia a riconoscere le sue azioni come intenzionali e a sperimentare emozioni in risposta agli eventi esterni. Si sviluppa una sorta di nucleo del sé, che costituisce la base per il futuro sviluppo del sé.

3. *Sé soggettivo:* questa fase si verifica intorno ai 10-12 mesi di età. Durante questa fase, il bambino sviluppa una consapevolezza più complessa di sé come un soggetto che ha esperienze soggettive e può influenzare l'ambiente circostante. Il bambino inizia a riconoscere e rispondere alle emozioni e alle intenzioni degli altri, sviluppando una comprensione più profonda delle relazioni sociali.

4. *Sé verbale:* questa fase si verifica intorno ai 18-24 mesi di età. Durante questa fase, il bambino sviluppa la capacità di utilizzare il linguaggio verbale per descrivere sé stesso, le proprie esperienze e le relazioni con gli altri. Il bambino inizia a costruire una narrativa verbale del suo sé, comunicando i propri pensieri, sentimenti e intenzioni.

2.5.7 Locus of control

Julian B. Rotter (1916-2014), psicologo statunitense, negli anni '50 e '60 ha teorizzato il concetto di *locus of control.* Tale concetto si riferisce alla percezione individuale sulla propria capacità di controllare gli eventi che accadono nella propria vita. Indica dove una persona attribuisce la responsabilità e il controllo per gli eventi che si verificano. Secondo la teoria di Rotter, le persone possono avere un locus of control interno o esterno:

1. *Locus of control interno:* una persona con un locus of control interno crede di avere un controllo diretto sulle proprie azioni e sugli eventi che si verificano nella sua vita. Queste persone tendono a credere che le loro scelte, sforzi e comportamenti abbiano un impatto significativo sui risultati che ottengono. Sono inclini a sentirsi responsabili del proprio destino e credono che le loro azioni possano influenzare positivamente gli esiti.

2. *Locus of control esterno:* una persona con un locus of control esterno tende a credere che gli eventi siano determinati da forze esterne, come la fortuna, il destino o l'influenza di altre persone. Queste persone attribuiscono le cause dei risultati e degli eventi alla casualità o a fattori al di fuori del loro controllo. Hanno l'idea che non possano fare molto per influenzare i risultati e che la loro vita sia guidata principalmente da fattori esterni.

2.6   L'individuo e l'ambiente

L'etologia è una disciplina scientifica che si occupa dello studio del comportamento animale, concentrandosi sulle cause e sulle funzioni dei comportamenti osservati negli animali in natura. Gli etologi esaminano come gli animali interagiscono con il loro ambiente, come comunicano, si riproducono, si nutrono e si adattano alle diverse situazioni. Questo campo di studio contribuisce a fornire una migliore comprensione del mondo animale e delle origini del comportamento.

2.6.1   L'imprinting

Konrad Lorenz (1903-1989), rinomato etologo, ha contribuito in modo significativo alla comprensione del comportamento animale attraverso i suoi studi sull'*imprinting* e l'aggressività.

L'imprinting è una forma di apprendimento che si verifica quando un essere vivente entra in contatto con specifici stimoli durante una fase specifica del suo sviluppo. Esiste un periodo molto precoce, subito dopo la nascita, in cui il cervello degli esseri viventi è geneticamente predisposto a riconoscere e stabilire un legame di attaccamento con le figure che incontra.

Le nostre prime relazioni con i genitori giocano un ruolo fondamentale nel determinare il nostro modello di relazione e le aspettative che abbiamo dagli altri. Questo modello di attaccamento acquisito può influenzare i legami affettivi che svilupperemo in età adulta.

Rispetto all'imprinting negli animali, il processo di formazione di legami di attaccamento negli esseri umani è più complesso e flessibile. Esso può essere influenzato dalle esperienze e dalle relazioni, e può essere potenzialmente modificato nel corso del tempo.

La natura umana comprende anche l'aggressività, secondo la prospettiva di Lorenz. Proprio come la fame richiede il nutrimento, la mancanza di un adeguato sfogo dell'aggressività può aumentare il desiderio di combattere, essendo questo istinto un meccanismo di sopravvivenza per la specie umana.

2.6.2 Teoria dell'attaccamento

John Bowlby (1907-1990), psicologo e psicoanalista britannico, è conosciuto per la sua influente teoria dell'attaccamento, che mette in luce l'importanza delle relazioni affettive nel processo di sviluppo e nel benessere psicologico degli individui.

La teoria dell'attaccamento si basa sulla nozione che gli esseri umani hanno un bisogno innato di formare relazioni affettive sicure con le figure di attaccamento primarie. Secondo Bowlby, ci sono quattro fasi fondamentali nel processo di sviluppo dell'attaccamento:

1. *Fase di pre-attaccamento:* questa fase si estende dalla nascita fino a circa 12 settimane di vita. Durante questo periodo, il neonato è biologicamente predisposto a instaurare un legame con le figure di attaccamento, di solito la madre. Il bambino non è in grado di discriminare le persone che lo circondano, nonostante riesca a riconoscere la propria madre.

2. *Fase dell'attaccamento iniziale:* questa fase si verifica dai 6 agli 8 mesi di età. Durante questo periodo, il bambino inizia a sviluppare un attaccamento specifico verso una o più figure di attaccamento primarie. Il bambino cerca attivamente la loro presenza ed è maggiormente discriminante nei confronti delle persone con le quali entra in contatto.

3. *Fase dell'attaccamento differenziato:* questa fase si verifica intorno ai 7-8 mesi e continua fino ai 9 mesi. Durante questa fase, il bambino sviluppa un attaccamento stabile con la figura di riferimento e la usa come base per esplorare l'ambiente, ricercando sempre protezione e consensi.

4. *Fase dell'attaccamento reciprocamente focalizzato:* questa fase si verifica dopo i 18-24 mesi e prosegue nel corso della prima infanzia. Durante questa fase, il bambino sviluppa una maggiore capacità di comprendere e partecipare a relazioni sociali complesse con le figure di attaccamento. La comunicazione e l'interazione con le figure di attaccamento diventano più bilaterali, con scambi affettivi, gioco e condivisione di esperienze.

2.6.3 Teoria ecologica dello sviluppo umano

Urie Bronfenbrenner (1917-2005), eminente psicologo dello sviluppo, è noto per la sua teoria ecologica dello sviluppo umano. Tale teoria mette in luce l'importanza dell'ambiente sociale e fisico nel determinare il percorso di crescita e sviluppo di un individuo.

La scuola ecologica, nota anche come teoria dell'ecosistema dello sviluppo umano, si concentra sull'importanza dell'ambiente sociale e fisico nel quale si sviluppa un individuo.

Bronfenbrenner ha proposto un modello ecologico complesso che considera gli effetti interconnessi di vari sistemi ambientali sullo sviluppo umano. Secondo questa teoria, lo sviluppo umano è influenzato da più livelli di ambiente, che vanno dal più immediato al più ampio. Questi livelli sono:

1. *Microsistema:* rappresenta l'ambiente in cui l'individuo vive e si sviluppa. La famiglia, la scuola, i pari e la comunità locale costituiscono il microsistema di un individuo. Questi contesti influenzano in modo diretto la crescita e lo sviluppo dell'individuo.

2. *Mesosistema:* si riferisce alle interazioni e alle connessioni tra i diversi elementi del microsistema. Ad esempio, le relazioni tra la famiglia e la scuola possono influenzare l'esperienza di un bambino e il suo sviluppo.

3. *Esosistema:* fa riferimento ai collegamenti tra due o più ambienti, almeno uno dei quali non coinvolge direttamente l'individuo in fase di sviluppo. Ad esempio, per un bambino, l'esosistema è rappresentato dalla relazione tra la famiglia e il luogo di lavoro dei genitori. In particolare, tre sono gli esosistemi che influenzano maggiormente lo sviluppo del bambino: il luogo di lavoro dei genitori, le relazioni sociali della famiglia e il quartiere in cui il bambino cresce.

4. *Macrosistema:* rappresenta le influenze culturali, sociali e storiche più ampie che permeano gli altri livelli. Ciò include le norme culturali, i valori, le credenze e i sistemi politici che modellano l'ambiente in cui si avviene lo sviluppo.

5. *Cronosistema:* si riferisce alla dimensione del tempo e alla sua influenza sullo sviluppo di un individuo. Ciò include sia i cambiamenti e le transizioni che avvengono nella vita di un

individuo, come iniziare la scuola, cambiare lavoro, perdere un genitore etc., sia gli eventi che coinvolgono l'ambiente in cui l'individuo vive, come guerre, epidemie, cambiamenti tecnologici e crisi economiche. Tutti questi eventi impattano in maniera significativa la vita e lo sviluppo dell'individuo.

2.7   Teorie dello sviluppo emotivo

2.7.1   Teoria differenziale delle emozioni

Carroll Izard (1923-2017) è uno psicologo e ricercatore noto per la sua teoria differenziale delle emozioni, secondo cui il bambino possiede fin dalla nascita un insieme di emozioni di base primarie, innate nell'essere umano.

Secondo Izard, queste emozioni di base includono gioia, tristezza, rabbia, disgusto, sorpresa, paura e interesse.

La sua teoria si basa sull'idea che le emozioni di base siano distinte l'una dall'altra per le caratteristiche psicofisiologiche specifiche che presentano. Ogni emozione di base è associata a un insieme unico di espressioni facciali, pattern comportamentali e reazioni fisiologiche.

Secondo Izard, l'esperienza emozionale è il risultato dell'interazione tra tre componenti principali:

1. *Componente cognitiva:* coinvolge i processi di valutazione e interpretazione degli eventi e delle situazioni. È il modo in cui percepiamo e attribuiamo significato a ciò che accade intorno a noi.

2. *Componente fisiologica:* riguarda le risposte del corpo alle emozioni, come le variazioni della frequenza cardiaca, la sudorazione, la tensione muscolare, etc.

3. *Componente espressiva:* comprende le espressioni facciali, i gesti e i comportamenti che manifestiamo quando proviamo un'emozione.

Secondo Izard, le emozioni di base vengono modulate e differenziate attraverso lo sviluppo e l'apprendimento, portando a una gamma più ampia e complessa di emozioni nel corso della vita di una persona.

2.7.2 Teoria sociale cognitiva

Albert Bandura (1925-2021) è uno psicologo noto per la sua teoria sociale cognitiva, che include concetti come l'autoefficacia, l'autoriflessione e l'autoregolazione.

L'autoefficacia è la credenza di un individuo sulla propria capacità di raggiungere un obiettivo specifico o di affrontare una determinata situazione. È l'idea che una persona ha sul proprio potenziale di avere successo in un compito o di superare le sfide che si presentano. L'autoefficacia influisce sul modo in cui le persone si pongono obiettivi, affrontano le difficoltà e perseverano nel perseguire i loro scopi. Una maggiore autoefficacia può portare a una migliore performance e a una maggiore motivazione nel raggiungimento dei risultati desiderati.

L'autoriflessione è un processo in cui una persona esamina e valuta le proprie azioni, pensieri e sentimenti. Coinvolge la consapevolezza di sé e la capacità di riflettere criticamente sulla propria esperienza e sul proprio comportamento. L'autoriflessione può consentire alle persone di acquisire una maggiore comprensione di sé stesse, delle proprie motivazioni e dei propri obiettivi, facilitando così il cambiamento e la crescita personale.

L'autoregolazione si riferisce alla capacità di controllare e gestire il proprio comportamento, le emozioni e i pensieri in funzione degli obiettivi desiderati. Include la capacità di pianificare, monitorare e adattare il proprio comportamento in modo flessibile per raggiungere un determinato risultato. L'autoregolazione coinvolge anche la gestione delle emozioni e dei conflitti interni, la capacità di resistere alle tentazioni o alle distrazioni, e l'uso di strategie di *coping* efficaci per affrontare le sfide.

2.7.3   Approccio centrato sulla persona

Carl Rogers (1902-1987) ha sviluppato l'approccio centrato sulla persona, una teoria e una pratica terapeutica che pone l'accento sull'importanza dell'empatia, dell'accettazione incondizionata e dell'autenticità nella promozione della crescita personale. Considerato il fondatore della psicologia umanistica, Rogers credeva che ogni individuo possieda un valore intrinseco e una capacità innata di autodeterminazione, che lo guida verso il perseguimento di scopi e risultati specifici.

Secondo Rogers, gli individui hanno una tendenza innata verso l'autorealizzazione, ovvero verso lo sviluppo delle proprie potenzialità e la realizzazione del vero sé. La teoria non direttiva si basa sulla fiducia nella capacità intrinseca delle persone di crescere, svilupparsi e trovare il proprio equilibrio.

Nell'approccio centrato sulla persona, l'empatia e la comprensione empatica da parte del terapeuta sono considerate fondamentali. Rogers credeva che il terapeuta dovesse offrire un ambiente terapeutico accogliente, non giudicante e senza condizioni, in cui il paziente si sentisse libero di esplorare sé stesso e i suoi problemi.

Uno degli aspetti chiave dell'approccio non direttivo è l'importanza dell'ascolto attivo. Il terapeuta deve mostrare una genuina attenzione e comprensione verso il paziente, senza cercare di influenzarlo o giudicarlo. Questo tipo di clima terapeutico favorisce la crescita personale e la capacità del paziente di esplorare i propri sentimenti, pensieri e desideri. Quando le persone sperimentano un ambiente terapeutico che offre ascolto empatico, accettazione e autenticità da parte del terapeuta, hanno maggiori possibilità di esplorare e comprendere i loro problemi, di accettarsi e di intraprendere un processo di cambiamento personale.

2.8 Analisi della personalità

Le teorie dei tratti sono approcci teorici che cercano di spiegare la personalità umana attraverso l'identificazione e la descrizione dei tratti o delle caratteristiche individuali che tendono a persistere nel tempo e influenzare il comportamento di una persona.

Secondo queste teorie, i tratti sono predisposizioni relativamente stabili e durature che caratterizzano le persone e influenzano la loro modalità di pensare, sentire e comportarsi. Questi tratti sono considerati relativamente costanti e si ritiene che siano presenti in diverse situazioni e contesti.

Le teorie dei tratti cercano di identificare e definire i tratti di personalità attraverso diversi approcci, come l'analisi dei tratti lessicali (identificando i tratti utilizzati per descrivere le persone nel linguaggio comune), l'analisi fattoriale (raggruppando i tratti in dimensioni fondamentali) e gli approcci teorici più complessi come il modello dei cinque fattori (noto anche come Big Five), che identifica cinque tratti di base: estroversione, gradevolezza, coscienziosità, stabilità emotiva e apertura mentale.

Le teorie dei tratti sono state ampiamente utilizzate nella ricerca e nella comprensione della personalità, consentendo di categorizzare le persone in base a diverse caratteristiche e di identificare correlazioni tra tratti e comportamenti. Tuttavia, è importante notare che le teorie dei tratti non spiegano completamente la complessità della personalità umana e che il contesto e le interazioni sociali possono influenzare anche il comportamento delle persone.

Nelle teorie dei tratti, l'analisi fattoriale è un metodo statistico utilizzato per identificare e raggruppare i tratti di personalità in dimensioni fondamentali o fattori. L'obiettivo dell'analisi fattoriale è semplificare la complessità dei tratti di personalità individuando pattern o strutture comuni tra le diverse caratteristiche.

L'analisi fattoriale coinvolge una serie di calcoli e procedure statistiche che esaminano le correlazioni tra i tratti di personalità. Partendo da un insieme di domande o affermazioni utilizzate per misurare i tratti, l'analisi fattoriale identifica i gruppi di tratti che tendono a variare insieme. Questi gruppi di tratti vengono chiamati fattori.

I fattori rappresentano le dimensioni sottostanti della personalità e possono essere interpretati come costrutti o concetti più ampi che comprendono diverse caratteristiche correlate. Ad esempio, nel modello dei cinque fattori (Big Five), i cinque fattori di estroversione, gradevolezza, coscienziosità, stabilità emotiva e apertura mentale rappresentano le dimensioni fondamentali della personalità. L'analisi fattoriale ha permesso di identificare questi fattori come modelli comuni di variabilità tra i tratti di personalità.

L'analisi fattoriale può aiutare a semplificare la complessità della personalità individuando pattern comuni e offrendo una struttura organizzativa per comprendere e descrivere i tratti di personalità. Tuttavia, è importante notare che l'analisi fattoriale è un metodo statistico e che la scelta dei tratti misurati e l'interpretazione dei fattori richiedono anche considerazioni teoriche ed empiriche.

2.8.1   Teoria dei tratti di Allport

Gordon Allport (1897-1967) è stato uno dei pionieri della psicologia della personalità, noto per la sua teoria dei tratti e il suo contributo allo studio delle caratteristiche fondamentali che influenzano il comportamento e la cognizione umana.

Allport ha definito i tratti come caratteristiche fondamentali e relativamente stabili che influenzano il comportamento e la cognizione delle persone.

Di seguito riassumiamo alcuni punti chiave:

1. *Tratti centrali:* rappresentano le caratteristiche fondamentali che meglio descrivono la personalità di un individuo. Questi tratti centrali sono generalmente consistenti e persistenti nel tempo.
2. *Tratti secondari:* sono meno centrali e meno influenti sul comportamento di una persona. Questi tratti possono variare più facilmente in risposta alle circostanze o al contesto.
3. *Tratti cardine:* rappresentano i tratti distintivi di una persona che influenzano fortemente il suo comportamento. Questi tratti cardine possono variare considerevolmente da individuo a individuo.
4. *Funzionalità dei tratti:* Allport ha sottolineato l'importanza della funzionalità dei tratti, concentrandosi sul modo in cui i tratti influenzano il comportamento e la vita di una persona. Ha enfatizzato che i tratti non sono solo caratteristiche interne, ma influenzano anche le interazioni con l'ambiente.
5. *Individuazione dei tratti:* Allport ha sostenuto che l'identificazione e la descrizione dei tratti dovrebbero essere basate su osservazioni oggettive e sulla valutazione empirica, piuttosto che su teorie speculative o astratte.

Il *proprium*, o *self-identity*, si riferisce alla dimensione centrale e unificante della personalità di un individuo. È l'insieme delle caratteristiche e degli aspetti più distintivi che costituiscono l'identità di una persona e la rendono unica.

Secondo Allport, il proprium è ciò che definisce la nostra individualità e ci distingue dagli altri. È un'entità dinamica che si sviluppa nel corso della vita attraverso l'interazione con l'ambiente e le esperienze personali. Il proprium comprende le nostre convinzioni, valori, obiettivi, interessi e aspirazioni più profonde, che guidano il nostro comportamento e le nostre scelte.

Allport ha sottolineato che il proprium è una parte fondamentale della personalità e influenza la percezione di noi stessi, degli altri e del mondo circostante. È la base su cui costruiamo la nostra identità e la nostra coerenza psicologica nel corso della vita. Il proprium è un concetto che va oltre i tratti di personalità specifici e si concentra sulla totalità dell'individuo e sulla sua esperienza soggettiva.

2.8.2 Teoria dei bisogni di Murray

Henry Murray (1893-1988), uno dei pionieri della psicologia della personalità, ha sviluppato la teoria dei bisogni che mette in luce l'importanza della motivazione e dell'interazione con l'ambiente nell'influenzare la personalità e il comportamento umano.

Secondo Murray, la personalità è influenzata da una complessa rete di bisogni rappresentata da forze interne che motivano il comportamento delle persone. I bisogni di Murray sono considerati universali e si riferiscono a desideri o carenze che spingono le persone a perseguire determinati obiettivi o risultati. I bisogni vengono classificati in:

1. *Bisogni viscerogeni:* sono i bisogni biologici primari che sono innati e collegati alle funzioni fisiologiche del corpo, come il bisogno di cibo, acqua, sonno e riproduzione. Essi sono basati sui processi biologici e sulla sopravvivenza dell'individuo.

2. *Bisogni psicogeni:* sono bisogni secondari derivati dall'interazione tra l'individuo e l'ambiente sociale. Sono appresi e sviluppati attraverso l'esperienza e includono bisogni come il bisogno di affetto, di riconoscimento, di status sociale e di potere.

La soddisfazione dei bisogni primari è un prerequisito fondamentale e influente nello sviluppo dei bisogni psicogeni.

Inoltre, la motivazione di una persona è modulata dall'ambiente circostante, che offre opportunità di soddisfazione dei bisogni e può esercitare pressioni sia in modo diretto che indiretto. Le pressioni *alpha* si riferiscono alle caratteristiche fisiche e oggettive dell'ambiente, mentre le pressioni *beta* sono determinate dalla percezione soggettiva dell'individuo nei confronti delle diverse influenze ambientali.

2.8.3 Teoria della piramide dei bisogni

Abraham Maslow (1908-1970) è noto per la sua teoria della piramide dei bisogni, che descrive una gerarchia di motivazioni umane che spingono le persone a cercare soddisfazione e realizzazione in diversi ambiti della vita.

La piramide dei bisogni di Maslow, nota anche come Piramide di Maslow o Gerarchia dei bisogni di Maslow, è una teoria psicologica proposta nel 1943. Questa teoria descrive una gerarchia di bisogni umani che vanno da quelli più fondamentali, come ad esempio quelli fisiologici, a quelli più elevati, come ad esempio la moralità.

La piramide di Maslow si compone di cinque livelli di bisogni organizzati gerarchicamente.

Figura 1. Piramide di Maslow

Di seguito i livelli:

1. *Bisogni fisiologici*: sono i bisogni di base necessari per la sopravvivenza, come il cibo, l'acqua, il riposo, la respirazione, il sonno e la sessualità. Questi bisogni devono essere soddisfatti per garantire la sopravvivenza e il benessere fisico.

2. *Bisogni di sicurezza:* una volta soddisfatti i bisogni fisiologici, le persone cercano sicurezza e stabilità. Ciò include la sicurezza fisica, la stabilità finanziaria, la protezione da pericoli, l'ordine e la prevedibilità nell'ambiente.

3. *Bisogni di appartenenza e amore:* dopo aver soddisfatto i bisogni di base, le persone cercano relazioni sociali, affetto, amicizia e appartenenza a gruppi. Questi bisogni riguardano l'interazione sociale, l'amore, l'appartenenza familiare e l'appartenenza a comunità o organizzazioni.

4. *Bisogni di stima:* una volta soddisfatti i bisogni di appartenenza, le persone cercano riconoscimento, rispetto e stima da parte degli altri, nonché un senso di autostima e fiducia in sé stessi. Questo include il desiderio di successo, prestigio, fama, autostima e rispetto sociale.

5. *Bisogni di realizzazione personale:* questo è il livello più elevato della piramide. Una volta soddisfatti i bisogni precedenti, le persone cercano di realizzare il proprio potenziale, perseguire obiettivi personali e aspirare a una vita significativa. Questo può includere la crescita personale, l'autorealizzazione, l'espressione creativa e la ricerca di significato.

Secondo Maslow, i bisogni di un livello superiore diventano rilevanti solo quando i bisogni di livelli inferiori sono stati soddisfatti.

2.8.4   Psicologia dei costrutti personali

George Alexander Kelly (1905-1967) è stato uno psicologo e teorico della personalità statunitense noto per il suo lavoro sulla psicologia dei costrutti personali e per la creazione della teoria del costrutto personale.

La teoria di Kelly mette in evidenza il processo di costruzione e ricostruzione, che influenza le nostre interpretazioni e la nostra comprensione della realtà.

La personalità viene vista come un'entità unificata, attiva e integrata, che propone costruzioni mentali specifiche, riflettendo il comportamento esterno dell'individuo. Secondo Kelly, l'individuo costruisce la realtà attraverso un processo creativo che gli consente di rappresentare, modificare, costruire e adattare l'ambiente alle sue esigenze.

Per capire al meglio tale concetto, Kelly propone la metafora dello scienziato: proprio come uno scienziato cerca di definire le condizioni di verità, controllo e verifica delle sue ipotesi iniziali, anche un individuo comune orienta le proprie azioni e conoscenze verso forme di previsione e controllo degli eventi che lo coinvolgono.

2.9   Teorie fattoriali

2.9.1   Teoria della personalità di Eysenck

Hans Eysenck (1916-1997) è stato uno psicologo tedesco che ha avuto un ruolo significativo nello sviluppo della teoria della personalità. La sua teoria si basa su tre dimensioni principali della personalità:

- introversione/estroversione;
- stabilità/instabilità emotiva;
- psicoticismo.

La dimensione dell'introversione/estroversione descrive come le persone differiscono nel loro orientamento verso il mondo esterno. Secondo Eysenck, gli individui estroversi tendono ad essere socievoli, energici e in cerca di stimoli esterni, mentre quelli introversi sono più riservati, riflessivi e preferiscono situazioni tranquille.

La dimensione dell'stabilità/instabilità emotiva si riferisce alla stabilità delle emozioni di una persona. Individui emotivamente stabili sono calmi, sicuri di sé e hanno un controllo emotivo, mentre quelli instabili possono essere ansiosi, depressi e soggetti a sbalzi d'umore.

La terza dimensione, lo psicoticismo, si riferisce a un insieme di caratteristiche personali, tra cui l'aggressività, l'impulsività, la freddezza emotiva e la mancanza di empatia. Secondo Eysenck, lo psicoticismo è presente in persone con personalità antisociale e potrebbe essere correlato a una predisposizione verso comportamenti devianti. Persone con alti livelli di psicoticismo sono più propensi a compiere azioni criminali e hanno maggiore difficoltà a conformarsi alle norme sociali.

L'*Eysenck Personality Questionnaire* (EPQ) è un questionario sviluppato per valutare i tratti di personalità secondo la sua teoria. L'EPQ si basa sulle tre dimensioni principali della personalità di Eysenck: introversione/estroversione, instabilità/stabilità emotiva e psicoticismo.

Il questionario è composto da una serie di domande alle quali i partecipanti devono rispondere fornendo una valutazione di sé stessi su una scala a scelta multipla. Le risposte vengono poi utilizzate per determinare i punteggi del soggetto su ciascuna delle dimensioni della personalità.

La scala dell'introversione/estroversione nel questionario valuta il grado in cui una persona è estroversa o introversa, con domande che riguardano le preferenze sociali e l'energia nel cercare stimoli esterni.

La scala della stabilità/instabilità emotiva misura il grado di stabilità delle emozioni di una persona. Le domande in questa scala riguardano l'ansia, la tristezza e la variabilità dell'umore.

La scala dello psicoticismo valuta il grado di caratteristiche antisociali o devianti nella personalità. Le domande in questa scala coprono comportamenti aggressivi, impulsività e freddezza emotiva.

2.9.2   Teoria fattoriale di Cattell

Raymond Cattell (1905-1998) ha sviluppato una teoria fattoriale che si basa sull'idea che i tratti di personalità possano essere organizzati e compresi in base a una struttura gerarchica di fattori.

Cattell ha condotto ampie ricerche sulla personalità e ha identificato un insieme di tratti fondamentali che ha successivamente utilizzato per sviluppare il suo modello.

La sua teoria si basa su due tipi principali di tratti: i tratti comuni e i tratti unici.

I tratti comuni sono tratti che sono presenti in tutte le persone e che sono fondamentali per la comprensione della personalità. Cattell ha identificato sedici tratti comuni fondamentali, chiamati fattori primari. Questi fattori primari rappresentano tratti di personalità generali, come l'estroversione, l'ansietà, la fiducia in sé stessi, la stabilità emotiva e altri. Cattell ha sviluppato un questionario chiamato 16PF, *Sixteen Personality Factors*, per misurare questi fattori primari.

I tratti unici sono quelli che rendono un individuo unico e differente dagli altri. Essi rappresentano le differenze individuali che si manifestano al di fuori dei fattori primari. Cattell ha identificato una serie di tratti unici, noti come fattori di secondo ordine, che includono:

- introversione vs. estroversione;
- poca ansia vs. molta ansia;
- suscettività vs. durezza;
- dipendenza vs. indipendenza.

I fattori di secondo ordine forniscono una visione più ampia della personalità rispetto ai fattori primari, poiché consentono di comprendere come i tratti primari si interconnettono e si organizzano in dimensioni più vaste. Questa struttura gerarchica aiuta a fornire un quadro più completo e comprensivo della personalità umana.

2.10 La teoria dei Big Five

La teoria dei *Big Five*, anche conosciuta come modello dei Cinque Grandi Fattori, è un approccio ampiamente accettato nello studio della personalità che identifica e descrive cinque dimensioni fondamentali della personalità umana. Queste dimensioni sono considerate tratti di personalità universali che si manifestano in tutte le persone, indipendentemente dalla cultura o dal contesto:

1. *Estroversione:* rappresenta il grado di socievolezza, energia, assertività e ricerca di stimoli esterni di un

individuo. Le persone estroverse tendono ad essere affabili, socievoli e godono delle interazioni sociali.

2. *Gradevolezza o amicalità*: riguarda la dimensione dell'interazione sociale e la tendenza a essere cooperativi, fiduciosi, altruisti e tolleranti. Le persone con alti punteggi di gradevolezza sono spesso amichevoli, cortesi e inclini a stabilire relazioni positive con gli altri.

3. *Coscienziosità:* si riferisce al grado di organizzazione, responsabilità, perseveranza e disciplina di una persona. Le persone coscienziose sono generalmente ordinate, puntuali, meticolose e si impegnano a raggiungere i propri obiettivi.

4. *Stabilità emotiva*: riflette il livello di stabilità emotiva e la capacità di affrontare lo stress. Le persone con una maggiore stabilità emotiva tendono ad essere calme, sicure di sé e in grado di gestire meglio le situazioni stressanti.

5. *Apertura mentale:* indica la predisposizione a sperimentare nuove idee, l'apertura all'arte, alla cultura, alla fantasia e alla creatività. Le persone aperte mentalmente sono curiose, immaginative e interessate a nuove esperienze.

Questi cinque fattori sono considerati dimensioni indipendenti, il che significa che una persona può avere diversi livelli di ciascuna di esse. Ad esempio, una persona potrebbe essere estroversa, ma anche meno coscienziosa.

Paul Costa Jr. e Robert McCrae, psicologi americani, hanno svolto un ruolo cruciale nello sviluppo e nella diffusione della teoria dei Big Five. Negli anni '80, infatti, hanno iniziato a sviluppare il loro modello di personalità a cinque fattori, noto come Modello dei Cinque Fattori di Costa e McCrae o NEO-PI-R ovvero *Revised NEO Personality Inventory*. Essi hanno ampliato la ricerca precedente e hanno introdotto nuovi strumenti di misurazione per valutare i tratti di personalità.

2.11 La motivazione

La motivazione è il processo che spinge e guida il comportamento umano verso il raggiungimento di obiettivi, la soddisfazione di bisogni o la realizzazione di desideri. È ciò che ci spinge ad agire e a perseguire determinati risultati.

La motivazione può essere suddivisa in due tipi principali: motivazione intrinseca ed estrinseca.

1. *Motivazione intrinseca:* la motivazione intrinseca si riferisce alla motivazione che proviene dall'interno di una persona. È guidata da interessi personali, piacere intrinseco o soddisfazione derivante dall'attività stessa. Le persone intrinsecamente motivate trovano soddisfazione e gioia nel fare qualcosa semplicemente perché lo trovano interessante, coinvolgente o gratificante. La motivazione intrinseca può essere alimentata dalla curiosità, dalla sfida, dall'autonomia, dal senso di competenza o dalla realizzazione personale. Ad esempio, se una persona è appassionata di pittura e trascorre ore a dipingere perché si sente felice e soddisfatta durante il processo creativo, la sua motivazione è intrinseca.

2. *Motivazione estrinseca:* la motivazione estrinseca si riferisce alla motivazione che proviene da fattori esterni o incentivi esterni. In questo caso, il comportamento è motivato da ricompense, riconoscimenti o pressioni esterne. Le persone estrinsecamente motivate cercano di raggiungere un obiettivo o di soddisfare un bisogno al fine di ottenere una ricompensa tangibile o evitare una punizione. Ad esempio, se una persona studia duramente per ottenere un buon voto per ricevere elogi dai genitori o per ottenere una borsa di studio, la sua motivazione è estrinseca.

2.12 Quiz

1. Qual è il contributo principale della "Teoria delle emozioni universali"?
   A. Definire i principi del pensiero divergente
   B. Classificare le emozioni comuni a tutte le culture
   C. Esaminare l'effetto delle emozioni sull'intelligenza
   D. Studiare lo sviluppo dell'intelligenza emotiva

2. Qual è il principale argomento della "Teoria ecologica dello sviluppo umano"?
   A. L'impatto dell'ambiente sull'intelligenza
   B. L'influenza dei diversi ambienti sociali sullo sviluppo umano
   C. Lo sviluppo delle capacità emotive
   D. La classificazione dei tratti di personalità

3. In *Intelligence Reframed* (Gardner) quante sono le forme di intelligenza?
   A. 7
   B. 8
   C. 9
   D. 10

4. Qual è una caratteristica principale del pensiero divergente?
   A. Produce una singola, corretta risposta
   B. Genera molteplici idee o soluzioni creative
   C. Segue un percorso lineare e logico
   D. Si focalizza su dati e fatti concreti

5. Secondo Piaget, che caratteristiche ha il linguaggio egocentrico nei bambini?
   A. È un linguaggio che riflette la capacità di prendere prospettive diverse
   B. È un linguaggio principalmente diretto agli altri
   C. È un linguaggio diretto a sé stessi, utilizzato per esprimere pensieri e sentimenti personali
   D. È un linguaggio che riflette l'adattamento alle comunicazioni con gli altri

6. Che cosa caratterizza il locus of control interno secondo la teoria di Rotter?
   A. Credere che gli eventi siano determinati principalmente da forze esterne come il destino
   B. Sentire di avere un controllo diretto sulle proprie azioni e sugli eventi della vita
   C. Attribuire i risultati e gli eventi alla casualità o a fattori esterni
   D. Sentire che non si può fare molto per influenzare i risultati nella vita

7. Secondo Maslow, quali bisogni devono essere soddisfatti prima che una persona possa concentrarsi sull'autorealizzazione?
   A. Solo bisogni di sicurezza e di appartenenza
   B. Bisogni di stima e bisogni di appartenenza
   C. Solo bisogni fisiologici
   D. Tutti i bisogni di base (fisiologici, di sicurezza, di appartenenza e stima)

8. Quale affermazione descrive meglio la differenza tra motivazione intrinseca ed estrinseca?
   A. La motivazione intrinseca è sempre più forte dell'estrinseca
   B. Solo la motivazione intrinseca può portare al successo
   C. La motivazione intrinseca è guidata da soddisfazioni personali interne, mentre quella estrinseca è influenzata da fattori esterni come ricompense o punizioni
   D. La motivazione estrinseca non può coesistere con quella intrinseca

9. In che modo la teoria dell'imprinting di Lorenz è stata collegata allo sviluppo emotivo dei bambini?
   A. Indicando che i bambini imparano a parlare seguendo i loro genitori
   B. Suggerendo che i bambini sviluppano una preferenza per specifici cibi basandosi sull'esposizione precoce
   C. Sottolineando l'importanza delle prime interazioni tra bambini e genitori/caregiver per il legame affettivo
   D. Mostrando che i bambini scelgono i loro amici basandosi sulle prime interazioni sociali

10. Che cosa caratterizza principalmente l'intelligenza emotiva secondo la teoria di Daniel Goleman?
    A. La capacità di risolvere problemi matematici e logici complessi
    B. La capacità di comprendere e gestire le proprie emozioni e quelle altrui
    C. L'abilità di avere successo accademico in vari campi di studio
    D. La competenza nel creare opere d'arte o musica

2.13 Soluzioni commentate

1. Risposta Corretta: B.
Il contributo principale della Teoria delle emozioni universali di Paul Ekman è dato dalla classificazione di un insieme di emozioni fondamentali riconosciute in tutte le culture. Questa teoria sottolinea l'universalità di certe espressioni emotive nel genere umano.

2. Risposta Corretta: B.
La Teoria ecologica dello sviluppo umano di Urie Bronfenbrenner si concentra sull'influenza di diversi ambienti sociali (microsistema, mesosistema, esosistema, macrosistema e cronosistema) sullo sviluppo umano. Questa teoria evidenzia come l'ambiente in cui una persona cresce e vive influenzi il suo sviluppo.

3. Risposta Corretta: B.
In *Intelligence Reframed,* Howard Gardner descrive nove forme di intelligenza, sette delle quali erano già state descritte in *Frames of Mind.* Le intelligenze descritte sono: linguistica, logico-matematica, spaziale, musicale, cinestetica-corporea, interpersonale, intrapersonale, naturalistica ed esistenziale. Tuttavia, sebbene l'intelligenza esistenziale rispetti i criteri stabiliti da Gardner non ci sono sufficienti prove empiriche a supporto della sua esistenza. Pertanto, le diverse forme di intelligenza sono otto.

4. Risposta Corretta: B.
Il pensiero divergente è caratterizzato dalla generazione di molteplici idee o soluzioni creative. Questo tipo di pensiero è essenziale nei processi di innovazione e nella risoluzione creativa di problemi, poiché non si limita a una singola risposta ma esplora diverse possibilità.

5. Risposta Corretta: C.
Secondo Jean Piaget, il linguaggio egocentrico nei bambini è diretto a sé stessi e viene utilizzato per esprimere pensieri e sentimenti personali. Questo tipo di linguaggio riflette la fase dello sviluppo in cui i bambini sono ancora centrati su sé stessi e hanno difficoltà ad assumere le prospettive altrui.

6. Risposta Corretta: B.
Nella teoria di Julian Rotter, il locus of control interno è caratterizzato dalla convinzione di avere un controllo diretto sulle proprie azioni e sugli eventi della vita. Le persone con un forte locus of control interno ritengono che i risultati della loro vita siano il frutto delle proprie azioni piuttosto che di forze esterne.

7. Risposta Corretta: D.
Secondo Abraham Maslow, tutti i bisogni di base (fisiologici, di sicurezza, di appartenenza e stima) devono essere soddisfatti prima che una persona possa concentrarsi sull'autorealizzazione.

8. Risposta Corretta: C.
La motivazione intrinseca è guidata da soddisfazioni personali interne, come il piacere o l'interesse per un'attività, mentre quella estrinseca è influenzata da fattori esterni come ricompense o punizioni.

9. Risposta Corretta: C.
La teoria dell'imprinting di Konrad Lorenz è stata collegata allo sviluppo emotivo dei bambini sottolineando l'importanza delle prime interazioni tra bambini e genitori/caregiver per il legame affettivo.

10. Risposta Corretta: B.

Secondo la teoria di Daniel Goleman, l'intelligenza emotiva è caratterizzata principalmente dalla capacità di comprendere e gestire le proprie emozioni e quelle altrui. Questa abilità è fondamentale per la comunicazione efficace, la leadership, la collaborazione e la risoluzione di conflitti.

62

3 Pedagogia

La pedagogia è una disciplina che studia l'educazione e si occupa di teorie, metodi e pratiche relative all'insegnamento e all'apprendimento. Si concentra sullo sviluppo, l'educazione e la formazione delle persone di diverse età, fornendo una base teorica e pratica per la progettazione e la realizzazione di esperienze educative.

La parola pedagogia deriva dal greco antico e significa guida del bambino. Originariamente, la pedagogia era limitata all'educazione dei bambini, ma nel corso del tempo il suo campo di studio si è ampliato per includere l'educazione degli individui in tutte le fasi della vita.

Lo sviluppo della pedagogia può essere rintracciato fin dai tempi antichi, quando i filosofi greci come Socrate, Platone e Aristotele hanno contribuito alle teorie sull'educazione e sulla formazione degli individui. Successivamente, la pedagogia è stata influenzata da diverse correnti di pensiero, movimenti sociali e scoperte scientifiche.

Durante il Rinascimento, l'Umanesimo ha influenzato la pedagogia, ponendo l'accento sull'importanza dell'educazione per lo sviluppo dell'individuo come essere umano completo. Nel XVII e XVIII secolo, con l'Illuminismo, sono emerse teorie educative basate sulla ragione, sull'istruzione universale e sull'idea di formare individui liberi e autonomi.

Nel XIX secolo, la pedagogia è stata influenzata dal movimento della scuola nuova, guidato da educatori come Maria Montessori e John Dewey. Questo movimento ha sottolineato l'importanza dell'apprendimento esperienziale, dell'educazione attiva e dell'adattamento dell'insegnamento alle esigenze degli studenti.

Nel corso del XX secolo, la pedagogia è stata influenzata da diverse teorie e approcci, tra cui il costruttivismo, il socio-costruttivismo, l'apprendimento basato sui problemi e l'apprendimento situato. Questi approcci hanno sottolineato il ruolo attivo degli studenti nella costruzione della conoscenza e dell'apprendimento in contesti sociali.

Tra gli autori di teorie pedagogiche di spicco dei secoli precedenti troviamo Jean-Jacques Rousseau e Johann Heinrich Pestalozzi, due importanti pensatori che hanno influenzato l'educazione e il pensiero pedagogico.

3.1.1 Jean-Jacques Rousseau

Jean-Jacques Rousseau (1712-1778) è stato un filosofo, scrittore pedagogista e musicista. Le sue teorie pedagogiche sono esposte principalmente nel celebre lavoro intitolato *Emilio o dell'educazione*, pubblicato nel 1762.

Rousseau sostiene che l'educazione debba essere incentrata sullo sviluppo naturale e armonioso dell'individuo. Egli è critico nei confronti dei sistemi educativi dell'epoca, considerandoli limitanti della libertà e della curiosità dei bambini. Rousseau sottolinea, l'importanza dell'autonomia e dell'esperienza diretta nell'apprendimento.

Secondo la teoria di Rousseau, l'educazione dovrebbe rispettare le fasi di sviluppo dell'individuo e permettere la libera espressione delle sue inclinazioni e passioni. Egli promuove un'educazione basata sull'apprendimento attivo, in cui il bambino possa scoprire e sperimentare il mondo attraverso l'interazione diretta con l'ambiente.

Rousseau crede anche nell'importanza dell'educazione morale e sociale. Egli sostiene che l'educazione debba mirare a sviluppare la virtù, l'onestà e la sensibilità verso gli altri.

3.1.2 Johann Heinrich Pestalozzi

Johann Heinrich Pestalozzi (1746-1827) è considerato uno dei più importanti teorici dell'educazione e pedagogisti del suo tempo. Le sue teorie hanno avuto un impatto significativo sull'approccio all'insegnamento e all'apprendimento.

Una delle teorie fondamentali di Pestalozzi è la concezione dell'educazione come sviluppo armonico e integrale della persona. Egli crede che l'educazione debba coinvolgere non solo la mente, ma anche il cuore e le mani, cioè la sfera emotiva e pratica dell'individuo.

Pestalozzi enfatizza l'importanza dell'esperienza diretta e del coinvolgimento attivo degli studenti nel processo di apprendimento. Il metodo del mutuo insegnamento ha come scopo quello di porre gli allievi al centro dell'azione educativa, in quanto sono chiamati a sostenersi reciprocamente, insegnandosi a vicenda; grazie alla solidarietà e alla cooperazione, tutti gli studenti sono in grado di progredire.

Secondo Pestalozzi, l'educazione è il mezzo attraverso il quale l'individuo può sviluppare appieno le proprie capacità. Il processo educativo deve partire dall'osservazione della natura umana e seguire il metodo naturale. I discenti devono essere guidati dall'educatore nel manifestare tutte le loro potenzialità, seguendo il principio dell'unità armonica delle facoltà umane, in modo da svilupparle in modo equilibrato e graduale.

Egli attribuisce grande importanza all'educazione morale e alla formazione del carattere; infatti, ritiene che l'educazione abbia come scopo quello di promuovere l'autonomia, la responsabilità e i valori morali negli studenti, contribuendo così alla loro crescita personale e al loro sviluppo come cittadini consapevoli.

3.2 Funzionalismo

William James (1842-1910), psicologo statunitense, è riconosciuto come il fondatore del funzionalismo. Secondo James, la mente è caratterizzata da un flusso continuo di coscienza, in cui le esperienze si susseguono e influenzano la mente stessa. Pertanto, egli sostiene che non ha senso definire la mente attraverso rappresentazioni statiche o scomporla in elementi isolati.

Il funzionalismo attinge all'evoluzionismo di Darwin per fornire una spiegazione della finalità dei processi mentali. Darwin afferma che ogni organismo deve affrontare problemi di adattamento all'ambiente in cui vive. In un determinato ambiente, con determinate caratteristiche, ci sono abilità e qualità che consentono a un organismo di sopravvivere meglio e adattarsi. Di conseguenza, solo gli organismi che possiedono in qualche misura questa capacità di adattamento riescono a sopravvivere, contribuendo così alla perpetuazione della specie. Le attività mentali degli esseri umani sono proprio quelle qualità che offrono un contributo fondamentale alla possibilità di sopravvivenza dell'uomo e alla perpetuazione della sua specie. Pertanto, il funzionalismo riconosce nei processi mentali la finalità di adattare l'organismo all'ambiente e promuovere la sopravvivenza. James intende anche l'adattamento come la capacità dell'essere umano di modificare l'ambiente circostante per renderlo più rispondente ai propri bisogni.

Un altro aspetto fondamentale del funzionalismo di James è il pragmatismo, il quale suggerisce che lo studio della mente dovrebbe concentrarsi sulle funzioni che hanno un'utilità pratica.

Il funzionalismo trova la sua massima espressione nella Scuola di Chicago negli Stati Uniti e in Europa con Edouard Claparède.

3.2.1 Émile Durkheim

Émile Durkheim (1858-1917), considerato il precursore del funzionalismo moderno, è un sociologo francese che ha formulato teorie pedagogiche che collegano l'educazione al funzionamento della società e al processo di socializzazione. Le sue idee sono state influenti nello sviluppo della sociologia dell'educazione e hanno avuto un impatto significativo sulla teoria e sulla pratica pedagogica.

Una delle principali teorie pedagogiche di Durkheim è la sua concezione dell'educazione come strumento di integrazione sociale. Egli crede che l'educazione svolga un ruolo fondamentale nel trasmettere alle nuove generazioni i valori, le norme e le credenze della società. L'educazione, secondo Durkheim, contribuisce a creare un senso di solidarietà e coesione sociale, preparando gli individui ad adempiere ai loro ruoli e alle loro responsabilità all'interno della società.

Durkheim sostiene anche che l'educazione dovrebbe promuovere il senso di cittadinanza e la coscienza collettiva. Egli ritiene che gli individui debbano essere educati non solo come individui autonomi, ma anche come membri della comunità. L'educazione dovrebbe trasmettere valori civici e promuovere un senso di appartenenza e di impegno verso la società.

Un'altra teoria importante di Durkheim riguarda il ruolo dell'istruzione morale nell'educazione. Egli sostiene che l'educazione morale dovrebbe insegnare agli individui il rispetto delle norme sociali, la responsabilità, l'integrità e la cooperazione. Questo tipo di educazione morale contribuisce a formare cittadini etici e contributivi.

Durkheim ritiene che l'educazione sia importante anche ai fini della socializzazione. Attraverso l'educazione, infatti, gli individui vengono introdotti alla cultura e alle istituzioni della società, trasmettendo loro conoscenze, abilità e comportamenti socialmente accettati.

3.3 Attivismo

Verso la fine dell'Ottocento e l'inizio del Novecento, si diffondono le scuole nuove che pongono l'accento sull'istruzione di tipo scientifico, lo studio della lingua e l'esperienza diretta sulla realtà circostante attraverso attività che suscitano l'interesse degli studenti. Nelle scuole nuove l'alunno è al centro del processo di apprendimento; ciò viene definito puerocentrismo. Inoltre, viene incentivato l'apprendimento cooperativo tra gli studenti e si introduce la coeducazione, cioè classi miste composte da maschi e femmine. Il ruolo del docente è quello di facilitatore anziché di direttore.

In Europa, i principali rappresentanti delle scuole nuove sono Adolphe Ferrière e Pierre Bovet, quest'ultimo utilizza il termine scuole attive per riferirsi a questo approccio.

Dalle scuole attive nasce l'attivismo, che vede come principali esponenti Edouard Claparède, Ovide Decroly, Maria Montessori e John Dewey.

3.3.1 Édouard Claperède

Édouard Claparède (1873-1940) è stato un influente psicologo e pedagogista svizzero, noto per i suoi contributi nel campo dell'educazione e della psicologia dell'infanzia. La sua ricerca e le sue teorie hanno avuto un impatto significativo sull'approccio educativo, mettendo in evidenza l'importanza della comprensione dei processi cognitivi ed emotivi dei bambini per un'educazione efficace e inclusiva.

I principi fondamentali della sua filosofia comprendono il funzionalismo psicologico, che si interroga sulle finalità della mente; l'evoluzionismo di Darwin, secondo il quale la mente è cruciale per la sopravvivenza; l'approccio scientifico alla pedagogia, in contrapposizione alla pratica basata su credenze ed esperienze personali prive di validità scientifica.

Egli enuncia sei leggi dello sviluppo funzionale:

1. *Legge della successione genetica:* il bambino attraversa fasi di sviluppo che lo conducono alla maturità.

2. *Legge dell'esercizio funzionale:* ogni funzione si sviluppa attraverso l'esercizio.

3. *Legge dell'esercizio genetico*: l'esercizio e lo sviluppo di una funzione creano le basi per l'emergere di nuove funzioni.

4. *Legge dell'adattamento funzionale:* un'azione si manifesta quando è finalizzata a soddisfare un bisogno.

5. *Legge dell'autonomia funzionale:* il bambino non è un essere incompleto o imperfetto, ma piuttosto un individuo autonomo e adeguato alle circostanze che affronta.

6. *Legge dell'individualità*: ogni individuo si distingue dagli altri per le sue caratteristiche fisiche e psicologiche.

Attraverso la legge dell'individualità, viene introdotto il concetto di educazione personalizzata e su misura.

La sua pedagogia si basa sugli interessi e sui bisogni che variano a seconda delle fasi di sviluppo attraversate dal bambino.

Nel primo anno di vita, il bambino manifesta interessi percettivi; successivamente, con l'acquisizione del linguaggio, l'interesse si sposta su di esso; poi si sviluppano interessi di natura intellettuale più generale (gioco del 'perché"); infine, emergono interessi specifici e interessi di natura etica e sociale.

Nell'opera *La scuola su misura*, Clapèrede espone la sua concezione di organizzazione scolastica:

- *Classi parallele e omogenee*, dove gli studenti vengono raggruppati in base a caratteristiche simili per attività di recupero e approfondimento.

- *Classi mobili* intese come classi eterogenee e variabili, quindi non composte sempre dagli stessi studenti.
- *Sezioni parallele:* sono percorsi che approfondiscono argomenti specifici tra cui gli studenti possono fare una scelta (materia a scelta).
- *Sistema delle opzioni* che divide il curriculum scolastico in ore obbligatorie e personalizzabili per offrire percorsi su misura.

3.3.2 Ovide Decroly

Ovide Decroly (1871-1932) è noto per aver istituito la scuola dell'Oasi, dove i bambini normodotati venivano educati utilizzando metodi e materiali pensati per i bambini con disabilità. Egli si concentra sui bisogni del bambino, che possono essere classificati in:

1. *Bisogni soggettivo-psicologici*: legati alle necessità personali. Ad esempio, il bisogno di nutrirsi.
2. *Bisogni oggettivo-sociali:* legati alla realtà circostante. Ad esempio, il sistema delle relazioni sociali.

Questi bisogni generano interessi: ad esempio, il bisogno di nutrirsi può suscitare l'interesse per il cibo. Pertanto, le attività vengono organizzate attorno a centri di interesse anziché per discipline. Ci sono tre tipi di attività:

- Attività di osservazione, che permettono di acquisire esperienze in modo diretto.
- Attività di associazione, che permettono di acquisire conoscenze in modo indiretto richiamando le conoscenze acquisite in precedenza.
- Attività di espressione, che consentono di mettere in pratica ciò che è stato appreso attraverso esperienze reali.

I progressi vengono monitorati attraverso schede di osservazione che consentono di personalizzare i percorsi di apprendimento per ciascun bambino.

L'approccio all'apprendimento è globale: ad esempio, per facilitare l'insegnamento della lettura si inizia con frasi o parole interessanti per il bambino, successivamente si passa allo studio delle lettere e infine delle sillabe.

3.3.3 Maria Montessori

Maria Montessori (1870-1952) è stata la prima donna in Italia ad esercitare la professione di medico. Ha fondato la Casa dei Bambini nel quartiere S. Lorenzo di Roma. Ha inoltre adottato un approccio scientifico allo studio dell'infanzia e ha sviluppato un metodo didattico incentrato sulle esigenze del bambino, fornendo materiali adeguati e creando un ambiente accogliente e stimolante in cui il bambino possa essere il protagonista.

L'insegnante osserva il comportamento dei bambini per stabilire i prossimi obiettivi da raggiungere e li guida nelle attività assicurandosi che rispettino le regole stabilite.

Montessori descrive il disegno, l'aritmetica, la scrittura e la lettura come elementi essenziali per preparare i bambini alla scuola elementare. Il disegno aiuta a riconoscere forme e colori e sviluppa la manualità; l'aritmetica è fondamentale per comprendere le dimensioni, i rapporti, e la numerosità degli oggetti; la scrittura coinvolge abilità manuali, visive e uditive, mentre la lettura contribuisce ad arricchire il linguaggio.

Montessori introduce il concetto di mente assorbente, un periodo che si estende fino ai 3 anni di età, in cui il bambino, grazie alla sua breve esperienza di vita, è particolarmente incline a recepire informazioni dall'ambiente circostante. La mente assorbente opera in modo selettivo, catturando e trattenendo solo le informazioni rilevanti, ed è anche organizzativa, poiché organizza il sapere acquisito attraverso l'esperienza.

3.3.4 John Dewey

John Dewey (1859-1952) è stato un filosofo, psicologo e pedagogista statunitense riconosciuto per la sua teoria del pragmatismo e per il suo significativo contributo nell'ambito dell'educazione progressiva.

Secondo Dewey la scuola non deve preparare alla vita, ma deve essere un contesto in cui si attuano processi che costituiscono la vita stessa, quindi la scuola, nel preparare alla vita, deve essere essa stessa vita. Inoltre, la scuola deve essere un ponte tra la famiglia, in cui il bambino fa le sue prime esperienze, e la società, in cui l'adulto sperimenterà la vita in tutti i suoi aspetti.

I bisogni e gli interessi degli alunni sono al centro del processo educativo, così come l'esperienza poiché fa emergere l'utilità della conoscenza e le sue finalità. Il contesto scolastico deve riprodurre una piccola comunità in cui si sperimentano dinamiche semplificate della vita sociale.

Nel saggio *Democrazia ed educazione* egli sostiene che la democrazia, oltre ad essere una forma di governo, è un modo di intendere la vita individuale e sociale, in cui ogni individuo può sviluppare al meglio le sue attitudini e dare il proprio contributo alla società, la quale si regge sui contributi di tutti gli individui. In tale opera introduce il *learning by doing,* ossia l'imparare facendo, che aiuta ad organizzare la conoscenza e soprattutto a costruire un bagaglio di esperienze utili alla vita piuttosto che finalizzate al superamento di test.

Nell'opera *Come pensiamo*, Dewey parla del pensiero riflessivo, ossia di un pensiero generato dal dubbio che permette di elaborare la conoscenza. Il pensiero riflessivo è caratterizzato da un flusso controllato di idee poste in modo logico-consequenziale che mira ad un obiettivo, ad esempio la risoluzione di un problema.

Il pensiero riflessivo può essere anche un'ipotesi che trova conferma o meno nel ragionamento o nella verifica sperimentale. Differisce da altre forme di pensiero quali il flusso di coscienza, l'immaginazione e la credenza poiché un flusso di coscienza è un fluire incontrollato di idee e rappresentazioni non correlate; l'immaginazione è un flusso di eventi coerenti e in sequenza logica, ma è frutto della fantasia; la credenza è un'idea di cui non ci si è mai posti il problema della fondatezza il cui compito è quello di categorizzare e ridurre le esperienze nuove o l'ignoto a schemi mentali noti. Il pensiero riflessivo permette di realizzare un'indagine conoscitiva e si articola nelle seguenti fasi:

1. *Suggestione:* determina l'affiorare del dubbio. Quando siamo di fronte ad un problema e compaiono molte strategie risolutive (suggestioni) che sembrano ugualmente valide, nasce la necessità studiare più in profondità il problema.

2. *Intellettualizzazione:* si inquadra il problema comprendendo le difficoltà che esso presenta e si definiscono meglio le sue caratteristiche.

3. *Ipotesi:* in seguito alla fase di intellettualizzazione, una delle suggestioni iniziali sembra essere la soluzione e quindi diventa un'ipotesi risolutiva.

4. *Ragionamento:* viene elaborata e codificata una risoluzione partendo dall'ipotesi risolutiva richiamando le conoscenze e le esperienze pregresse.

5. *Controllo delle ipotesi:* si verifica la validità della soluzione.

Secondo Dewey non è importante accumulare esperienze, ma proporre esperienze significative che aprano la strada a nuove conoscenze e che motivino gli alunni. L'educatore deve progettare esperienze secondo i seguenti principi:

- *Principio di continuità:* un'esperienza deve attingere dalle precedenti e gettare le basi per le successive.

- *Principio di crescita:* le esperienze devono accrescere le abilità e le conoscenze.

- *Principio di interazione:* le esperienze sono frutto di fattori esterni controllabili (ambiente) e fattori interni al discente più difficili da controllare. Il compito dell'educatore è quello di identificare i fattori interni al discente.

3.4 Comportamentismo

La teoria dell'apprendimento comportamentista è stata sviluppata principalmente negli Stati Uniti. Questa teoria, anche nota come behaviourismo, si focalizza sullo studio dei comportamenti in risposta agli stimoli provenienti dall'ambiente esterno. Secondo il modello comportamentista, l'apprendimento avviene quando il soggetto viene esposto a stimoli (S) provenienti dall'ambiente circostante. Il soggetto risponde a tali stimoli emettendo una risposta (R) che corrisponde a un comportamento specifico.

Il comportamentismo, quindi, prende in considerazione le dinamiche stimolo-risposta, ignorando totalmente il processo che porta ad associare una risposta ad un determinato stimolo; in questo senso il cervello è una sorta di scatola nera. Il discente è visto come un vaso vuoto che deve essere riempito. Secondo questa teoria, si verifica un apprendimento quando si riesce ad associare ad uno stimolo S una risposta R in maniera stabile. L'apprendimento avviene somministrando degli stimoli che devono produrre determinate risposte.

I maggiori esponenti di questa corrente sono Ivan Pavlov, John Watson, Edward Thorndike e Burrhus Skinner.

3.4.1   Ivan P. Pavlov

Ivan Pavlov (1849-1936) è noto per i suoi studi sullo stimolo e sul riflesso condizionato, detto anche condizionamento classico. Famoso è l'esperimento sui cani: a un cane viene mostrata una bistecca (stimolo incondizionato) che gli provoca salivazione (risposta incondizionata). Successivamente viene fatto suonare un campanello (stimolo neutro) che non produce alcuna risposta nel cane. Durante l'esperimento la bistecca viene accompagnata dal suono del campanello. Dopo diverse presentazioni, il suono del campanello (stimolo condizionato) provoca salivazione nel cane (risposta condizionata), dimostrando che il cane ha associato alla presenza del campanello la somministrazione della bistecca.

Da questo esperimento sono scaturite le seguenti riflessioni:

- *Estinzione:* la risposta condizionata scompare gradualmente se lo stimolo condizionato non accompagna lo stimolo incondizionato. Se il suono del campanello non accompagna la somministrazione della bistecca, la salivazione del cane in presenza del suono del campanello sparisce.

- *Recupero spontaneo:* se lo stimolo condizionato riappare si ha un graduale recupero della risposta condizionata.

- *Generalizzazione:* se lo stimolo condizionato è simile a quello originario produrrà la stessa risposta.

- *Discriminazione:* se lo stimolo condizionato è diverso rispetto a quello originario non produrrà alcuna risposta.

3.4.2   John B. Watson

John Watson (1878-1958) è universalmente riconosciuto come il padre del comportamentismo. Secondo Watson, esistono connessioni innate tra stimolo e risposta, così come altre connessioni che si sviluppano attraverso processi di condizionamento, simili a quelli studiati da Pavlov. Questi ultimi processi possono essere considerati come forme di apprendimento. Durante le sue ricerche, egli ha osservato che le risposte dei soggetti variano. Di conseguenza, si è interrogato su quale risposta sia la più probabile, ripetendo gli stimoli nel corso del tempo. Da queste indagini sono emerse due leggi fondamentali:

1. *Legge della frequenza:* la probabilità di una risposta è direttamente proporzionale al numero di volte in cui tale risposta si verifica in seguito allo stimolo.

2. *Legge della recenza:* la risposta più recente è quella più probabile.

Un esperimento famoso correlato al condizionamento è quello del 'piccolo Albert", un neonato di nove mesi che amava giocare con un topino bianco. Durante l'esperimento, egli veniva spaventato da forti rumori mentre giocava con il topino. Il rumore violento rappresentava uno stimolo incondizionato che scatenava una risposta incondizionata di paura. Nel corso delle somministrazioni ripetute di entrambi gli stimoli in modo congiunto, Albert iniziò ad associare lo stimolo neutro (il topino) allo stimolo incondizionato (il rumore violento). Di conseguenza, Albert sviluppò la paura anche nei confronti del topino. Questa risposta condizionata o riflessa (la paura) si manifestava in presenza dello stimolo neutro (il topino) e si estendeva anche a nuovi stimoli e situazioni (ad esempio, un topolino).

3.4.3   Edward Thorndike

Edward Thorndike (1874-1949) è stato uno psicologo statunitense noto per le sue ricerche nell'ambito dell'apprendimento e del comportamento animale.

Egli riprende gli esperimenti di Pavlov e nota che l'introduzione di un rinforzo migliora l'apprendimento, quindi si passa ad una dinamica stimolo-risposta-rinforzo.

Famoso è l'esperimento della *puzzle-box*: un gatto affamato è rinchiuso in una gabbia con diverse leve e pulsanti e del cibo a vista. Il gatto, dopo vari tentativi, preme una leva, esce dalla gabbia e raggiunge il cibo. Dopo diversi tentativi il gatto diventa sempre più bravo a uscire dalla gabbia trovando la combinazione di mosse ottimale. In pratica i gatti, attraverso diverse prove, eliminano i comportamenti superflui e rafforzano quelli ottimali. Thorndike formula l'ipotesi che l'apprendimento avvenga per prove ed errori e formula le leggi dell'apprendimento.

- *Legge dell'effetto:* se un comportamento porta ad uno stato di soddisfazione, il comportamento sarà adottato più spesso. se porta ad uno stato di disagio tenderà ad essere rimosso.

- *Legge dell'esercizio:* se un'associazione viene ripetuta spesso tenderà a rafforzarsi, altrimenti scompare.

- *Legge del trasferimento:* una risposta tenderà ad essere ripetuta in presenza di stimoli simili.

- *Legge della prontezza:* un soggetto trova stimolante compiere un'azione quando è sufficientemente maturo.

Nel 1931, pubblica *Human learning* e rivede le sue leggi in base ad altri esperimenti condotti sugli esseri umani. In particolare, sottolinea come l'apprendimento sia influenzato molto di più dallo stato di soddisfazione che da quello di disagio. Inoltre, abbandona la legge dell'esercizio, avendo sperimentato che la mera ripetizione meccanica di un comportamento non necessariamente porta all'apprendimento.

3.4.4   Burrhus F. Skinner

Burrhus Skinner (1904-1990) è stato un eminente psicologo e studioso del comportamentismo che ha influenzato notevolmente il campo della psicologia. Grazie al suo lavoro pionieristico sul condizionamento operante, condotto negli anni '30 e '40, Skinner ha contribuito in modo fondamentale alla comprensione del comportamento umano e animale.

Il concetto di condizionamento operante viene introdotto nell'opera *Il comportamento degli organismi*, dove vengono delineate due tipologie di comportamento:

1. Il *comportamento rispondente*, che segue il paradigma stimolo-risposta, può essere ricondotto al modello del condizionamento classico. Questo tipo di comportamento è principalmente passivo, in quanto rappresenta una risposta indotta nel soggetto dall'ambiente esterno. Ad esempio, il cane che riceve la carne è passivo e adotta un comportamento rispondente.

2. Il *comportamento operante* rappresenta un modello in cui il soggetto, anche in assenza di stimoli particolari dall'esterno, produce un comportamento al fine di ottenere un effetto premiante, definito come rinforzo positivo. A differenza del comportamento rispondente, il comportamento operante è attivo, poiché il soggetto agisce volontariamente sull'ambiente esterno per ottenere un beneficio. Ad esempio, il gatto che tira la leva per ricevere il cibo è attivo e adotta un comportamento operante.

Famoso è l'esperimento della *Skinner box*. Nella gabbia sono presenti due leve: una trasmette una scossa e l'altra dà una piccola quantità di cibo. Dopo vari tentativi, il topo presente nella gabbia individua la leva che dà il cibo ed evita quella che dà la scossa. Di conseguenza, il suo comportamento è attivo.

Per quanto riguarda il rinforzo questo può essere un incentivo o una punizione:

- *Incentivo positivo:* si aggiunge uno stimolo positivo per aumentare un comportamento. Ad esempio, dare il cibo al topo.

- *Incentivo negativo:* si elimina uno stimolo negativo per aumentare il comportamento. Ad esempio, se la musica distrae e fa studiare di meno, la musica va spenta per studiare di più.
- *Punizione positiva:* si aggiunge uno stimolo negativo per diminuire un comportamento. Ad esempio, se un alunno fa chiasso, va rimproverato. Se smette di fare chiasso, il rimprovero è una punizione positiva.
- *Punizione negativa:* si rimuove uno stimolo positivo per diminuire un comportamento. Ad esempio, se il bambino non studia gli viene tolta la PlayStation. Se togliendo la PlayStation il bambino inizia a studiare, allora questa è una punizione negativa.

La qualità e la quantità del rinforzo nonché il ritardo, ossia il tempo che passa tra il comportamento e la somministrazione del rinforzo, impattano sul comportamento.

Skinner distingue due tipi di rinforzo:

- *Primario*, se soddisfa un bisogno primario come la fame o la sete.
- *Secondario*, se è uno stimolo che rinforza un comportamento poiché associato ad un rinforzo primario.

Quando una risposta è stabilizzata occorre adottare delle strategie di rinforzo per mantenere l'associazione stimolo-risposta. Skinner nota che è inefficace fornire un rinforzo ogni volta che il comportamento viene adottato e quindi propone due schemi di rinforzo:

- *Schema a intervallo fisso:* il rinforzo viene fornito a intervalli di tempo prefissati.
- *Schema a rapporto fisso:* il rinforzo viene fornito dopo un certo numero di manifestazioni del comportamento.

Skinner definisce inoltre i concetti di estinzione e recupero spontaneo dei comportamenti operanti:

- *Estinzione:* se in seguito ad un comportamento non viene fornito il rinforzo esso scompare. Il comportamento non viene dimenticato, ma ha luogo un altro apprendimento che colloca il comportamento tra quelli che non producono ricompense.
- *Recupero:* man mano che appare nuovamente il rinforzo, il comportamento viene recuperato.

Skinner è famoso anche per aver introdotto il concetto di istruzione programmata come alternativa all'istruzione tradizionale utilizzando le *teaching machines.* In pratica, Skinner propone di:

- Introdurre un rinforzo in luogo della punizione e di somministrare questo rinforzo in tempi ragionevoli, in modo che sia associato al comportamento che si vuole rinforzare.
- Progettare i percorsi in maniera scientifica secondo una filosofia di apprendimento progressivo.
- Personalizzare i percorsi.

L'istruzione programmata è difficile da realizzare, in quanto la personalizzazione e la cadenza serrata dei rinforzi porrebbe troppo carico lavorativo sui docenti. La soluzione è data dalle teaching machines che permettono di organizzare le domande e creare sequenze di apprendimento personalizzate in base alle risposte corrette/errate date dal discente (la sequenza diventa più difficile se le risposte sono corrette e viceversa). Inoltre, il rinforzo è immediato, in quanto il feedback è fornito immediatamente dalla macchina.

Successivamente, queste idee si sono concretizzate nei moderni software di *Computer Based Training* e di *Computer Assisted Instruction,* che rappresentano una realizzazione pratica dell'approccio proposto da Skinner.

3.5 Neocomportamentismo

Il modello neocomportamentista, sviluppato principalmente da Tolman e Hull, rappresenta una vera e propria rottura con il comportamentismo classico. Questo modello segna un ponte verso le teorie cognitiviste, che includono concetti come la mente e la coscienza, che fanno riferimento agli stati interni dell'individuo e differiscono dai comportamenti esterni considerati osservabili.

Il neocomportamentismo cerca di estendere lo studio scientifico oltre il semplice comportamento. In pratica, viene sostituito il paradigma stimolo-risposta con un nuovo paradigma che riconosce la presenza del soggetto (organismo) tra lo stimolo e la risposta. Infatti, la risposta allo stimolo è mediata dalla memoria, dalla percezione e dallo scopo, che sono caratteristiche intrinseche dell'organismo. Pertanto, il nuovo paradigma diventa stimolo-organismo-risposta.

I maggiori esponenti di questa corrente sono Edward Tolman, Clark Hull, Albert Bandura e Benjamin Bloom.

3.5.1 Edward Tolman

Edward Tolman (1886-1959) è stato un influente psicologo statunitense considerato uno dei principali teorici dell'apprendimento cognitivo. Egli ha introdotto concetti fondamentali come le mappe cognitive e l'apprendimento latente.

Tolman, in contrasto con i suoi predecessori Watson e Thorndike, sostiene che il comportamento di un individuo debba essere osservato nella sua interezza, senza ridurlo a una serie di stimoli e risposte. Mentre Watson e Thorndike si concentrano sullo studio di semplici connessioni stimolo-risposta, Tolman si interessa allora studio del comportamento globale e completo, che definisce comportamento molare.

Famoso è l'esperimento su tre gruppi di topi (rinforzati, non rinforzati, rinforzati dal decimo giorno). Ciascun gruppo viene posto in un labirinto. I topi rinforzati trovano del cibo alla fine del labirinto, mentre i topi non rinforzati no. Si può osservare che i topi del primo gruppo trovano la via d'uscita più velocemente rispetto ai topi del secondo gruppo. I topi rinforzati dal decimo giorno sono stati in grado di raggiungere le prestazioni dei topi rinforzati nel giro di due giorni, dimostrando che nei 10 giorni precedenti si erano creati una mappa mentale (mappa cognitiva) del labirinto e quindi avevano appreso.

In seguito all'esperimento sono state formulate diverse ipotesi:

- L'apprendimento può avvenire anche in assenza di rinforzo.

- L'apprendimento può avvenire anche se non si manifesta alcuna variazione nel comportamento. Si introduce così il concetto di apprendimento latente secondo cui è possibile apprendere senza manifestarlo.

- Si definisce la differenza tra apprendimento e performance: la comparsa del rinforzo non determina un apprendimento, ma solo l'uscita rapida dal labirinto, ossia una performance. In pratica il rinforzo non favorisce l'apprendimento, ma la performance.

Tolman definisce un comportamentismo intenzionale (*purposive behaviourism*) nel senso che il comportamento viene adottato volontariamente.

3.5.2 Clark L. Hull

Clark Hull (1884-1952) è riconosciuto per il suo approccio innovativo al comportamentismo che mira a stabilire i principi fondamentali di una scienza del comportamento per spiegare la condotta degli animali di diverse specie, nonché quella individuale e sociale. La sua teoria, nota come comportamentismo deduttivo, è basata sulla forza dell'abitudine, che egli sostiene derivare dalla pratica.

Le abitudini vengono descritte come connessioni stimolo-risposta basate sul rinforzo. Il rinforzo aumenta la probabilità che la risposta allo stimolo si presenti anche in futuro.

Le teorie sull'apprendimento di Hull sono state presentate per la prima volta nel suo lavoro *Mathematico-Deductive Theory of Rote Learning* del 1940, in cui esprimeva le sue scoperte attraverso postulati formulati sia in termini matematici che verbali.

La sua teoria generale per spiegare tutti i comportamenti, conosciuta come Teoria della riduzione dell'impulso, si basa sul concetto di omeostasi. Secondo tale principio, il corpo lavora attivamente per mantenere uno stato di equilibrio. Secondo Hull, tutte le motivazioni ad agire derivano da bisogni biologici, come la fame, la sete o la necessità di trovare riparo. Tali bisogni, detti impulsi, generano uno stato di tensione o eccitazione. Per ridurre questo stato di tensione, sia gli esseri umani che gli animali cercano modi appropriati per soddisfare i bisogni biologici.

Secondo Hull, quindi, gli individui ripetono comportamenti che riducono gli impulsi.

3.5.3   Albert Bandura

Albert Bandura (1925-2021) è uno dei più influenti psicologi del XX secolo, noto per le sue ricerche sull'apprendimento sociale e la teoria dell'apprendimento sociale.

Egli è famoso per il suo esperimento con la bambola Bobo, che ha dimostrato il potere dell'osservazione e dell'imitazione nel processo di apprendimento.

L'esperimento coinvolge 36 bambini e 36 bambine, con un'età compresa tra i 3 e i 6 anni. I bambini vengono divisi in tre gruppi: un gruppo che osserva un modello violento che insulta e picchia la bambola con un martello giocattolo; un gruppo che osserva un modello non aggressivo giocare con le costruzioni; un gruppo di controllo che non osserva alcun modello.

Dall'esperimento si è osservato che:

- I bambini che osservavano il comportamento aggressivo di un adulto risultavano più aggressivi rispetto ai bambini degli altri gruppi in situazioni che suscitavano aggressività.
- I maschi tendono ad essere più aggressivi fisicamente rispetto alle femmine, mentre dal punto di vista verbale l'aggressività è simile tra i sessi.
- Osservare un modello aggressivo del proprio sesso rende più aggressivi.
- Il modello non aggressivo veniva imitato, ma in misura minore.

In una seconda fase dell'esperimento, le scene aggressive venivano mostrate tramite filmati e i risultati sono stati i medesimi.

In un terzo esperimento l'aggressore veniva lodato dopo le violenze e ciò si traduceva in un aumento dell'aggressività. Questo fenomeno è detto rinforzo vicario o anticipato.

Per comprendere se il rinforzo vicario influisca solo sulla performance, ovvero se i bambini eseguono o meno l'azione oppure se influenzi anche il processo di apprendimento, è stato chiesto a tutti e tre i gruppi di bambini di ripetere le azioni che avevano osservato e le parole che avevano ascoltato, promettendo loro una ricompensa. In questo caso, tutti e tre i gruppi sono stati in grado di riprodurre in modo simile le azioni osservate, portando alla conclusione che il rinforzo vicario influisce solo sulla performance. Infatti, i bambini apprendono indipendentemente dal rinforzo, ma mettono in pratica quanto appreso solo se conveniente.

In seguito a tali esperimenti, Bandura ha formulato la teoria dell'apprendimento sociale secondo la quale si apprende anche tramite l'osservazione, oltre che tramite stimolo-risposta. Questo tipo di apprendimento avviene senza che l'individuo stesso debba sperimentare direttamente le conseguenze, ma può acquisire conoscenze e abilità osservando gli esiti delle azioni degli altri.

Secondo Bandura, l'apprendimento osservativo è più efficace di un apprendimento per prove ed errori poiché è più immediato mostrare ad un individuo un comportamento da riprodurre piuttosto che condurlo a quel processo per prove ed errori. Egli chiama questa procedura *modeling* e si riferisce all'osservazione di un modello di comportamento per poi conformarsi ad esso. Lo stimolo da fornire al soggetto per replicare il comportamento púò essere di tre tipi:

- *Osservazione fisica diretta di un modello:* l'individuo svolge le azioni da replicare.
- *Descrizione verbale di un comportamento:* comportamento descritto tramite delle istruzioni.
- *Rappresentazione simbolica di un comportamento* tramite immagini, disegni e filmati.

Bandura delinea anche le fasi dell'apprendimento osservativo, che sono sequenziali:

- *Attenzione:* il soggetto presta attenzione verso il processo da apprendere.
- *Ritenzione:* il processo viene memorizzato attraverso immagini e codici.
- *Riproduzione:* il processo viene ripetuto.
- *Motivazione e rinforzo:* fornisce dei rinforzi per riprodurre il processo. Il rinforzo vicario è molto importante poiché anticipa il rinforzo.

Il processo di attenzione è fondamentale per la riuscita dell'apprendimento del comportamento. È possibile catturare l'attenzione tramite il rinforzo vicario.

Infine, Bandura introduce il concetto di auto-rinforzo che consiste nel determinare per sé stessi alcuni standard di comportamento: se tali standard vengono raggiunti, l'individuo si autocompiace e quindi si premia influenzando il suo comportamento.

3.5.4 Benjamin Bloom

Benjamin Bloom è stato uno psicologo dell'educazione che ha fornito importanti contributi alle teorie dell'apprendimento. Uno dei suoi contributi più significativi è stato lo sviluppo della *Tassonomia degli obiettivi cognitivi*, che ha avuto un notevole successo nel campo dell'istruzione. La Tassonomia di Bloom classifica gli obiettivi dell'apprendimento in una gerarchia a più livelli, che va dalla conoscenza di base alla comprensione, all'applicazione, all'analisi, alla sintesi e infine alla valutazione.

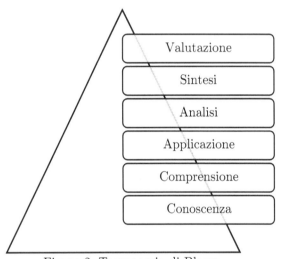

Figura 2. Tassonomia di Bloom

Questa gerarchia fornisce un quadro strutturato per la progettazione del curriculum e la formulazione degli obiettivi di apprendimento, aiutando gli insegnanti a stabilire obiettivi chiari e misurabili per gli studenti.

Oltre alla Tassonomia degli obiettivi cognitivi, un'altra importante procedura sviluppata da Bloom è quella del *Mastery Learning*, che si traduce come apprendimento per padronanza.

Questa procedura si propone di condurre la maggioranza degli studenti a raggiungere una padronanza completa dei contenuti insegnati.

Nell'articolo *Learning for Mastery* del 1968, Bloom sostiene che sia possibile creare situazioni di apprendimento in cui fino al 90% degli studenti può padroneggiare ciò che viene loro insegnato. È compito degli insegnanti individuare i mezzi per raggiungere questo risultato.

Bloom sottolinea che il sistema di istruzione non dovrebbe concentrarsi sulla predizione e sulla selezione degli studenti talentuosi, ma piuttosto sullo sviluppo del talento nella maggioranza degli alunni.

Bloom affronta due problematiche specifiche legate ai processi di apprendimento e valutazione. Innanzitutto, egli sostiene che sia comune tra gli insegnanti ritenere che i risultati finali dell'apprendimento debbano essere coerenti all'interno del gruppo classe, creando una sorta di graduatoria interna. Questo approccio lascia ampi margini di discrezionalità e può essere frustrante in alcuni casi o ingannevole in altri. Pertanto, il successo o il fallimento degli studenti non dipende dal confronto con uno standard generale e oggettivo, ma dal confronto con gli altri membri del gruppo di apprendimento.

La seconda osservazione di Bloom riguarda la curva normale o gaussiana. Egli illustra come i voti si distribuiscono all'interno di un gruppo di apprendenti. Immaginando un grafico con i voti sull'asse delle ascisse e il numero o la percentuale di studenti con quel voto sull'asse delle ordinate, si può tracciare una curva di distribuzione dei risultati. Tradizionalmente, gli insegnanti si aspettano di osservare una distribuzione normale, con una forma a campana, in cui una piccola percentuale di studenti raggiunge voti eccellenti, la maggioranza ottiene voti intermedi e una piccola percentuale ottiene voti bassi.

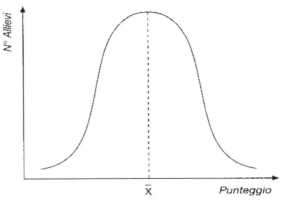

Figura 3. Distribuzione normale dei voti

Bloom suggerisce che questa curva normale potrebbe limitare il potenziale di apprendimento degli studenti. Concentrarsi solo su una minoranza di studenti che raggiunge risultati eccellenti impedisce agli altri di raggiungere la padronanza della disciplina. Di conseguenza, Bloom propone il Mastery Learning, un approccio che mira a garantire che la maggioranza degli studenti raggiunga la padronanza dei contenuti.

Nel contesto del Mastery Learning, Bloom identifica le seguenti variabili:

1. L'*attitudine* viene definita come il tempo necessario per uno studente a raggiungere la padronanza di un determinato apprendimento. Non si riferisce alla complessità degli argomenti che uno studente può affrontare, ma piuttosto al tempo richiesto per apprendere qualsiasi contenuto, sia esso complesso o di base. Quindi, la padronanza di una disciplina può essere raggiunta se si concedono agli studenti tempi adeguati in base alla loro attitudine individuale.

2. La *qualità dell'istruzione* è espressa dal livello con cui la presentazione, la spiegazione e l'organizzazione

88

degli elementi di apprendimento si avvicinano alla condizione ottimale per uno studente. Non si tratta di stabilire se un insegnante o i materiali didattici siano buoni o cattivi, ma piuttosto di individuare quali insegnanti, libri di testo o materiali di studio si adattino meglio allo stile di apprendimento di ciascuno studente. Ciò significa che uno stesso insegnante o materiale didattico può essere considerato comprensibile e comunicativo da uno studente, mentre potrebbe essere giudicato incomprensibile e poco efficace da un altro studente con modalità di apprendimento diverse.

3. L'*abilità nel comprendere l'istruzione* è definita come la capacità di un apprendente di comprendere la natura del compito assegnato e le procedure necessarie per completarlo. Questa variabile tiene conto delle abilità individuali dello studente e della loro interazione con l'adeguatezza dei materiali didattici e con le competenze del docente nell'insegnamento. Per raggiungere questo obiettivo, il docente può utilizzare diverse metodologie e strumenti, come gruppi di studio, utilizzo di materiale extra, introduzione della figura del tutor, schemi e materiale interattivo.

4. La *perseveranza* è definita come il tempo che uno studente è disposto a dedicare all'apprendimento di un determinato argomento. Se la perseveranza è inferiore all'attitudine dell'apprendente, sarà difficile per lui raggiungere la padronanza dell'apprendimento, poiché interromperà lo studio prima di completare il processo.

5. Il *tempo a disposizione per l'apprendimento* è l'ultima variabile critica nel contesto del Mastery Learning. Quando un insegnante progetta un percorso di istruzione, tiene conto del tempo necessario per presentare e spiegare i contenuti, includendo anche il tempo richiesto agli studenti per comprenderli. Tuttavia, se il tempo assegnato non è compatibile con l'attitudine degli studenti, essi potrebbero non raggiungere la padronanza del concetto entro la scadenza stabilita dall'insegnante.

La strategia di Mastery Learning mira a raggiungere diversi obiettivi:

1. Definire metodologie e strumenti per ridurre il tempo necessario per l'apprendimento di ciascuno studente. Questo aspetto riguarda la didattica e implica l'individuazione di approcci e risorse che favoriscano una maggiore efficienza nell'apprendimento.

2. Valutare il tempo necessario per apprendere. Questo aspetto è collegato all'organizzazione del curriculum e implica la capacità di valutare le abilità degli studenti e le loro necessità di apprendimento. Attraverso l'individuazione dei livelli di padronanza degli studenti e il monitoraggio dei loro progressi, è possibile adattare il percorso di apprendimento in base alle esigenze di ciascun individuo.

È importante fare una distinzione tra il processo di insegnamento-apprendimento e il processo di valutazione finale, noto come valutazione sommativa. Questi due processi hanno scopi diversi: il primo si concentra sulla preparazione dello studente in un determinato campo della conoscenza, mentre il secondo valuta la conoscenza effettivamente acquisita. Affinché il processo di valutazione sia chiaro, sia il docente che lo studente devono avere una chiara comprensione dei criteri utilizzati per determinare se l'apprendimento è stato raggiunto.

L'obiettivo è che lo studente percepisca il suo apprendimento come il raggiungimento di uno standard di riferimento piuttosto che come una competizione con gli altri studenti. Ciò favorisce un ambiente di apprendimento più motivante, in cui lo studente è incoraggiato a concentrarsi sulla propria crescita e miglioramento personale.

I risultati che possono essere ottenuti attraverso l'implementazione della strategia di Mastery Learning possono essere di natura cognitiva o affettiva. In particolare:

1. *Risultati cognitivi:* questi risultati si riferiscono al livello di conoscenza e comprensione raggiunto dagli studenti in relazione alla disciplina studiata. Mediante il Mastery Learning, gli studenti hanno l'opportunità di raggiungere una padronanza completa dei contenuti. Questo significa che acquisiscono una conoscenza approfondita e un'alta capacità di applicare le competenze nella pratica.

2. *Risultati affettivi:* oltre ai risultati cognitivi, il Mastery Learning può influenzare anche gli aspetti emotivi e motivazionali degli studenti. Quando gli studenti raggiungono una padronanza completa della disciplina, sviluppano un senso di fiducia e soddisfazione personale. Questo senso di padronanza e controllo degli argomenti suscita un interesse spontaneo nei confronti della materia.

Questa sinergia tra aspetti cognitivi ed emotivi è uno degli elementi chiave del Mastery Learning e contribuisce a creare un ambiente di apprendimento altamente efficace e gratificante per gli studenti.

Il Mastery Learning è una procedura di apprendimento che può essere collocata all'interno del paradigma comportamentista. Ciò è evidente per diversi motivi:

- In primo luogo, esso prevede la riduzione dei contenuti da apprendere in unità elementari, seguendo la pratica comportamentista di scomporre i comportamenti e gli apprendimenti in componenti elementari che possono essere studiati in modo scientifico.
- Il paradigma stimolo-risposta-rinforzo, tipico del comportamentismo, si riflette nella valutazione formativa del Mastery Learning. La valutazione formativa può essere considerata come uno stimolo alla quale lo studente risponde svolgendo la prova. Il feedback, ovvero la valutazione della prova, costituisce il rinforzo per lo studente, incoraggiandolo a correggere gli errori e a modellare il proprio comportamento di apprendimento.
- Alcune metodologie utilizzate, in caso di risultato negativo nella valutazione formativa, prevedono la ripetizione dell'unità di apprendimento utilizzando metodi e strumenti diversi. Questo approccio richiama, in linea generale, l'apprendimento per prove ed errori teorizzato dai comportamentisti.

Nel 1956, Bloom ha pubblicato *Taxonomy of educational objectives*, un volume che presenta la tassonomia degli obiettivi educativi. Questa tassonomia si focalizza sul dominio cognitivo, che riguarda la conoscenza e lo sviluppo delle attività e delle abilità intellettuali. Successivamente, nel 1964, è stata pubblicata una seconda tassonomia che trattava gli obiettivi educativi del dominio affettivo, che riguardano interessi, desideri e attitudini. Infine, nel 1972, è stata pubblicata una terza tassonomia relativa al dominio psicomotorio, che riguarda le abilità fisiche e la manipolazione di strumenti e oggetti.

Per Bloom, la tassonomia degli obiettivi educativi nel dominio cognitivo rappresenta uno strumento di supporto per docenti, educatori e studiosi. Le funzioni principali che la tassonomia doveva svolgere erano le seguenti:

1. Descrivere gli obiettivi in modo univoco e preciso, fornendo un punto di riferimento oggettivo per discutere la progettazione curricolare e valutare gli studenti. Questo consente uno scambio di informazioni ed esperienze tra gli insegnanti.

2. Partire da obiettivi generali e scomporli in categorie sempre più specifiche. Lo scopo è quello di definire comportamenti misurabili e valutabili, consentendo una valutazione accurata delle competenze degli studenti.

3. Creare uno strumento completo ed esaustivo che coprisse tutti i possibili comportamenti attesi dagli studenti. In pratica, la tassonomia deve essere adattabile a qualsiasi idea educativa e pratica didattica.

Bloom iniziò con il dominio cognitivo per identificare gli obiettivi da raggiungere nell'ambito dell'educazione pratica. Questi obiettivi venivano espressi in termini di competenze, partendo da competenze elementari fino a competenze più complesse. La maturazione delle competenze elementari era necessaria per affrontare quelle più complesse. Il docente doveva individuare, all'interno della scala tassonomica delle competenze, il livello di partenza dello studente e stabilire un obiettivo da raggiungere in termini di competenze più complesse. Successivamente, si doveva sviluppare un percorso educativo adeguato che guidasse lo studente dal punto di partenza all'obiettivo fissato dal docente.

3.6 Apprendimento secondo la psicologia della Gestalt

L'apprendimento secondo la psicologia della *Gestalt* si basa su una comprensione della sensazione e della percezione. La sensazione riguarda la nostra capacità di rilevare gli stimoli provenienti dall'ambiente attraverso i nostri organi di senso. Questi stimoli vengono poi trasformati in impulsi nervosi che vengono trasmessi al sistema nervoso centrale.

La percezione, d'altra parte, è il processo cognitivo attraverso il quale elaboriamo le sensazioni. È attraverso la percezione che siamo in grado di dare un significato e una forma alle informazioni sensoriali, consentendoci di muoverci in modo adeguato nell'ambiente circostante.

Il termine Gestalt, che significa forma o configurazione in tedesco, si riferisce alla corrente psicologica conosciuta come *Gestaltpsychologie* o psicologia della forma, che emerse in Germania all'inizio del XX secolo. Questa corrente si distanzia dall'empirismo e dal comportamentismo, assumendo una prospettiva critica nei loro confronti.

Dell'empirismo, la Gestalt condivide l'idea che la conoscenza si sviluppi attraverso l'esperienza, ma si discosta da esso considerando la rappresentazione mentale generata dalle sensazioni come una configurazione totale e unitaria, invece che una serie di associazioni elementari.

Gli esponenti della Gestalt criticano il comportamentismo sostenendo che l'apprendimento non è una successione di tentativi (prove ed errori), ma è un fenomeno intuitivo e globale.

La Gestalt sostiene che l'apprendimento sia basato su processi cognitivi e va oltre lo studio del semplice comportamento.

Gli studiosi fondatori e principali esponenti della Gestalt sono Wolfgang Köhler e Max Wertheimer. La loro ricerca si focalizza principalmente sullo studio della percezione e dei meccanismi di apprendimento, in particolare sui processi che si attivano durante la risoluzione dei problemi.

3.6.1 Wolfgang Koehler

Wolfgang Köhler (1887-1967) è stato uno psicologo tedesco, noto per i suoi contributi fondamentali alla teoria della Gestalt e per la sua ricerca sulle capacità di problem-solving dei primati, in particolare degli scimpanzé.

In un famoso esperimento, un gruppo di scimmie veniva posto all'interno di una gabbia. Il gruppo doveva raggiungere una banana al di fuori della sua portata utilizzando delle cassette. Inizialmente, le scimmie tentavano di raggiungere il cibo usando metodi tradizionali come allungare le braccia o cercando di arrampicarsi, ma senza successo. Dopo aver esplorato l'ambiente circostante, le scimmie si resero conto che potevano utilizzare le cassette per raggiungere la banana.

Ciò che rendeva l'esperimento di Köhler così rilevante era la scoperta del concetto di *insight*. L'insight si riferisce a una soluzione improvvisa e intuitiva a un problema, che non è frutto di tentativi e errori o di apprendimento graduale, ma piuttosto di una comprensione immediata della situazione. Köhler notò che le scimmie sembravano capire come utilizzare le cassette per raggiungere il cibo, suggerendo la presenza di processi cognitivi superiori.

Attraverso l'insight, a un certo punto, lo scimpanzé compie due passaggi cruciali:

1. Riassegna un nuovo significato alle cassette: invece di considerarle semplicemente come contenitori, le trasforma in gradini per raggiungere la banana. In altre parole, ristruttura alcuni concetti preesistenti, modificandoli e reinterpretandoli in una prospettiva diversa e originale.

2. Ha una visione globale del problema e mette in relazione gli elementi a sua disposizione. Questo implica che l'animale è in grado di comprendere la situazione nel suo complesso e di stabilire collegamenti tra gli elementi rilevanti.

Questo esperimento ha portato Köhler a criticare il comportamentismo di Thorndike, secondo il quale gli animali imparano attraverso prove ed errori, avvicinandosi gradualmente all'obiettivo. Al contrario, Köhler osserva che, soprattutto i mammiferi più evoluti, come gli scimpanzé, possono apprendere in un modo diverso: attraverso un'illuminazione improvvisa. Questo tipo di apprendimento implica un'osservazione del problema in modo diverso e globale.

Köhler sostiene che la psicologia della Gestalt si focalizzi su situazioni e processi psichici che non possono essere definiti analizzando le singole parti costituenti in maniera isolata ed elementare. La Gestalt enfatizza l'importanza di considerare l'intero contesto e la configurazione globale per comprendere appieno i fenomeni psicologici.

3.6.2 Max Wertheimer

Max Wertheimer (1880-1943) è uno dei fondatori della teoria della Gestalt. La sua teoria più famosa riguarda i principi di raggruppamento, la quale sostiene che la mente umana tende a organizzare le esperienze sensoriali in modo da formare figure significative e coerenti, basandosi su principi come la prossimità, la somiglianza e la continuità.

Questi principi di raggruppamento si basano su diverse leggi di organizzazione che influenzano la nostra percezione:

1. *Vicinanza*: gli oggetti che sono vicini tra loro tendono ad essere percepiti come un gruppo o una figura unita. Ad esempio, se una serie di punti viene disposta a formare una linea, la nostra mente tende a percepire quella linea piuttosto che una serie di punti separati.

2. *Somiglianza*: gli oggetti che condividono caratteristiche simili, come la forma, il colore o la dimensione, vengono percepiti come appartenenti a una stessa figura o gruppo. Se, ad esempio, una serie di cerchi e quadrati viene disposta in modo da formare due gruppi distinti in base alla forma (ad esempio, tutti i cerchi insieme e tutti i quadrati insieme),

percepiamo queste figure separate sulla base della somiglianza.

3. *Continuità*: la nostra mente tende a percepire una continuità o un flusso di elementi che si susseguono in una direzione specifica come una singola figura o forma. Ad esempio, se vediamo una serie di punti allineati in una direzione, tendiamo a percepire quella linea continua anche se alcuni punti sono oscurati o mancanti.

4. *Chiusura*: la mente umana tende a completare figure mancanti o a riempire spazi vuoti per creare una forma completa. Se vediamo una figura con un'apertura o una parte mancante, la nostra mente tende a riempire quella lacuna e percepire la figura come completa.

5. *Contrasto figura-sfondo*: il cervello è in grado di distinguere tra gli oggetti principali di un'immagine (la figura o il punto focale) e lo sfondo (l'area su cui si trovano gli oggetti).

Questi principi di organizzazione lavorano insieme per aiutarci a interpretare il mondo che ci circonda in modo coerente e significativo. Sono processi cognitivi automatici che avvengono rapidamente e senza sforzo consapevole.

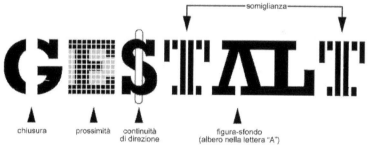

Figura 4. I principi della Gestalt

3.7 Cognitivismo

Il cognitivismo studia la mente e i suoi processi aprendo la scatola nera a lungo ignorata dai comportamentisti. La mente viene vista come un computer: riceve input dall'esterno, li processa e fornisce degli output. L'acquisizione, il trattamento e l'immagazzinamento dell'informazione sono i processi chiave dell'apprendimento. L'allievo è attivo nel processo di apprendimento. I maggiori esponenti del cognitivismo sono: Jean Piaget, Lev Vygotskij, Jerome Bruner, David Ausubel, Richard Atkinson e Richard Shiffrin.

3.7.1 Jean Piaget

Jean Piaget (1896-1980) è stato uno psicologo svizzero, noto per le sue ricerche sullo sviluppo cognitivo e per aver proposto una teoria dell'apprendimento basata sulla costruzione del sapere da parte dei discenti.

Piaget ha sviluppato una teoria basata sull'interazione tra l'organismo e l'ambiente, definendo questa interazione come trasformazione, un processo attraverso il quale il soggetto acquisisce nuova conoscenza agendo attivamente sull'ambiente. Fondamentale in questa teoria è il concetto di azione, che può manifestarsi in due forme: l'azione reale, che coinvolge l'interazione fisica con gli oggetti, e l'azione interiorizzata, che riguarda processi mentali che agiscono sulle rappresentazioni degli oggetti, entrambe contribuendo alla costruzione della conoscenza.

Le azioni compiute dal soggetto, sia fisiche che mentali, devono essere considerate sia dal punto di vista cognitivo, come accesso alla conoscenza, sia dal punto di vista affettivo, come volontà di relazionarsi agli altri. Queste azioni hanno una doppia dimensione, individuale e sociale, e costituiscono la base per la costruzione della conoscenza. L'approccio di Piaget ha aperto la strada alle teorie costruttiviste dell'apprendimento, di cui è considerato il precursore.

Osservando il comportamento del bambino durante le diverse fasi del suo sviluppo, emerge la presenza di azioni profondamente diverse compiute da esso. Tuttavia, Piaget sostiene che queste azioni possono essere inquadrare in dinamiche specifiche che si ripetono durante lo sviluppo. Egli identifica degli invarianti funzionali che governano le azioni degli individui e che mantengono le loro caratteristiche di funzionamento stabili nel corso dello sviluppo. Uno dei principali invarianti funzionali è il principio di organizzazione, secondo cui si sviluppano strutture che si organizzano in modo coerente nel pensiero. Queste strutture tendono a migliorare nel tempo e includono sia modalità di azione che modalità di pensiero che conducono alla conoscenza.

Un altro invariante funzionale è il principio di adattamento, che indica che il soggetto è costantemente in adattamento con l'ambiente esterno. Questo adattamento può essere innescato da bisogni di natura fisica o intellettiva, e porta a un'azione che incide sull'ambiente esterno e, al contempo, viene influenzata dall'ambiente stesso. Questa reciproca interazione tra soggetto e ambiente causa una variazione delle strutture del pensiero. L'adattamento avviene attraverso due processi in equilibrio: l'*assimilazione* e l'*accomodamento*.

L'assimilazione si verifica quando le nuove conoscenze o esperienze vengono integrate e incorporate nelle strutture preesistenti, inquadrandole in modo coerente.

L'accomodamento, invece, si verifica quando le nuove conoscenze non possono essere integrate coerentemente nelle strutture esistenti, richiedendo un adeguamento delle strutture stesse alle nuove esperienze o conoscenze.

L'assimilazione e l'accomodamento sono due processi complementari. In determinati momenti uno dei due processi può prevalere, ma l'altro non viene mai completamente annullato.

L'equilibrio tra assimilazione e accomodamento genera l'adattamento, che per Piaget rappresenta l'intelligenza.

L'intelligenza, secondo Piaget, consiste nella capacità di adattarsi all'ambiente, di raggiungere un equilibrio con esso e di garantire la sopravvivenza dell'individuo e della specie.

In contrasto agli invarianti funzionali, vi sono le strutture variabili, che vengono progressivamente modificate da queste prime. Lo sviluppo mentale del bambino è descritto proprio in termini di variazioni che le strutture subiscono. Queste strutture sono modalità o meccanismi di pensiero, schemi attraverso i quali il soggetto affronta e costruisce la conoscenza. Nelle prime fasi evolutive, Piaget definisce queste strutture come schemi d'azione, che coinvolgono principalmente le sensazioni, le percezioni e la motricità. Ad esempio, i riflessi rappresentano i primi schemi d'azione del neonato. Questi schemi d'azione basilari possono combinarsi tra loro per formare strutture più complesse e, successivamente, si trasformano in schemi mentali. A loro volta, questi schemi mentali si organizzano in modo sempre più complesso fino a sviluppare vere e proprie strutture mentali.

Piaget identifica gli stadi evolutivi dell'essere umano, caratterizzati da condizioni successive di equilibrio e da specifiche strutture mentali che si sviluppano attraverso l'adattamento intelligente dell'individuo all'ambiente. La crescita, sia dal punto di vista strutturale che biologico, porta gradualmente a nuovi livelli di maturità, generando nuovi bisogni e rompendo l'equilibrio esistente, aprendo così la strada a nuovi apprendimenti. Questo favorisce lo sviluppo di strutture mentali più avanzate che conducono a nuovi equilibri e a uno stadio successivo più evoluto.

Ogni stadio è propedeutico al successivo, poiché le strutture che li caratterizzano preparano il terreno per la formazione delle strutture del prossimo stadio. La sequenza degli stadi è fissa e invariabile: ciascuno di essi è necessario, deve verificarsi e non può essere saltato.

Piaget individua quattro stadi dello sviluppo, ognuno dei quali può essere suddiviso in sottostadi:

1. *Stadio senso-motorio* (0-2 anni): durante questo stadio, i bambini acquisiscono conoscenza ed esperienza principalmente attraverso i loro sensi e le azioni motorie. All'inizio, i neonati reagiscono agli stimoli sensoriali e ai riflessi innati. Man mano che crescono, iniziano a sviluppare la coordinazione motoria e ad esplorare attivamente l'ambiente circostante. Durante questo periodo, i bambini sviluppano la consapevolezza oggettiva, comprendendo che gli oggetti esistono anche quando non li vedono. Inoltre, iniziano a formare schemi di azione basati sulla manipolazione degli oggetti.

2. *Stadio preoperatorio* (2-7 anni): durante questo stadio, i bambini sviluppano la capacità di utilizzare simboli, come parole e immagini mentali, per rappresentare oggetti e concetti. Iniziano ad utilizzare il pensiero simbolico, l'immaginazione e il gioco di ruolo. Tuttavia, il pensiero dei bambini in questa fase è ancora fortemente influenzato dall'egocentrismo, il che significa che hanno difficoltà a considerare prospettive diverse dalla propria. Inoltre, i bambini possono manifestare il pensiero magico, attribuendo poteri o caratteristiche straordinarie agli oggetti.

3. *Stadio delle operazioni concrete* (7-12 anni): durante questo stadio, i bambini sviluppano la capacità di pensare in modo più logico e sistematico. Possono risolvere problemi concreti e comprendere le relazioni causali. Il pensiero diventa più organizzato e basato su operazioni mentali concrete. I bambini iniziano a capire i concetti di conservazione, ossia il fatto che le quantità rimangono costanti nonostante le

modifiche di aspetto, e di reversibilità, ovvero il fatto che le azioni possono essere annullate o invertite.

4. *Stadio delle operazioni formali* (12-16 anni): durante questo stadio, che compare nell'adolescenza, i giovani sviluppano la capacità di pensiero astratto e ipotetico. Possono ragionare su questioni complesse, immaginare possibili scenari futuri e formulare ipotesi. Sono in grado di ragionare su concetti astratti come la giustizia, l'amore o la libertà. Durante questo stadio, i giovani iniziano anche a sviluppare una maggiore consapevolezza di sé e della propria identità.

3.7.2 Lev Vygotskij

Lev Vygotskij (1896-1934) è stato uno psicologo e pedagogista russo, noto per il suo contributo fondamentale alla teoria dello sviluppo cognitivo e all'approccio socioculturale dell'apprendimento. La sua teoria mette in evidenza l'importanza del contesto sociale e delle interazioni sociali nella formazione del pensiero e dell'apprendimento dei bambini.

Vygotskij, nell'ambito del cognitivismo, si concentra sulla scuola storico-culturale e sostiene che lo sviluppo delle facoltà psichiche sia influenzato non solo da fattori biologici, ma anche da fattori storici, sociali e culturali. Nel suo studio *Tool and symbol in child development* del 1930, Vygotskij affronta la questione del linguaggio come strumento per lo sviluppo cognitivo.

Partendo dagli esperimenti sull'insight condotti da Köhler, Vygotskij osserva che, prima dello sviluppo del linguaggio, i bambini utilizzano gli strumenti in modo simile alle scimmie di Köhler. Affrontando compiti o problemi che richiedono l'uso di uno strumento, essi mostrano tentativi confusi e caotici. Tuttavia, con l'emergere del linguaggio come strumento simbolico, questi comportamenti sembrano gradualmente scomparire.

In un esperimento in cui un bambino è posto di fronte a un compito che richiede l'uso di strumenti, si osserva che il bambino parla mentre li utilizza. Il linguaggio del bambino sembra svolgere un ruolo fondamentale nel permettergli di completare il compito. Egli descrive le azioni che sta compiendo, e il linguaggio stesso e le azioni sembrano essere correlate e mirate all'obiettivo. Se infatti il bambino smette di parlare, anche l'azione cessa.

Inoltre, si osserva che maggiore è la difficoltà del compito e maggiore è la tendenza del bambino a parlare. In alcuni casi, la frequenza del linguaggio raddoppia. Queste osservazioni di Vygotskij indicano che il linguaggio svolge un ruolo cruciale nello sviluppo cognitivo dei bambini, diventando uno strumento simbolico che facilita l'organizzazione delle azioni, la risoluzione dei problemi e la comprensione del mondo circostante. Il linguaggio permette ai bambini di rappresentare mentalmente gli oggetti e le situazioni, fornendo loro un mezzo per controllare e guidare il proprio pensiero e comportamento.

Piaget aveva associato il linguaggio egocentrico al fatto che il bambino parla in prima persona, ripetendo spesso il pronome 'io". Secondo Piaget, questo atteggiamento riflette l'egocentrismo del bambino e la sua incapacità di mettersi nei panni degli altri, e quindi il linguaggio egocentrico non svolge funzioni cognitive fondamentali.

Vygotskij, invece, attribuisce al linguaggio egocentrico un valore cognitivo. Egli riconosce che gli adulti spesso conducono ragionamenti mediante il loro linguaggio interiore, cioè pensano mentalmente a problemi o azioni che stanno svolgendo. Il linguaggio egocentrico del bambino, secondo Vygotskij, è la manifestazione di questo linguaggio interiore, ma si esprime come un linguaggio esteriore, ossia un vero e proprio linguaggio parlato.

Egli, interrogandosi sulla differenza tra le scimmie antropomorfe e i bambini nella risoluzione di un problema, nota che la differenza risiede proprio nell'uso del linguaggio. Il linguaggio fornisce al bambino una serie di vantaggi aggiuntivi rispetto alle capacità delle scimmie:

1. *Moltiplicazione degli stimoli:* mentre entrambi, il bambino e la scimmia, affrontano un compito, il bambino, grazie al linguaggio, può creare una catena di stimoli supplementare. Parlando durante l'azione, infatti, può esprimere l'intenzione di utilizzare attrezzi al di fuori del suo campo visivo o l'intenzione di svolgere un'altra attività a breve termine. Ciò significa che il bambino amplifica gli stimoli che riceve e aumenta le sue possibilità di successo nel compito.

2. *Funzione auto-regolativa:* il linguaggio svolge una funzione regolatrice nel bambino, rendendolo più riflessivo, meno impulsivo e spontaneo rispetto al comportamento convulso e incontrollato delle scimmie nell'affrontare un problema. Inizialmente, il bambino sembra accompagnare i gesti con il linguaggio, ma gradualmente diventa sempre più in grado di pianificarli. Questa pianificazione richiede una riflessione, che viene espressa ad alta voce e modera l'impulso. Attraverso il linguaggio, il bambino non solo controlla gli oggetti che utilizza, ma controlla anche il proprio comportamento.

In esperimenti in cui il bambino affronta un problema che non può risolvere da solo, ma la soluzione è strutturata in modo che possa essere individuata ma non attuata, emerge una forma di *linguaggio sociale* parallelo al linguaggio egocentrico. Durante l'esperimento, il bambino interagisce con la situazione ma non è in grado di risolverla autonomamente, quindi chiede aiuto allo sperimentatore. Questo fenomeno evidenzia l'esistenza di un linguaggio rivolto agli altri, oltre al linguaggio egocentrico rivolto a sé stesso. Riguardo a questo, Vygotskij formula due importanti osservazioni:

1. *Interdipendenza tra linguaggio egocentrico e linguaggio sociale:* si osserva che il linguaggio egocentrico e il linguaggio

sociale sono strettamente correlati e interdipendenti. Quando lo sperimentatore non fornisce aiuto al bambino e si allontana, il bambino inizia a rivolgere il linguaggio a sé stesso. In pratica il bambino chiede aiuto a sé stesso nello stesso modo e con la stessa forma con cui lo chiede agli altri. In questo modo, una forma di linguaggio interpersonale assume una funzione intrapersonale, rivolta a sé stesso.

2. *Evoluzione della funzionalità del linguaggio:* il linguaggio assume progressivamente una funzione diversa nel processo di risoluzione del compito. Mentre nelle prime fasi accompagna l'azione, nelle fasi successive diventa uno strumento per la programmazione delle azioni. Il linguaggio guida le azioni del bambino: non è solo un mezzo per tradurre le azioni in forma verbale, ma diventa un centro funzionale di un intero sistema cognitivo, uno strumento di ricerca e scoperta della soluzione.

Nella risoluzione dei problemi e nello svolgimento dei compiti, gli esseri umani si distinguono dagli animali grazie a due tipi di funzioni psichiche: inferiori e superiori. In particolare:

1. Le *funzioni psichiche inferiori* sono condivise anche dagli animali e si caratterizzano per l'integrazione tra la percezione, la memoria e le abilità motorie. Ad esempio, grazie a queste funzioni, siamo in grado di utilizzare strumenti o attrezzi con le nostre mani per svolgere determinati compiti. Le funzioni psichiche inferiori sono il risultato dell'evoluzione biologica della specie e vengono stimolate direttamente dall'ambiente che ci circonda.

2. Le *funzioni psichiche superiori* entrano in gioco quando utilizziamo sistemi simbolici o il linguaggio. È importante notare che simboli e linguaggio sono anch'essi strumenti, anche se di natura diversa dagli strumenti fisici come gli attrezzi. Le funzioni psichiche superiori ci permettono di

affrontare compiti e attività di livello superiore rispetto agli animali. Queste funzioni sono il riflesso dell'evoluzione biologica dell'essere umano, ma anche del suo sviluppo storico, culturale e sociale.

Pertanto, lo sviluppo umano non è influenzato esclusivamente da fattori biologici, ma anche da fattori di natura storica, culturale e sociale. Simboli e linguaggio rappresentano strumenti culturali e sociali attraverso i quali l'essere umano cerca di potenziare le proprie funzioni psichiche naturali. In modo simile a come utilizziamo attrezzi e macchine per migliorare le nostre capacità fisiche, utilizziamo simboli e linguaggio per potenziare le nostre abilità cognitive e risolvere problemi complessi.

Vygotskij, introduce la zona di sviluppo prossimale (ZSP), ossia un'area cognitiva fornita dall'adulto nella quale il bambino può spingersi oltre il suo livello di conoscenza attuale. In altre parole, la ZSP si riferisce alla distanza tra il livello di sviluppo effettivo di un individuo e il suo potenziale di sviluppo con l'assistenza di un adulto o di un coetaneo più competente.

La ZSP rappresenta ciò che un individuo non è ancora in grado di fare da solo, ma che può raggiungere con il sostegno e la guida di un'altra persona. Questa zona evidenzia il divario tra le abilità attuali di un individuo e il suo potenziale non ancora sviluppato.

Secondo Vygotskij, la ZSP è il terreno fertile per l'apprendimento e la crescita. Attraverso l'interazione con persone più esperte o tramite l'uso di strumenti culturali come il linguaggio, un individuo può acquisire nuove competenze e conoscenze che altrimenti non sarebbe in grado di raggiungere autonomamente.

L'adulto o il coetaneo competente svolge un ruolo cruciale nel facilitare l'apprendimento nella ZSP. Questa figura di sostegno fornisce una guida, pone domande, offre suggerimenti e incoraggia l'individuo a raggiungere il proprio potenziale. Con l'interazione sociale e il sostegno adeguato, l'individuo può ampliare la sua ZSP e progredire verso il raggiungimento di nuove abilità e competenze.

Vygotskij osserva che il gioco determina una ZSP molto vasta nel bambino, in quanto il bambino agisce con modalità che sono al di sopra della sua età, ad esempio assumendo ruoli da adulto; inoltre agisce con dinamiche che sono più complesse della sua vita reale. Un esempio è quello della bambina che gioca a fare la mamma: ella agisce secondo il comportamento materno.

Infine, egli fornisce anche una classificazione dei concetti, i quali possono essere:

- *Spontanei:* se provengono dall'esperienza quotidiana e non sono organizzati in un sistema coerente di conoscenze, ossia sono riconducibili ad un uso empirico. Ad esempio il concetto di caldo-freddo;
- *Scientifici:* sono concetti formali e astratti appresi in ambienti formali. Ad esempio il concetto di temperatura.

3.7.3   Jerome Bruner

Jerome Bruner (1915-2016), uno dei più importanti psicologi e teorici dell'apprendimento del XX secolo, ha apportato significativi contributi alla comprensione della mente umana e dei processi di apprendimento. Le sue teorie si concentrano sull'interazione tra l'individuo e l'ambiente circostante, sottolineando l'importanza del contesto sociale e culturale nell'apprendimento.

Bruner, a partire dalle idee di Piaget, secondo il quale lo sviluppo è influenzato da fattori biologici, e di Vygotskij, secondo il quale lo sviluppo è determinato da fattori storici, sociali e culturali, sviluppa la teoria dello sviluppo cognitivo. Tale teoria considera lo sviluppo come rappresentazione, ossia una modalità di elaborazione delle informazioni provenienti dall'ambiente da parte del soggetto. In pratica il soggetto codifica la realtà circostante. La rappresentazione può essere di tre tipi:

- *Esecutiva:* si sviluppa nei primi anni di vita sotto forma di schemi di azione.
- *Iconica:* è una rappresentazione sotto forma di immagine che compare a circa due anni. Le immagini hanno diversi livelli di dettaglio a seconda del grado di sviluppo raggiunto e dell'interesse e hanno la funzione di richiamare la realtà.
- *Simbolica:* è una codifica basata su linguaggio, simboli e segni. Non è necessario che somigli alla realtà che identifica.

Tali rappresentazioni possono combinarsi tra di loro dando vita a rappresentazioni più complesse e astratte.

Bruner, nel suo libro *The Process of Education* del 1960, espone i quattro aspetti della sua concezione educativa:

- *Struttura delle discipline:* secondo Bruner le discipline dovrebbero essere articolate attorno una serie di idee chiave legate tra di loro da relazioni. Apprendere tale struttura significa imparare a mettere in relazione le idee chiave. Per tale motivo il suo pensiero educativo viene definito strutturalismo. Egli sostiene che sia necessario apprendere ciò che può tornare utile in futuro, ovvero: abilità specifiche che possono essere utili anche in altri contesti (si parla di transfer specifico); idee fondanti, ossia principi di base per riconoscere altri problemi (si parla di transfer non specifico).
- *Curricolo a spirale:* secondo Bruner le idee fondanti devono essere presentate ai discenti sin dai primi gradi di scuola in maniera semplice. Le idee fondanti saranno riprese in maniera sempre più formale e approfondita nei gradi di scuola superiori. Si parla di *readiness for learning* (prontezza all'apprendimento). In questo modo si struttura il curricolo a spirale.
- *Pensiero intuitivo e analitico:* il pensiero analitico, detto anche pensiero algoritmico, consiste nell'applicare una procedura per risolvere i problemi. Non genera nuova

conoscenza, ma si limita ad applicare quella che già si possiede. Il pensiero intuitivo è utilizzato quando non è possibile risolvere un problema tramite il pensiero analitico. Questo genera nuova conoscenza poiché risolve un problema per il quale non si conosce una soluzione analitica.

- Motivazione dello studente: Bruner si concentra sugli aspetti che possono motivare gli studenti e sostiene che ci siano diverse possibilità:
  - o Utilizzare nuove tecnologie. L'approccio funziona, ma per poco tempo.
  - o Utilizzare un sistema di ricompense e punizioni, anche questo funziona, ma rende l'alunno passivo.
  - o Scoperta delle idee fondanti: la scoperta di tali idee e il modo in cui possono essere collegate rappresenta la vera motivazione poiché lo studente riconosce l'utilità di quello che apprende in quanto lo riutilizza in diversi contesti.

Nell'articolo *The Act of Discovery* del 1961 introduce l'apprendimento per scoperta. Questa teoria si basa sull'idea che gli individui imparano meglio quando sono attivamente coinvolti nel processo di scoperta e costruzione della conoscenza. Secondo Bruner, l'apprendimento per scoperta coinvolge la manipolazione diretta degli oggetti e delle idee nel mondo reale. Questo tipo di apprendimento è stimolante e coinvolgente, consentendo agli studenti di sviluppare la creatività, la motivazione e le competenze di problem-solving.

Bruner ritiene che gli studenti debbano essere esposti a situazioni di apprendimento che richiedono loro di affrontare problemi complessi e di scoprire soluzioni attraverso l'esplorazione e l'indagine. Invece di fornire risposte o informazioni preconfezionate, gli insegnanti dovrebbero incoraggiare gli studenti a formulare domande, a generare ipotesi e a cercare attivamente le risposte. In questo modo, gli studenti costruiscono il proprio sapere, sviluppando una comprensione più profonda e duratura dei concetti.

Egli si sofferma sugli elementi essenziali per impostare un apprendimento per scoperta. Innanzitutto, è necessario promuovere la ricompensa intrinseca. L'insegnamento ipotetico fornisce una ricompensa intrinseca rappresentata dall'informazione scoperta in seguito all'esplorazione.

Il percorso che porta alla scoperta deve essere euristico. La scoperta è costituita non solo dal risultato raggiunto, ma anche dal percorso che porta al suo raggiungimento.

Infine, è importante l'utilizzo della memoria: l'enfasi è posta sul recupero dell'informazione dalla memoria più che sulla sua conservazione.

Nell'articolo *Needed: A Theory of Instruction* del 1963, Bruner presenta la sua teoria dell'istruzione.

Egli evidenzia una differenza fondamentale tra teoria dell'istruzione (TI) e teoria dell'apprendimento (TA). La TI è prescrittiva e anticipa l'apprendimento, il suo obiettivo è quello di fornire una guida per raggiungere l'apprendimento in modo ottimale. La TA è descrittiva, ossia descrive e interpreta cosa avviene durante l'apprendimento o alla fine di esso.

La sua teoria dell'istruzione di presenta quattro caratteristiche fondamentali:

- *Predisposizione:* individua i fattori che predispongono il discente ad apprendere in maniera efficace. Questi fattori sono il rapporto con il docente e il rapporto con i compagni. È necessario avere un minimo di abilità sociali per innescare un processo di istruzione.

- *Struttura della conoscenza:* si riferisce al modo ottimale di strutturare la conoscenza. Secondo Bruner è sufficiente considerare l'insieme minimo di proposizioni con le quali si può derivare l'intera conoscenza del campo. Le proposizioni fondamentali hanno le caratteristiche di semplificare la diversità dell'informazione dell'intero campo; generare nuove proposizioni e rendere più manipolabile e accessibile la conoscenza del campo.

- *Sequenza ottimale:* Bruner si interroga sul modo in cui presentare i concetti e suggerisce di partire con una fase di esplorazione in cui i discenti familiarizzano con i nuovi concetti per poi arrivare alla loro formalizzazione. È bene evitare di partire con una rappresentazione formale poiché se si verifica una difficoltà a livello simbolico, il discente non sarà in grado di ragionare intuitivamente.

- *Ricompensa e punizione:* Bruner si interroga sulla gestione delle ricompense e delle punizioni. Egli sostiene che l'apprendimento per scoperta sia più gratificante. In ogni caso i successi dei discenti vanno premiati.

La teoria del socio-costruttivismo di Bruner sottolinea l'importanza dell'interazione sociale nell'apprendimento. Gli individui costruiscono il significato attraverso la negoziazione e la condivisione delle conoscenze con gli altri membri della comunità. L'apprendimento avviene in un contesto sociale in cui gli individui si impegnano in attività condivise, dialoghi e collaborazioni. Durante queste interazioni, le persone scambiano idee, confrontano punti di vista e costruiscono una comprensione condivisa del mondo. Bruner riconosce che la cultura, le norme sociali e le interazioni sociali influenzano profondamente il processo di apprendimento. Gli individui imparano attraverso l'assimilazione delle pratiche culturali e la partecipazione ad attività culturalmente significative. Bruner sottolinea l'importanza di offrire agli studenti opportunità di interagire con le pratiche culturali autentiche e di coinvolgerli in contesti sociali significativi per favorire un apprendimento più profondo.

Nell'articolo *The Role of Tutoring in Problem Solving* del 1976, viene introdotto il concetto di *scaffolding*, che si riferisce al supporto strutturato fornito dagli insegnanti o dai tutor durante il processo di apprendimento. Secondo Bruner, lo scaffolding implica che gli insegnanti forniscano un supporto mirato agli studenti, adattando il livello di supporto in base alle loro esigenze. Questo supporto può includere l'organizzazione delle informazioni, l'offerta di suggerimenti e strategie di *problem-solving*, la suddivisione dei compiti complessi in compiti più semplici e il dare un feedback tempestivo. L'obiettivo dello scaffolding è quello di aiutare gli studenti a raggiungere un livello superiore di comprensione e competenza, consentendo loro di affrontare compiti che altrimenti non sarebbero in grado di svolgere autonomamente. Con il tempo, il supporto fornito dagli insegnanti viene gradualmente ridotto, permettendo agli studenti di sviluppare una maggiore indipendenza nell'apprendimento.

3.7.4 David Ausubel

David Ausubel (1918-2008) è stato uno psicologo e pedagogista statunitense, noto per i suoi contributi nei campi della psicologia dell'educazione e delle scienze cognitive.

Secondo Ausubel, l'apprendimento implica due stadi: il modo in cui l'informazione arriva al discente e il modo in cui incorpora questa informazione nella struttura cognitiva preesistente.

Per quanto riguarda il modo in cui l'informazione arriva al discente abbiamo due modalità:

- *Ricezione:* l'informazione è data da altri e lo studente deve solo immagazzinarla.
- *Scoperta:* l'informazione è frutto di una scoperta autonoma del soggetto.

Per quanto riguarda l'integrazione delle informazioni a quelle preesistenti abbiamo due modalità:

- *Meccanica:* il discente apprende mnemonicamente l'informazione in maniera isolata, senza agganciarla alle informazioni preesistenti. Esempio: esercizi stimolo-risposta.
- *Significativa:* le nuove conoscenze sono innestate sulle precedenti.

Combinando queste modalità abbiamo quattro possibili tipi di apprendimento:

- *Apprendimento ricettivo-meccanico,* che consiste nell'apprendere a memoria un'informazione ricevuta dall'esterno. Ad esempio, la memorizzazione di una poesia.
- *Apprendimento per scoperta di tipo meccanico,* quando tramite l'intuito si intuiscono concetti elementari e di base.
- *Apprendimento ricettivo-significativo,* secondo cui l'alunno intuisce l'importanza dei concetti pur non avendo padronanza della materia.
- *Apprendimento per scoperta di tipo significativo,* l'alunno tramite l'intuizione arriva a delle soluzioni innovative ad un problema.

Sulla base di queste modalità egli definisce la teoria dell'apprendimento significativo. L'apprendimento significativo si contrappone all'apprendimento meccanico o mnemonico, in cui le informazioni vengono apprese senza una vera comprensione e vengono facilmente dimenticate dopo un breve periodo di tempo.

Nell'apprendimento significativo le nuove informazioni vengono integrate e connesse con le conoscenze preesistenti, facilitando la loro comprensione e memorizzazione a lungo termine. Il discente assume un ruolo attivo e tale modalità di apprendimento porta ad un apprendimento profondo.

Un concetto chiave nella teoria di Ausubel è la struttura cognitiva, che rappresenta l'organizzazione delle conoscenze nella mente di un individuo. Le nuove informazioni vengono assimilate e integrate nella struttura cognitiva esistente attraverso processi di ancoraggio e di ancoraggio differenziale. L'ancoraggio si riferisce alla connessione di nuove informazioni con concetti preesistenti, mentre l'ancoraggio differenziale riguarda la distinzione tra concetti simili ma distinti.

Ausubel sostiene che l'apprendimento significativo sia facilitato da diversi fattori, tra cui la chiarezza e la pertinenza delle informazioni presentate, l'organizzazione strutturale del materiale didattico, l'attivazione delle conoscenze preesistenti degli studenti e l'interazione sociale. Inoltre, ritiene che l'apprendimento debba essere orientato alla risoluzione di problemi e alla comprensione profonda dei concetti, piuttosto che alla semplice memorizzazione di informazioni.

Infine, egli propone un organizzatore propedeutico (OP) per attuare un apprendimento significativo. L'OP permette allo studente di richiamare e collegare le conoscenze pregresse alle nuove informazioni presentate. Questa teoria si basa sull'idea che se l'allievo stabilisce un collegamento tra le informazioni preesistenti e quelle nuove, allora l'apprendimento è significativo e semplificato.

La strategia dell'OP è adottata dall'insegnante e potrebbe essere un breve discorso per introdurre la lezione. L'OP è quindi una breve presentazione che connette con delle analogie le informazioni note a quelle ignote ed è utilizzato come introduzione al nuovo materiale. Permette di strutturare la nuova informazione e incoraggia gli studenti a trasferire ed applicare la conoscenza pregressa. Inoltre, è bene proporre attività interessanti per i discenti e che favoriscano il dibattito poiché attraverso esso è possibile creare nuova conoscenza. Il docente assume il ruolo di guida.

3.7.5 Atkinson e Shiffrin

Richard Atkinson (1929) e Richard Shiffrin (1942) sono due psicologi cognitivi che hanno proposto il modello dello *Human Information Processing* (HIP) che considera la mente umana come un computer e secondo il quale si hanno diverse fasi nell'elaborazione dell'informazione. Secondo tale modello gli stimoli provenienti dall'ambiente vengono decodificati, elaborati e manipolati proprio come farebbe un computer.

Il modello è stato proposto nel 1968 ed è uno dei primi modelli teorici a descrivere il funzionamento della memoria umana. Secondo questo modello, la memoria è composta da tre componenti principali: memoria sensoriale, memoria a breve termine e memoria a lungo termine.

La memoria sensoriale è la prima tappa di elaborazione delle informazioni, la quale riceve input sensoriali dai nostri sensi come la vista o l'udito. Queste informazioni sono temporaneamente conservate per brevi periodi di tempo (pochi decimi di secondo) prima di essere trasferite alla memoria a breve termine o essere dimenticate. La memoria sensoriale ha sottocomponenti specifiche per i diversi sensi, come la memoria visiva per le informazioni visive e la memoria uditiva per le informazioni uditive.

La memoria a breve termine, chiamata anche memoria di lavoro, è la seconda tappa del processo di memorizzazione. Qui le informazioni selezionate dalla memoria sensoriale vengono elaborate in modo attivo e consapevole per un breve periodo di tempo, generalmente pochi secondi, a meno che non vengano ripetute o elaborate ulteriormente. La capacità della memoria a breve termine è limitata e può gestire solo un numero limitato di elementi per volta, solitamente da 5 a 9. Le informazioni che non vengono mantenute o elaborate vengono dimenticate.

La memoria a lungo termine è la terza tappa del processo di memorizzazione. Qui le informazioni che sono state elaborate e mantenute nella memoria a breve termine vengono trasferite e immagazzinate a lungo termine. La memoria a lungo termine ha una capacità virtualmente illimitata e può conservare informazioni per periodi di tempo molto lunghi, anche per tutta la vita. Le informazioni memorizzate nella memoria a lungo termine possono essere richiamate in futuro e influenzare il nostro pensiero, comportamento e apprendimento.

Secondo il modello di Atkinson-Shiffrin, il trasferimento delle informazioni dalla memoria a breve termine alla memoria a lungo termine avviene attraverso un processo di consolidamento. Questo processo implica la ripetizione o l'elaborazione delle informazioni in modo da renderle più stabili a lungo termine.

3.8 Costruttivismo

Il costruttivismo è una teoria dell'apprendimento che sostiene che gli individui costruiscono attivamente la loro conoscenza e comprensione del mondo attraverso l'interazione con l'ambiente e l'elaborazione mentale delle informazioni. Secondo questa prospettiva, l'apprendimento non è un processo passivo di assorbimento di informazioni, ma un processo attivo in cui gli individui costruiscono significati e modelli mentali basati sulle loro esperienze.

Il costruttivismo si basa sul presupposto che ogni individuo abbia una struttura cognitiva unica e che l'apprendimento sia influenzato dalle esperienze e dalle interazioni personali con l'ambiente. Gli individui interpretano e attribuiscono significato alle informazioni in base alle loro conoscenze e schemi mentali preesistenti. Di conseguenza, l'apprendimento è un processo individuale e soggettivo.

Secondo i teorici del costruttivismo, l'apprendimento avviene attraverso l'attività di costruzione, in cui gli individui integrano nuove informazioni e conoscenze con quelle esistenti per creare un quadro coerente della realtà. Questo processo coinvolge la riflessione, l'elaborazione delle informazioni, la risoluzione dei problemi e la negoziazione del significato con gli altri.

Nell'ambito dell'educazione, il costruttivismo ha influenzato l'approccio didattico spingendo verso un maggior coinvolgimento degli studenti nell'apprendimento e nella costruzione del significato.

Gli insegnanti sono considerati facilitatori che creano ambienti di apprendimento stimolanti, presentano attività autentiche e promuovono la riflessione e l'interazione tra gli studenti.

Il costruttivismo ha anche sottolineato l'importanza dell'apprendimento contestualizzato e situato, in cui gli studenti sono coinvolti in attività significative e autentiche che hanno un legame con la realtà e le loro esperienze personali. Inoltre, l'apprendimento collaborativo e l'interazione sociale sono considerati elementi cruciali nel processo di costruzione del significato.

I maggiori esponenti del costruttivismo sono George Alexander Kelly, Ernst von Glasersfled, Seymour Papert e David Jonassen.

3.8.1 George Alexander Kelly

George Alexander Kelly (1905-1967), considerato uno dei padri del costruttivismo, è noto per aver sviluppato la teoria dei costrutti personali. Secondo Kelly, la conoscenza è una rappresentazione soggettiva e personale della realtà. Egli introduce il concetto di costruttivismo personale, sottolineando che gli individui assumono un atteggiamento simile a quello degli scienziati, formulando ipotesi sulla realtà che li circonda e cercando di confermarle o confutarle.

Kelly sostiene che queste ipotesi servano a costruire una visione del mondo, consentendo di anticipare eventi e fenomeni. Ogni individuo è disposto a rivedere le proprie convinzioni sulla realtà e ad aprirsi al confronto con le costruzioni alternative degli altri. Questo approccio evidenzia l'alternativismo costruttivo, ovvero la consapevolezza che esistono diverse descrizioni della realtà.

La psicologia dei costrutti personali di Kelly si basa sul postulato fondamentale secondo cui gli individui si comportano in base alle loro aspettative e ai loro progetti futuri. I costrutti, ovvero le interpretazioni attribuite agli eventi, rappresentano le modalità con cui gli individui formulano le proprie previsioni. Essi costituiscono le unità fondamentali per costruire la visione del mondo.

Da questo postulato derivano 11 corollari.

- *Corollario della costruzione:* le persone anticipano gli eventi creando delle rappresentazioni mentali di essi. Attraverso l'interpretazione degli eventi passati, siamo in grado di anticipare gli esiti degli eventi futuri. Le interpretazioni sono influenzate dalla nostra visione del mondo.

- *Corollario dell'individualità:* le interpretazioni degli eventi sono personali e soggettive. Ogni individuo agisce in base alla propria percezione della realtà.

- *Corollario dell'organizzazione:* i costrutti personali sono organizzati in modo gerarchico, formando una struttura complessa.

- *Corollario di dicotomia:* i costrutti personali si basano su dicotomie, ovvero su coppie di concetti opposti come buono-cattivo o intelligente-stupido. Per creare un costrutto, è necessario avere almeno due elementi simili e uno diverso per creare il contrasto. Ad esempio, due superfici lisce e una ruvida creano il costrutto liscio-ruvido.

- *Corollario della scelta:* quando si presenta una dicotomia, una persona sceglie l'alternativa che migliora la possibilità di sviluppare ulteriormente il proprio sistema di costrutti, ampliando così la comprensione dell'universo.

- *Corollario del campo di applicabilità:* ogni costrutto ha un campo di applicabilità limitato e si applica solo a un insieme specifico di eventi. Ad esempio, il costrutto maschio-femmina non è applicabile al concetto di tempo.

- *Corollario dell'esperienza:* il sistema dei costrutti personali si modifica in base alle successive esperienze e alle conferme o confutazioni delle anticipazioni fatte. Le nuove esperienze influenzano e modificano i costrutti personali.

- *Corollario della modulazione*: ci sono condizioni che possono modificare il sistema dei costrutti personali. Ad esempio, un adolescente che cambia il modo in cui si relaziona con i genitori può modificare i suoi costrutti personali.

- *Corollario della frammentazione:* una persona può sviluppare sottosistemi di costrutti incompatibili, cioè un insieme di costrutti che portano a diverse anticipazioni per determinati eventi.

- *Corollario della comunanza:* se due persone hanno sistemi di costrutti simili derivanti da esperienze simili, i loro processi psicologici saranno simili.

- *Corollario della socialità:* se una persona contribuisce alla costruzione dei processi di costruzione di un'altra persona, allora può influenzare i processi sociali di quella persona.

3.8.2 Ernst von Glasersfeld

Ernst von Glasersfeld (1917-2010) è stato un influente filosofo e ricercatore tedesco, noto per il suo contributo allo sviluppo della teoria della conoscenza radicale e del costruttivismo radicale, che hanno avuto un impatto significativo sul campo dell'epistemologia e dell'educazione.

Von Glasersfeld adotta un approccio radicale al costruttivismo, basandosi sulle teorie di Piaget, in particolare sulla costruzione delle strutture cognitive attraverso l'assimilazione e l'accomodamento durante l'interazione con l'ambiente, proponendo una reinterpretazione in chiave costruttivista di tali concetti.

Nel contesto del costruttivismo, l'assimilazione è un processo costruttivo che consiste nell'acquisire informazioni dall'ambiente e adattarle alle strutture cognitive esistenti sviluppate attraverso esperienze passate. L'assimilazione può essere suddivisa in tre fasi sequenziali:

- Riconoscimento di una situazione o circostanza.
- Azione basata sul riconoscimento della situazione.
- Conferma che l'azione intrapresa porti al risultato atteso.

Analogamente, l'accomodamento può essere interpretato in termini costruttivisti. Se l'azione intrapresa non produce il risultato desiderato, le strutture cognitive vengono riadattate e ridefinite.

Von Glasersfeld riassume gli studi di Piaget in una teoria unificata, denominata costruttivismo radicale, che si basa sui seguenti principi fondamentali:

- La conoscenza non viene ricevuta passivamente, ma è attivamente costruita dal soggetto.
- La cognizione ha una funzione adattiva nel senso biologico del termine, cioè serve a adattarsi all'ambiente.
- L'adattamento rappresenta la risposta cognitiva adeguata a uno stimolo ambientale.
- La conoscenza serve a organizzare il mondo esperienziale del soggetto, piuttosto che a scoprire una realtà oggettiva.

3.8.3 Seymour Papert

Seymour Papert (1928-2016) è stato un sostenitore del costruttivismo come teoria pedagogica e ha sviluppato idee innovative sull'uso delle tecnologie nell'apprendimento. Papert, considerato il fondatore del costruzionismo, è noto soprattutto per il suo lavoro sul linguaggio di programmazione chiamato LOGO, che ha introdotto come strumento per l'apprendimento di concetti matematici e informatici da parte degli studenti.

Nella teoria costruzionista giocano un ruolo fondamentale gli artefatti cognitivi, intesi come strumenti da dare ai bambini per favorire l'apprendimento. Papert sostiene che per apprendere è necessario disporre di materiali reali da maneggiare, in quanto l'apprendimento nasce dalla discussione, dal confronto, dalla costruzione, dallo smontaggio e dalla ricostruzione degli artefatti cognitivi.

Egli credeva che i bambini dovessero essere considerati come progettisti e costruttori della loro conoscenza, piuttosto che semplici destinatari passivi delle informazioni trasmesse dai docenti.

Papert sosteneva l'uso delle tecnologie come strumenti per favorire l'apprendimento attivo e la creatività degli studenti. In particolare, credeva che LOGO, attraverso la programmazione di una tartaruga virtuale, potesse aiutare gli studenti a sviluppare il pensiero computazionale, il problem-solving e le capacità logiche.

3.8.4 David Jonassen

David Jonassen (1947-2012) è un noto studioso e teorico dell'apprendimento, specializzato nell'applicazione delle tecnologie educative e nella progettazione dell'apprendimento. La sua vasta ricerca e le sue teorie innovative hanno contribuito in modo significativo al campo dell'istruzione, fornendo un prezioso apporto nella progettazione di ambienti di apprendimento efficaci e significativi.

Secondo Jonassen, la conoscenza viene acquisita attraverso processi costruttivi che sono facilitati dalla collaborazione e determinati dal contesto. Egli sostiene l'importanza dell'apprendimento significativo, in cui le persone sono in grado di dare un senso a ciò che apprendono e di applicarlo successivamente in contesti diversi per risolvere problemi e svolgere attività.

Di conseguenza, l'apprendimento dovrebbe essere:

- *Attivo:* gli studenti devono essere responsabilizzati per i propri risultati di apprendimento.

- *Costruttivo:* deve esserci equilibrio tra i processi di assimilazione e accomodamento, in modo che gli studenti costruiscano attivamente la propria conoscenza.

- *Collaborativo:* attraverso l'interazione all'interno di comunità di apprendimento, l'insegnamento reciproco e il coaching fornito dagli insegnanti.

- *Intenzionale:* l'apprendimento deve coinvolgere attivamente gli studenti nel perseguimento degli obiettivi cognitivi.

- *Contestualizzato:* l'apprendimento deve essere collegato a compiti significativi del mondo reale.

- *Riflessivo:* gli studenti devono riflettere sui processi di apprendimento svolti.

Inoltre, Jonassen identifica tre direttrici per supportare gli studenti in un ambiente di apprendimento costruttivista:

- *Modeling:* esperti che eseguono un compito in modo che gli studenti possano costruire un modello concettuale.

- *Coaching:* gli esperti fungono da facilitatori che conducono e motivano gli studenti.

- *Scaffolding:* definizione di una zona di sviluppo prossimale, in cui vengono presentati problemi con un grado di difficoltà superiore alle competenze attuali degli studenti. Con il supporto adeguato, gli studenti riescono a risolvere tali problemi acquisendo nuove competenze. Gli insegnanti forniscono supporto affinché gli studenti possano raggiungere il livello successivo di apprendimento.

3.9 Connettivismo

Il connettivismo è una teoria dell'apprendimento che si concentra sul ruolo di Internet e dei processi di condivisione delle informazioni nel promuovere l'apprendimento efficace. È stato introdotto da

George Siemens e Stephen Downes nel 2005 come risposta alla crescita dell'apprendimento basato su risorse provenienti da Internet e all'esplosione delle tecnologie digitali.

Secondo il connettivismo, l'apprendimento avviene attraverso reti di connessioni che si formano tra individui, strumenti di apprendimento, risorse digitali e ambienti di apprendimento. Queste connessioni possono essere sia formali, come ad esempio l'istruzione tradizionale in una classe, sia informali, come ad esempio le interazioni online attraverso i social media e le comunità di apprendimento online. Il connettivismo sottolinea l'importanza di sviluppare abilità di ricerca, valutazione critica, gestione dell'informazione e di collaborazione per navigare efficacemente in queste reti e sfruttare le opportunità di apprendimento che offrono.

Un elemento chiave del connettivismo è l'idea che le conoscenze e le informazioni siano distribuite in modo diffuso nelle reti, anziché essere concentrate in una singola fonte di autorità, come un insegnante o un libro di testo. Gli studenti sono incoraggiati a sfruttare le risorse disponibili e ad accedere a conoscenze e informazioni attraverso una varietà di canali e fonti. Ciò include l'uso di strumenti digitali, reti sociali e altre risorse online.

Nel connettivismo, l'apprendimento avviene anche attraverso l'interazione con gli altri all'interno delle reti stesse. La collaborazione e la condivisione delle conoscenze sono considerate fondamentali per l'apprendimento efficace. Gli studenti sono incoraggiati a partecipare attivamente a comunità di apprendimento online, a contribuire con le proprie conoscenze, a collaborare nella risoluzione di problemi e a creare reti che favoriscano l'apprendimento reciproco.

Il connettivismo riconosce l'importanza delle tecnologie digitali nel facilitare l'apprendimento e nella creazione di connessioni. Le piattaforme di apprendimento online, gli strumenti di comunicazione, i social media e altre tecnologie possono svolgere un ruolo significativo nell'agevolare l'accesso alle informazioni, la condivisione delle conoscenze e la creazione di reti di connessioni nell'ambito dell'apprendimento.

3.9.1 George Siemens

George Siemens (1970) è un teorico dell'apprendimento e un ricercatore nel campo dell'istruzione e delle tecnologie digitali. È noto soprattutto per aver introdotto il concetto di connettivismo come teoria dell'apprendimento.

La teoria del connettivismo di Siemens, sviluppata insieme a Downes, si basa sull'idea che l'apprendimento sia un processo che avviene attraverso le connessioni tra persone, idee, concetti e risorse.

Secondo questa teoria, l'apprendimento non si limita a un individuo che acquisisce conoscenze, ma è fortemente influenzato dall'accesso e dalla partecipazione alle reti di conoscenze e di relazioni.

Nel connettivismo, Siemens sottolinea l'importanza dei nuovi media e delle tecnologie digitali nell'agevolare l'apprendimento. Le reti sociali, le comunità online, gli strumenti di condivisione delle informazioni e altre risorse digitali permettono agli individui di connettersi, collaborare e condividere conoscenze in modi che in precedenza erano impossibili. Siemens ritiene che queste reti e tecnologie digitali creino nuove opportunità di apprendimento e promuovano l'autonomia dell'apprendente.

Secondo Siemens, nell'era digitale, l'apprendimento non si basa solo sulle conoscenze memorizzate, ma sulla capacità di trovare, valutare e utilizzare le informazioni in modo efficace. L'accento è posto sulla creazione di connessioni tra le idee, la capacità di navigare in una vasta quantità di informazioni e la capacità di adattarsi ai cambiamenti rapidi nella conoscenza e nella società.

3.9.2 Stephen Downes

Stephen Downes (1959) è un teorico dell'apprendimento, ricercatore e pioniere nell'ambito dell'apprendimento online e delle tecnologie educative. È noto soprattutto per il suo lavoro sul connettivismo e per essere uno dei principali sostenitori dell'apprendimento aperto e distribuito.

Uno dei contributi più importanti di Downes è stato l'ideazione e lo sviluppo di MOOC, (*Massive Open Online Course*), che sono corsi online aperti e accessibili a un vasto pubblico. I MOOC incoraggiano la partecipazione attiva, l'interazione tra i partecipanti e la condivisione delle conoscenze attraverso le reti.

Downes è un sostenitore dell'apprendimento distribuito, che enfatizza la necessità di decentralizzare l'apprendimento e consentire agli individui di apprendere in modo autonomo, utilizzando le risorse disponibili online e collaborando con gli altri attraverso le reti digitali. Egli crede che l'apprendimento sia un processo sociale e che le reti siano essenziali per promuovere l'apprendimento efficace e significativo.

3.10 Conclusioni

Di seguito proponiamo una tabella che riassume e permette di confrontare le principali scuole di pensiero, ovvero il comportamentismo, il cognitivismo e il costruttivismo.

	Comportamentismo	Cognitivismo	Costruttivismo
Che cos'è l'apprendimento?	Una modifica della probabilità che si verifichi un comportamento.	Un cambio della conoscenza presente in memoria.	Una modifica del significato costruito dall'esperienza.
Fattori che influenzano l'apprendimento	Fattori ambientali; Componenti educative.	Condizioni ambientali; Attività mentali dello studente.	Interazioni tra studente e ambiente.
Che cos'è il processo di apprendimento?	Associazione di una risposta ad uno stimolo.	Attenzione, codifica delle informazioni, recupero delle informazioni dalla memoria.	Dialoghi di gruppo e soluzione collaborativa di problemi.
Qual è il ruolo della memoria?	La memoria non interessa ai comportamentisti. Il dimenticare è visto come il mancato utilizzo di una certa risposta nel tempo.	L'apprendimento si realizza quando l'informazione è immagazzinata in memoria e organizzata in maniera significativa.	La memoria è sempre in costruzione come un accumulo di interazioni.
Ruolo dell'insegnante nel processo di apprendimento	Stabilisce le condizioni ambientali.	Sostiene l'apprendimento.	Funge da guida e modello.

Compiti dell'insegnante	Stabilire gli obiettivi; Guidare il comportamento degli studenti; Rinforzare il comportamento degli studenti.	Collegare la nuova informazione alla conoscenza pregressa; Organizzare nuova informazione.	Porre problemi per lo sviluppo della conoscenza; Creare gruppi di apprendimento; Guidare il processo di costruzione della conoscenza.
Ruolo dell'allievo	Passivo e rispondente agli stimoli.	Gli alunni elaborano, immagazzinano e recuperano le informazioni per usarle.	Gli alunni creano la loro conoscenza sulla base delle loro conoscenze pregresse.
Punti di forza	Se l'obiettivo è formulato in maniera chiara è possibile raggiungere il comportamento desiderato.	È adatto se vogliamo conformare il comportamento degli alunni, ossia che pensino e agiscano tutti allo stesso modo.	Permette di costruire una conoscenza personale e adattabile a contesti di vita reale.
Limiti	Gli allievi possono trovarsi in situazioni in cui lo stimolo è diverso da quello somministrato in fase di apprendimento e quindi potrebbero non manifestare il comportamento.	Difficoltà a risolvere lo stesso problema allo stesso modo.	Nelle situazioni in cui il conformismo è fondamentale (ambiente militare) forme di pensiero divergente possono creare problemi.

127

3.11 Quiz

1. Jean-Jacques Rousseau è noto per quale idea pedagogica principale?
   A. L'uso del rinforzo positivo nell'educazione
   B. L'importanza dell'istruzione basata sulla natura e sull'autodisciplina
   C. Lo sviluppo delle teorie di apprendimento sociale
   D. L'analisi dell'influenza della società sull'educazione

2. Maria Montessori:
   A. Ha sviluppato il metodo di apprendimento per rinforzo
   B. Ha enfatizzato l'importanza delle esperienze pratiche nell'apprendimento
   C. Ha teorizzato l'apprendimento basato sulla Gestalt
   D. Ha introdotto il concetto di istruzione programmata

3. Qual è stato uno dei maggiori contributi di Skinner nel comportamentismo?
   A. L'elaborazione del condizionamento classico
   B. La formulazione della teoria dell'apprendimento latente
   C. Lo sviluppo della teoria del condizionamento operante
   D. L'introduzione del costruttivismo nell'educazione

4. Qual è una caratteristica fondamentale del connettivismo, come proposto da George Siemens?
   A. L'apprendimento è un processo individuale e isolato
   B. L'apprendimento avviene principalmente attraverso la ripetizione e il rinforzo
   C. L'apprendimento è influenzato dalle reti sociali e tecnologiche
   D. L'apprendimento è basato sull'assimilazione di strutture cognitive preesistenti

5. Quale aspetto della psicologia della Gestalt è stato enfatizzato da Wolfgang Köhler?
   A. L'importanza delle strutture cognitive preesistenti
   B. Il processo di apprendimento attraverso l'intuizione e la percezione della totalità
   C. Lo sviluppo di teorie sulla memoria a breve termine
   D. L'analisi del comportamento umano in termini di stimolo e risposta

6. Secondo Bruner, i fattori che influenzano lo sviluppo cognitivo sono:
   A. Le reti sociali
   B. L'ambiente, il contesto culturale e sociale
   C. Il rinforzo
   D. Nessuna delle precedenti

7. Quale teorico dell'educazione è maggiormente associato allo sviluppo del concetto di scaffolding?
   A. Jean Piaget
   B. Lev Vygotsky
   C. Benjamin Bloom
   D. Howard Gardner

8. Cosa caratterizza l'apprendimento latente?
   A. L'apprendimento avviene attraverso la ripetizione e il rinforzo
   B. Si manifesta solo quando c'è una ricompensa evidente
   C. È l'apprendimento che avviene senza rinforzo o punizione immediata e si manifesta in seguito
   D. Richiede sempre la guida di un insegnante o di un esperto

9. Qual è il concetto centrale della teoria dell'apprendimento
   sociale di Albert Bandura?
   A. Il rinforzo e la punizione sono i soli determinanti del
      comportamento
   B. Gli individui apprendono osservando e imitando il
      comportamento altrui
   C. L'apprendimento avviene esclusivamente attraverso
      l'esperienza diretta
   D. La motivazione intrinseca è l'unica chiave per
      l'apprendimento efficace

10. Qual è l'idea principale dell'apprendimento significativo di
    Ausubel?
    A. L'apprendimento avviene solo attraverso la memorizzazione
       meccanica
    B. L'apprendimento significativo si verifica quando nuove
       informazioni sono collegate a concetti già noti
    C. L'apprendimento è più efficace quando si basa su punizioni
       e ricompense
    D. Le abilità motorie sono più importanti delle abilità
       cognitive nell'apprendimento

3.12 Soluzioni commentate

1. Risposta corretta: B.

Rousseau è noto per il suo approccio all'educazione che enfatizza lo sviluppo naturale e l'autodisciplina, come esposto nel suo libro *Emilio o dell'educazione*.

2. Risposta corretta: B.

Montessori ha sviluppato un metodo educativo basato su attività pratiche e autoeducazione, consentendo ai bambini di imparare attraverso esperienze concrete.

3. Risposta corretta: C.

Skinner è noto per aver sviluppato il concetto di condizionamento operante, che si concentra su come le conseguenze delle azioni influenzano il comportamento futuro.

4. Risposta corretta: C.

Siemens ha proposto il connettivismo, sostenendo che l'apprendimento avviene attraverso reti sociali e tecnologiche e che la conoscenza è distribuita.

5. Risposta corretta: B.

Köhler ha enfatizzato l'importanza della percezione della totalità e l'apprendimento attraverso l'intuizione, elementi chiave della psicologia della Gestalt.

6. Risposta corretta: B.

Bruner ha sottolineato l'importanza del contesto culturale e sociale nello sviluppo cognitivo, riconoscendo l'influenza di questi fattori sull'apprendimento.

7. Risposta corretta: B.
Sebbene il termine scaffolding non sia stato originariamente utilizzato da Vygotsky, il concetto è strettamente legato alle sue idee sulla zona di sviluppo prossimale e l'apprendimento sociale.

8. Risposta corretta: C.
L'apprendimento latente descrive un processo in cui l'apprendimento avviene in modo sottile e non immediatamente evidente, senza rinforzo diretto, e si manifesta quando necessario.

9. Risposta corretta: B.
Bandura è noto per la sua teoria dell'apprendimento sociale, che sottolinea l'importanza dell'osservazione e dell'imitazione nel processo di apprendimento.

10. Risposta corretta: B.
Ausubel ha enfatizzato l'importanza di collegare nuove informazioni a quelle già conosciute per rendere l'apprendimento più significativo e duraturo.

4 Metodologie didattiche

4.1 Introduzione

Prima di immergersi nelle molteplici metodologie utilizzate nell'ambito dell'insegnamento, è fondamentale comprendere la differenza concettuale tra didattica, pedagogia, metodologie, tecniche e strategie. Questi termini spesso vengono usati in modo intercambiabile, ma possiedono significati distinti che meritano di essere chiariti.

Innanzitutto, la *didattica* si riferisce all'arte e alla scienza dell'insegnamento. Essa comprende l'insieme dei principi, delle teorie e delle pratiche volte a facilitare l'apprendimento degli studenti. La didattica si concentra su come trasmettere i contenuti educativi, organizzare le lezioni, selezionare le risorse didattiche e valutare il progresso degli studenti.

La *pedagogia* rappresenta una disciplina più ampia che comprende lo studio dei processi educativi nel loro insieme. La pedagogia si occupa dell'educazione in senso generale, esplorando teorie, modelli e approcci che riguardano la formazione delle persone in ogni fase della loro vita. Essa analizza il rapporto tra l'educatore e l'educando, nonché i fattori che influenzano il processo educativo.

Metodologie, tecniche e strategie sono concetti strettamente correlati, ma differiscono per il loro ambito di applicazione e livello di specificità.

La *metodologia* è il concetto che indica la ricerca e lo sviluppo dei principi regolativi e dei criteri generali per condurre un'attività specifica. Essa costituisce il fondamento teorico su cui si basano i metodi, ovvero l'insieme delle norme secondo cui svolgere una certa attività. Esempi di metodi sono: il metodo espositivo, il metodo operativo, il metodo euristico, il metodo individualizzato.

Le *tecniche*, invece, sono gli strumenti specifici utilizzati nell'ambito di una metodologia per favorire l'apprendimento degli studenti. Ad esempio, la tecnica del brainstorming può essere adottata all'interno di un approccio di *problem-based learning* per promuovere la creatività e la partecipazione degli studenti.

Infine, le *strategie* rappresentano il piano d'azione globale adottato dall'insegnante per raggiungere gli obiettivi educativi. Esistono due tipi di strategie: le strategie espositive ed euristiche.

1. *Strategia espositiva:* la strategia espositiva, anche nota come insegnamento diretto, è un approccio in cui l'insegnante assume un ruolo centrale nella trasmissione delle informazioni agli studenti. In questa strategia, l'insegnante svolge un ruolo attivo nel fornire spiegazioni, presentazioni o lezioni frontali, solitamente utilizzando strumenti come lavagna, proiettori o presentazioni digitali. Gli studenti sono principalmente ascoltatori e ricevono passivamente le informazioni dall'insegnante. La strategia espositiva è spesso utilizzata quando è necessario fornire una base solida di conoscenze o quando si presentano concetti complessi o nuovi. Può essere utile anche quando si richiede un'informazione accurata o quando è necessario seguire una sequenza logica di contenuti. Tuttavia, può essere limitante se gli studenti non hanno modo di interagire attivamente con i contenuti o di applicare le loro conoscenze in modo pratico.

2. *Strategia euristica:* la strategia euristica, o apprendimento induttivo, è un approccio in cui gli studenti svolgono un ruolo più attivo nell'apprendimento. In questa strategia, l'insegnante agisce come facilitatore o guida, mentre gli studenti sono incoraggiati a scoprire e costruire le conoscenze da soli o attraverso l'interazione con i compagni. Gli studenti sono invitati a esplorare, fare domande, risolvere problemi e applicare le loro conoscenze in contesti concreti. La strategia

euristica promuove l'autonomia degli studenti, lo sviluppo delle capacità di problem-solving e la creatività. Gli studenti possono acquisire una comprensione più approfondita dei concetti e delle competenze, poiché sono coinvolti attivamente nel processo di apprendimento. La strategia euristica favorisce anche la collaborazione tra gli studenti, poiché spesso richiede attività di gruppo o discussioni.

4.2 Didattica

In questo paragrafo approfondiamo nel dettaglio i diversi tipi di didattica.

Didattica per concetti

La didattica per concetti si concentra sull'apprendimento e sulla comprensione dei concetti fondamentali di una determinata materia. Questo approccio mira a sviluppare una conoscenza solida e profonda dei concetti chiave, permettendo agli studenti di collegare le informazioni tra loro e di applicarle in diversi contesti.

La didattica per concetti promuove la riflessione critica e l'analisi, incoraggiando gli studenti a trasformare le idee spontanee in concetti sistematici.

La didattica metacognitiva

La didattica metacognitiva si concentra sullo sviluppo delle abilità metacognitive degli studenti, ovvero la consapevolezza e la regolazione dei propri processi di apprendimento. Questo approccio incoraggia gli studenti a riflettere sul proprio modo di apprendere, a monitorare i propri progressi, a valutare le proprie strategie e a fare adattamenti in base alle esigenze.

La didattica metacognitiva promuove la capacità di pianificare, monitorare e valutare il proprio apprendimento, favorendo una maggiore autonomia e consapevolezza degli studenti.

Didattica dell'errore

La didattica dell'errore considera gli errori come opportunità di apprendimento. Questo approccio incoraggia gli studenti a sperimentare, a commettere errori e a riflettere su di essi al fine di comprendere meglio i concetti.

Gli errori sono visti come parte integrante del processo di apprendimento e come stimolo per l'approfondimento.

La didattica dell'errore promuove la resilienza, la capacità di problem-solving e la consapevolezza degli errori come parte del percorso di apprendimento.

Didattica orientativa

La didattica orientativa si concentra sullo sviluppo delle competenze di orientamento e di pianificazione degli studenti. Questo approccio mira a fornire strumenti e strategie per aiutare gli studenti a impostare obiettivi, a organizzare il proprio lavoro e a gestire il tempo in modo efficace.

La didattica orientativa promuove l'autonomia, la responsabilità e la capacità di autoregolazione degli studenti, preparandoli per il successo non solo nell'apprendimento scolastico, ma anche nella vita.

Questo tipo di didattica è legata al *lifelong learning* e supporta gli studenti nell'organizzazione e gestione del loro progetto di vita.

Didattica multimediale

La didattica multimediale si basa sull'uso di diverse risorse e strumenti multimediali per facilitare l'apprendimento. Questo approccio sfrutta le tecnologie digitali, come video, audio, simulazioni interattive e presentazioni multimediali, per fornire contenuti e favorire l'interattività.

La didattica multimediale mira a coinvolgere gli studenti in modo attivo, stimolare i sensi e offrire diverse modalità di apprendimento, adattandosi alle preferenze e alle esigenze individuali degli studenti.

Didattica laboratoriale

La didattica laboratoriale si basa sull'apprendimento attraverso l'esperienza pratica, l'esplorazione attiva e la manipolazione concreta dei materiali.

Invece di affidarsi esclusivamente alla trasmissione di informazioni da parte dell'insegnante, la didattica laboratoriale coinvolge attivamente gli studenti nel processo di apprendimento, offrendo loro la possibilità di scoprire e sperimentare in prima persona.

Nella didattica laboratoriale, i laboratori diventano spazi dedicati dove gli studenti possono mettere in pratica le loro conoscenze, osservare fenomeni reali, eseguire esperimenti, analizzare dati e trarre conclusioni.

Questo approccio permette agli studenti di sviluppare competenze pratiche, di affinare le loro abilità di problem-solving e di applicare le nozioni teoriche in contesti concreti.

Questo tipo di didattica promuove il *learning by doing* e favorisce lo sviluppo di competenze trasversali come il pensiero critico, la risoluzione dei problemi, la creatività e la comunicazione.

Didattica per competenze

La didattica per competenze mette al centro lo sviluppo e l'acquisizione di competenze da parte degli studenti.

A differenza dell'approccio tradizionale basato sull'apprendimento di nozioni e conoscenze isolate, la didattica per competenze mira a fornire agli studenti le abilità e le capacità necessarie per affrontare sfide reali e applicare ciò che hanno imparato in contesti concreti.

Nata dalle strategie dell'UE finalizzate alla crescita economica e all'occupazione, la didattica per competenze richiede un approccio attivo e coinvolgente, in cui gli studenti partecipano attivamente all'apprendimento, lavorano in gruppi, prendono decisioni e assumono responsabilità per il proprio apprendimento. Gli insegnanti fungono da facilitatori, fornendo supporto, orientamento e feedback agli studenti durante il processo di apprendimento.

Didattica per scoperta

La didattica per scoperta pone l'accento sull'attiva partecipazione degli studenti nel processo di apprendimento, incoraggiandoli a scoprire e costruire conoscenze attraverso l'esplorazione, l'indagine e la riflessione critica.

A differenza di un approccio più tradizionale in cui l'insegnante trasmette informazioni in modo diretto, la didattica per scoperta si basa sul concetto che gli studenti imparano meglio quando sono coinvolti attivamente nella scoperta delle informazioni.

Nella didattica per scoperta, gli insegnanti creano situazioni o problemi stimolanti che mettono gli studenti di fronte a sfide o domande aperte. Gli studenti sono quindi incoraggiati a esplorare, sperimentare, osservare e formulare ipotesi per risolvere il problema o rispondere alla domanda.

L'insegnante assume il ruolo di facilitatore, fornendo supporto, suggerimenti e risorse, ma lasciando agli studenti il compito di esplorare e scoprire le informazioni in modo autonomo o collaborativo.

4.3 Teorie dell'apprendimento

L'apprendimento è il processo attraverso il quale acquisiamo conoscenze, abilità, competenze o comportamenti attraverso l'esperienza, lo studio o l'interazione con l'ambiente. Esso essere formale, non formale o informale.

L'apprendimento formale avviene in contesti strutturati, ad esempio la scuola, e mira al rilascio di una certificazione.

L'apprendimento non formale si svolge al di fuori di strutture di formazione e di solito non mira al rilascio di una certificazione. Un esempio può essere un corso di pianoforte tenuto da un insegnante privato.

L'apprendimento informale è basato su esperienze quotidiane in contesti familiari o lavorativi e, a differenza dell'apprendimento formale e informale, non sempre è intenzionale.

4.3.1 Apprendimento significativo

L'apprendimento significativo è una teoria dell'apprendimento sviluppata dallo psicologo statunitense David Ausubel negli anni '60. L'apprendimento significativo avviene quando un nuovo concetto o informazione viene collegato in modo rilevante alla conoscenza preesistente nella mente dell'individuo. L'apprendimento significativo si basa sull'idea che le nuove informazioni sono meglio apprese e ricordate quando vengono collegate a concetti o idee già familiari o ben comprese.

Ausubel ha sviluppato il concetto di organizzatore preesistente che rappresenta la conoscenza preesistente che una persona ha su un determinato argomento. L'apprendimento significativo si verifica quando il nuovo materiale viene collegato in modo coerente e logico a questi organizzatori preesistenti.

Per promuovere l'apprendimento significativo, Ausubel ha suggerito l'importanza di fornire un chiaro schema concettuale, collegamenti logici tra i concetti, l'attivazione della conoscenza preesistente e l'organizzazione del materiale in modo da favorire la comprensione e l'integrazione delle nuove informazioni nella struttura cognitiva esistente dell'individuo.

Joseph Novak, basandosi sulla teoria dell'apprendimento significativo, ha teorizzato le mappe concettuali, ovvero degli strumenti visivi utilizzati per organizzare e rappresentare le conoscenze concettuali.

Le mappe concettuali servono a evidenziare le relazioni concettuali, i collegamenti causali, le gerarchie e le connessioni tra i concetti, permettendo una visione globale e strutturata di un determinato argomento.

Attraverso l'uso delle mappe concettuali, gli studenti possono organizzare le proprie conoscenze, identificare concetti chiave, sviluppare una comprensione profonda e facilitare il recupero delle informazioni.

4.3.2 Apprendimento esperienziale

L'apprendimento esperienziale è una teoria dell'apprendimento sviluppata da David Kolb, psicologo e studioso dell'educazione.

Secondo Kolb, l'apprendimento è un processo ciclico che coinvolge quattro fasi: esperienza concreta, osservazione riflessiva, concettualizzazione astratta e sperimentazione attiva. Queste fasi formano il ciclo dell'apprendimento esperienziale. Qui di seguito illustriamo brevemente le quattro fasi del ciclo:

1. *Esperienza concreta:* questa fase coinvolge l'esperienza diretta e concreta dell'individuo con una situazione o un'attività. Si tratta di un'esperienza pratica che coinvolge i sensi e le emozioni dell'individuo. Durante questa fase, l'individuo sperimenta, osserva e partecipa attivamente a una situazione reale.

2. *Osservazione riflessiva:* in questa fase, l'individuo riflette sull'esperienza concreta che ha vissuto. Osserva attentamente ciò che ha sperimentato, analizza i dettagli, riconosce schemi e collegamenti tra gli eventi. Questa fase si concentra sulla comprensione personale delle esperienze e delle emozioni connesse ad esse.

3. *Concettualizzazione astratta:* durante questa fase, l'individuo cerca di estrarre significati generali o principi dalle esperienze concrete e dalle riflessioni precedenti. Vengono sviluppati concetti e teorie che spiegano le esperienze e le connessioni tra di esse. L'individuo può

140

utilizzare concetti, modelli o teorie esistenti o svilupparne di nuovi per comprendere l'esperienza.

4. *Sperimentazione attiva:* in questa fase, l'individuo applica attivamente i concetti e le teorie sviluppate nella fase precedente. Mette in pratica ciò che ha imparato e sperimenta nuove situazioni o attività. L'individuo esplora le conseguenze delle sue azioni e apprende dagli esiti delle sperimentazioni.

4.3.3   Apprendimento per padronanza

L'apprendimento per padronanza, o *Mastery Learning*, è un approccio educativo teorizzato da Bloom, che mira a garantire che tutti gli studenti acquisiscano una comprensione completa e approfondita di un determinato argomento prima di passare a nuovi contenuti. I principi chiave del Mastery Learning sono i seguenti:

1. *Obiettivi chiari:* gli obiettivi di apprendimento devono essere definiti in modo chiaro e specifico in modo che gli studenti sappiano cosa devono imparare.

2. *Pianificazione sequenziale:* il materiale di apprendimento viene suddiviso in unità o segmenti più piccoli, organizzati in una sequenza logica e progressiva. Gli studenti affrontano ogni unità di apprendimento prima di passare alla successiva.

3. *Valutazione diagnostica:* prima di iniziare l'apprendimento, viene somministrata una valutazione diagnostica agli studenti per identificare le loro conoscenze preesistenti e le loro lacune. Questo aiuta gli insegnanti a personalizzare l'insegnamento in base alle esigenze individuali degli studenti.

4. *Tempo flessibile:* gli studenti avanzano nel loro apprendimento a un ritmo individuale. Non ci sono limiti di tempo fissi per completare le unità di apprendimento.

Gli studenti possono dedicare più tempo a un argomento fino a quando non dimostrano la padronanza di esso.

5. *Feedback e correzione:* gli studenti ricevono feedback immediato sul loro apprendimento. Se commettono errori, vengono fornite opportunità di correzione e di apprendimento aggiuntivo per affrontare le lacune e migliorare la comprensione.

6. *Raggiungimento della padronanza:* gli studenti devono dimostrare la padronanza di un argomento attraverso prove o valutazioni specifiche. Solo quando dimostrano di aver compreso a fondo un concetto possono passare alla fase successiva.

L'approccio del Mastery Learning mette l'accento sulla qualità dell'apprendimento rispetto alla quantità di tempo trascorso in classe. È progettato per garantire che gli studenti raggiungano una solida comprensione dei concetti prima di procedere, promuovendo il successo degli studenti e prevenendo il divario di apprendimento.

Questo approccio può essere implementato in diverse modalità di insegnamento, come lezioni tradizionali, apprendimento online o in un ambiente di apprendimento ibrido.

L'insegnante identifica le lacune di apprendimento degli studenti, fornisce un feedback mirato e crea opportunità per la pratica e l'apprendimento, che viene ripetuto fino alla padronanza degli argomenti.

4.3.4 Apprendimento cooperativo

L'apprendimento cooperativo (*cooperative learning*) è un approccio educativo che mette l'accento sulla collaborazione tra gli studenti, che lavorano insieme in gruppi per raggiungere obiettivi comuni di apprendimento. In questo contesto, il termine cooperativo indica il coinvolgimento attivo e reciproco degli studenti nel processo di apprendimento, anziché una competizione tra di loro.

L'apprendimento cooperativo è stato teorizzato da diversi studiosi, ma uno dei principali teorici è David Johnson insieme al fratello Roger Johnson. Nel 1984, i fratelli Johnson hanno pubblicato un libro intitolato *Circles of Learning: Cooperation in the Classroom*, in cui hanno presentato il loro approccio all'apprendimento cooperativo.

Secondo la teoria dell'apprendimento cooperativo di Johnson e Johnson, l'apprendimento è ottimizzato quando gli studenti lavorano insieme in gruppi cooperativi piuttosto che in modo individuale o competitivo. Gli studenti collaborano attivamente, si aiutano reciprocamente, condividono risorse e responsabilità e si impegnano in attività che richiedono l'interazione e la condivisione delle conoscenze.

L'apprendimento cooperativo si basa su diversi principi fondamentali, tra cui:

1. *Interdipendenza positiva:* gli studenti percepiscono che il loro successo individuale è collegato al successo del gruppo. Ciò promuove la responsabilità condivisa e l'aiuto reciproco.

2. *Interazione faccia a faccia:* gli studenti lavorano in stretta collaborazione, comunicando e scambiando informazioni tra loro in modo diretto.

3. *Responsabilità individuale e di gruppo:* gli studenti sono responsabili del proprio apprendimento e del contributo al successo del gruppo. Ogni membro del gruppo ha un ruolo e delle responsabilità specifiche.

4. *Abilità sociali:* gli studenti imparano a sviluppare abilità di comunicazione efficaci, a risolvere i conflitti in modo costruttivo e a lavorare in modo collaborativo.

L'apprendimento cooperativo può essere implementato in diverse forme, come il lavoro di gruppo, i progetti collaborativi, le discussioni guidate e il tutoraggio tra pari. Questo approccio favorisce il coinvolgimento attivo degli studenti, la costruzione di conoscenze condivise e l'apprendimento critico e riflessivo.

4.3.5 Apprendimento situato

L'apprendimento situato (*situated learning*), teorizzato da Jean Lave ed Etienne Wenger, è un approccio educativo che mette l'accento sull'importanza del contesto e dell'ambiente in cui si verifica l'apprendimento. Secondo questa prospettiva, l'apprendimento è fortemente influenzato dal contesto sociale, culturale e fisico in cui si svolge.

L'apprendimento situato si basa sul concetto di "apprendimento come partecipazione" e si concentra sul coinvolgimento attivo degli studenti nell'ambiente reale e nel contesto delle attività di apprendimento.

Gli studenti sono incoraggiati a partecipare a compiti autentici, situazioni pratiche e attività di risoluzione dei problemi che richiedono l'applicazione delle conoscenze e delle competenze nel mondo reale; così facendo, si viene a creare una comunità di pratica (*community of practice*) che ha come obiettivo quello di collaborare attivamente per apprendere attraverso l'interazione sociale e la partecipazione condivisa.

4.3.6 Service Learning

Il *service learning* è un approccio educativo che integra l'apprendimento accademico con l'esperienza pratica di servizio alla comunità. In questa metodologia, gli studenti partecipano attivamente a progetti o attività che rispondono a bisogni reali della comunità, al contempo sviluppando conoscenze, abilità e competenze pertinenti al loro percorso di apprendimento.

Il service learning mira a integrare l'apprendimento scolastico e il servizio alla comunità in un unico processo: gli studenti applicano le conoscenze teoriche e le competenze acquisite in classe per affrontare problemi o bisogni reali della comunità in modo concreto e significativo.

Questo tipo di approccio mira a generare benefici sia per gli studenti sia per la comunità: gli studenti acquisiscono competenze e conoscenze pratiche, sviluppano una maggiore consapevolezza sociale e una sensibilità alle problematiche comunitarie, mentre la comunità beneficia delle azioni e delle risorse degli studenti per affrontare i suoi bisogni.

4.3.7 Apprendimento basato sui problemi

L'apprendimento basato sui problemi (*problem-based learning, PBL*) è un approccio educativo che mette al centro dell'apprendimento la risoluzione di problemi reali o situazioni complesse.

Invece di fornire agli studenti informazioni preconfezionate, il PBL li sfida ad affrontare domande o problemi aperti che richiedono l'applicazione delle conoscenze e delle competenze acquisite e, a sua volta, ciò comporta l'acquisizione di nuove conoscenze e competenze.

Nel contesto del PBL, gli studenti lavorano in gruppi collaborativi per identificare le conoscenze e le abilità necessarie per comprendere e risolvere il problema proposto. Questo processo di identificazione delle lacune stimola l'apprendimento attivo e favorisce lo sviluppo di competenze di ricerca e di analisi critica.

4.3.8 Modello ricerca-azione di Kurt Lewin

Kurt Lewin (1890-1947) è stato uno psicologo sociale tedesco noto per i suoi contributi nel campo della psicologia sociale, della teoria dell'apprendimento e della dinamica dei gruppi. È considerato uno dei fondatori della psicologia sociale moderna.

Il modello di ricerca-azione è un approccio metodologico utilizzato nello studio e nel cambiamento dei processi sociali.

La ricerca-azione è un approccio che si concentra sull'analisi e sul miglioramento delle pratiche in un determinato campo di esperienza, come ad esempio l'ambito educativo. L'obiettivo principale non è tanto approfondire conoscenze teoriche, ma piuttosto introdurre cambiamenti migliorativi nella pratica stessa. Questo approccio si basa sulla partecipazione attiva di attori sociali che desiderano analizzare e migliorare la loro pratica. Nell'ambito dell'educazione e della formazione, la prospettiva della ricerca-azione ha dimostrato di essere particolarmente efficace, in quanto consente ai soggetti in formazione di diventare attori coinvolti nel processo formativo.

Il modello di Lewin si articola in tre fasi.

1. La prima fase riguarda la costituzione del gruppo.
2. La seconda fase è la formazione dei componenti per la realizzazione della ricerca. Durante questa fase si definisce il problema, si sceglie la metodologia di raccolta dei dati, si analizzano i dati stessi e si formulano ipotesi di intervento. Il ricercatore detiene il sapere della ricerca in questa fase.
3. La terza fase è l'azione, in cui si definiscono i tempi, i compiti e le responsabilità per la realizzazione del piano. Si implementano le attività che producono cambiamento, assumendo il sapere dei 'pratici" come un dato importante per la ricerca.

4.4 Tecniche didattiche

In questo paragrafo, esamineremo le tecniche più utilizzate sul campo al fine di favorire l'apprendimento attivo, la partecipazione degli studenti e lo sviluppo di competenze sociali ed emotive.

Saranno prese in considerazione le seguenti tecniche: *circle time, role playing, action maze, jigsaw, debate, debriefing, peer tutoring, tinkering, flipped classroom e brainstorming.*

146

Ciascuna di queste tecniche offre un approccio unico che coinvolge attivamente gli studenti, promuove la collaborazione e stimola la creatività, facilitando così l'acquisizione di conoscenze in modo coinvolgente e significativo.

Circle Time

Il circle time (CT) è una tecnica in cui gli studenti e l'insegnante si siedono in cerchio per partecipare a discussioni strutturate e interazioni sociali.

È un momento dedicato all'ascolto reciproco, alla condivisione delle esperienze, al dialogo aperto e allo sviluppo delle competenze sociali ed emotive.

Durante il CT, gli studenti hanno l'opportunità di esprimere le proprie opinioni, fare domande, condividere le proprie esperienze personali o discutere di argomenti specifici che riguardano l'ambiente di classe o questioni di interesse comune.

L'insegnante facilita la conversazione, incoraggiando la partecipazione di tutti gli studenti e promuovendo un clima di rispetto reciproco e di ascolto attivo.

Questa tecnica è spesso utilizzata come strumento per lo sviluppo delle competenze sociali ed emotive degli studenti. Attraverso le discussioni in CT, essi imparano a comprendere e rispettare le diverse opinioni, a comunicare in modo efficace, a sviluppare l'empatia, a gestire le emozioni e a costruire relazioni positive con i loro compagni di classe.

Role Playing

Il role playing (RP), o gioco di ruolo, coinvolge gli studenti nella rappresentazione di ruoli o personaggi immaginari in un contesto specifico.

Durante l'attività, gli studenti assumono il ruolo assegnato e interagiscono con gli altri partecipanti in base alle caratteristiche e agli obiettivi del personaggio che interpretano.

L'obiettivo principale del RP a scuola è fornire agli studenti un'opportunità pratica di applicare le conoscenze e le competenze acquisite in situazioni reali o simulative. Attraverso l'immersione in un ruolo, gli studenti possono sperimentare e comprendere le prospettive e i punti di vista diversi, sviluppare l'empatia e affinare abilità comunicative e sociali.

Action Maze

L'action maze (AM), anche conosciuto come gioco a percorsi o avventura interattiva, è una forma di apprendimento basata sull'interattività e sulla risoluzione di problemi. Si tratta di un'attività che coinvolge gli studenti in una serie di decisioni e azioni, ognuna delle quali porta a conseguenze.

L'AM si presenta come una narrazione o una storia in cui gli studenti si trovano a dover prendere decisioni e affrontare diverse situazioni. Ogni scelta che viene fatta porta a una conseguenza specifica e determina quale sarà la successiva opzione disponibile. Le scelte possono riguardare diverse sfere, come problemi matematici, dilemmi etici, situazioni scientifiche o contesti storici.

Jigsaw

Il jigsaw è una tecnica di apprendimento collaborativo che mira a promuovere la cooperazione, l'interazione e la condivisione delle responsabilità tra gli studenti.

È stato sviluppato negli anni '70 dallo psicologo sociale Elliot Aronson ed è ampiamente utilizzato in contesti educativi per favorire l'apprendimento attivo e la costruzione di conoscenze attraverso il lavoro di gruppo.

Il docente divide la classe in gruppi eterogenei composti da 5-6 alunni, detti gruppi casa. Il docente suddivide l'argomento da affrontare in 5-6 parti e assegna a ciascun alunno del gruppo casa un 'pezzo" dell'argomento oggetto di studio. Gli alunni dei vari gruppi casa che hanno ricevuto lo stesso materiale si riuniscono formando i gruppi esperti. Gli alunni dei gruppi esperti devono collaborare per comprendere la parte di argomento assegnata ed elaborare una presentazione orale per spiegare quanto hanno compreso ai compagni del gruppo casa. Quando la parte di argomento è stata compresa ed elaborata dal gruppo esperto, ogni esperto torna al proprio gruppo casa e spiega agli altri componenti del gruppo ciò che ha appreso con il supporto dei materiali prodotti. Alla fine è possibile proporre un quiz per testare quanto appreso.

Debate

Il debate, o dibattito, coinvolge gli studenti in una discussione strutturata su un argomento specifico. L'obiettivo principale è quello di sviluppare le competenze di pensiero critico, di argomentazione e di persuasione degli studenti, nonché di promuovere la conoscenza di diverse opinioni e punti di vista.

Nel contesto scolastico, il dibattito può essere organizzato in diverse modalità. Di seguito viene fornita una descrizione generale delle fasi tipiche di un dibattito:

1. *Preparazione dell'argomento:* l'insegnante seleziona un argomento rilevante e significativo per gli studenti. L'argomento può essere scelto in base all'interesse degli studenti, al programma di studio o di attualità. L'insegnante può anche assegnare alle squadre o agli studenti specifici ruoli o posizioni da difendere, come "pro" o "contro".

2. *Ricerca e preparazione:* gli studenti si impegnano nella ricerca e nella raccolta di informazioni pertinenti sull'argomento. Devono sviluppare una conoscenza approfondita dell'argomento, raccogliere dati, esempi e argomenti per supportare le loro posizioni. Questa fase incoraggia la ricerca attiva, l'analisi critica delle fonti e la capacità di sintesi delle informazioni.

3. *Organizzazione delle squadre e delle argomentazioni:* gli studenti si organizzano in squadre e definiscono la struttura del dibattito. Ogni squadra determina l'ordine delle argomentazioni e prepara i propri punti chiave. È importante che le squadre siano equilibrate e che ogni membro abbia un ruolo attivo nel dibattito.

4. *Dibattito:* durante il dibattito, le squadre si alternano per esporre le proprie argomentazioni e controbattere alle argomentazioni dell'altra squadra. Le squadre possono utilizzare strategie persuasive, come la presentazione di prove, statistiche, esempi e la citazione di esperti. È fondamentale mantenere un clima di rispetto e di ascolto reciproco durante il dibattito.

5. *Conclusione e valutazione:* alla fine del dibattito, si tiene una fase di sintesi e di conclusione in cui le squadre presentano una breve conclusione riassumendo i punti chiave delle loro argomentazioni. L'insegnante e gli studenti possono poi valutare le prestazioni delle squadre sulla base della qualità degli argomenti presentati, della coerenza delle risposte e della capacità di persuasione.

Debriefing

Il debriefing è una pratica utilizzata per riflettere e analizzare un'esperienza di apprendimento, una lezione o un progetto appena conclusi. È un momento in cui gli studenti e gli insegnanti si riuniscono per discutere e valutare ciò che è accaduto durante l'attività al fine di estrarne apprendimenti significativi.

Durante il debriefing, gli studenti hanno l'opportunità di condividere le proprie opinioni, riflettere sulle loro esperienze, esprimere le emozioni provate e confrontare i risultati raggiunti con le aspettative iniziali. Inoltre, si può discutere di errori commessi, sfide affrontate, strategie utilizzate e soluzioni trovate.

Attraverso il debriefing, gli studenti sviluppano competenze di pensiero critico, di autoriflessione e di autovalutazione. Inoltre, imparano a lavorare in modo collaborativo, a dare e ricevere feedback costruttivi e a prendere consapevolezza dei propri processi di apprendimento.

Peer Tutoring

Il peer tutoring è una pratica educativa in cui gli studenti si aiutano reciprocamente nello sviluppo delle competenze e nell'apprendimento. In questo approccio, uno studente assume il ruolo di *tutor* e fornisce supporto e assistenza a un altro studente, chiamato *tutee*, nel raggiungimento degli obiettivi di apprendimento.

Il tutor, che è un pari dello studente che riceve il supporto, può essere più esperto o avere competenze più avanzate sull'argomento specifico. Il tutor utilizza le proprie conoscenze e abilità per guidare il tutee attraverso attività di apprendimento, come la spiegazione di concetti, la risoluzione di problemi e l'esercitazione.

Tinkering

Il tinkering si basa sull'apprendimento pratico e sperimentale, il quale coinvolge l'esplorazione creativa, l'innovazione e la risoluzione di problemi attraverso l'interazione diretta con materiali, strumenti e tecnologie.

Nel contesto dell'educazione, il tinkering incoraggia gli studenti a prendere parte attiva nel processo di apprendimento, invitandoli a sperimentare, scoprire e costruire conoscenze attraverso l'esplorazione e la manipolazione di oggetti concreti. Gli studenti sono invitati a pensare in modo critico, a fare ipotesi, a sperimentare, a risolvere problemi e a riflettere sulle proprie esperienze.

Questa tecnica promuove l'apprendimento multidisciplinare, in quanto gli studenti integrano conoscenze e competenze provenienti da diverse aree, come la scienza, la tecnologia, l'ingegneria, l'arte e la matematica. Gli studenti esplorano, modificano e creano artefatti con le proprie mani, sviluppando così la creatività, la curiosità, la resilienza e la capacità di problem-solving.

Flipped Classroom

La flipped classroom (FC), o classe capovolta, è un modello didattico in cui il tradizionale flusso di apprendimento è invertito. Invece di partecipare alle lezioni in aula e svolgere i compiti a casa, gli studenti studiano i materiali didattici in autonomia, al di fuori dell'aula, solitamente tramite video lezioni, letture o risorse online, e poi dedicano il tempo in classe all'applicazione pratica e all'approfondimento degli argomenti attraverso discussioni, attività collaborative e lavori di gruppo.

L'idea principale della FC è quella di utilizzare il tempo in classe in modo più interattivo ed efficace, permettendo agli insegnanti di concentrarsi sull'assistenza personalizzata, sulla risoluzione dei problemi, sulla discussione e sull'approfondimento degli argomenti.

Gli studenti, d'altra parte, hanno l'opportunità di lavorare in modo più attivo e partecipativo durante le lezioni, ricevendo supporto diretto dagli insegnanti e collaborando con i propri compagni di classe.

Brainstorming

Il brainstorming, proposto da Osborn nel 1938, è una tecnica di generazione di idee che promuove la creatività e l'innovazione attraverso la generazione di un gran numero di idee in modo rapido.

È un processo di gruppo in cui i partecipanti sono incoraggiati a esprimere liberamente le proprie idee, senza critiche o valutazioni negative, al fine di stimolare la produzione di nuove soluzioni o approcci. Alcuni principi fondamentali del brainstorming includono:

1. *Sospensione del giudizio:* durante la fase di brainstorming, ogni idea è accolta senza essere criticata o valutata. Si incoraggia l'accettazione di qualsiasi idea, anche se può sembrare eccentrica o poco convenzionale.

2. *Generazione di un gran numero di idee:* l'obiettivo del brainstorming è quello di generare una grande quantità di idee, anche quelle che potrebbero sembrare irrealizzabili o poco pratiche. L'accento è posto sulla quantità piuttosto che sulla qualità.

3. *Costruzione sulle idee degli altri:* durante la sessione di brainstorming, gli altri partecipanti sono incoraggiati a costruire sulle idee degli altri, a espanderle o a combinare diverse idee per generare nuove soluzioni.

4. *Liberare la creatività:* nel brainstorming, si promuove il pensiero laterale e l'associazione libera di idee. Gli stimoli visivi, le metafore o le domande provocatorie possono essere utilizzati per stimolare la creatività e l'apertura mentale.

4.5 Quiz

1. Che cos'è l'apprendimento significativo secondo Ausubel?
   A. Apprendere attraverso la memorizzazione
   B. Connettere nuove informazioni a concetti già noti
   C. Imparare attraverso la punizione e la ricompensa
   D. Acquisire abilità attraverso la pratica ripetitiva

2. L'apprendimento esperienziale si basa principalmente su:
   A. Testi scritti
   B. Lezioni frontali
   C. Esperienze dirette e pratica
   D. Discussione di gruppo

3. Il modello di ricerca-azione di Kurt Lewin è caratterizzato da quale dei seguenti elementi?
   A. Apprendimento basato esclusivamente su teorie
   B. Un ciclo di pianificazione, azione, osservazione e riflessione
   C. Enfasi sulla memorizzazione dei fatti
   D. Apprendimento individuale senza interazione di gruppo

4. In un ambiente di apprendimento cooperativo, gli studenti sono incoraggiati a:
   A. Lavorare indipendentemente
   B. Competere per i migliori voti
   C. Aiutarsi a vicenda nell'apprendimento
   D. Seguire istruzioni senza discussioni

5. Chi ha sviluppato il concetto di mastery learning?
   A. Maria Montessori
   B. Benjamin Bloom
   C. Jean Piaget
   D. John Dewey

6. Qual è un principio chiave dell'apprendimento situato?
   A. L'apprendimento avviene in modo isolato dal contesto del mondo reale
   B. L'apprendimento è più efficace quando è contestualizzato
   C. L'enfasi è posta sulla teoria piuttosto che sulla pratica
   D. Gli studenti dovrebbero apprendere senza la guida dell'insegnante

7. Che cos'è il service learning?
   A. Apprendimento basato esclusivamente su lezioni teoriche
   B. Integrazione dell'apprendimento accademico con il servizio alla comunità
   C. Studio autonomo senza alcun impegno comunitario
   D. Apprendimento basato su stage retribuiti

8. Qual è un beneficio principale dell'apprendimento basato sui problemi?
   A. Promuove l'apprendimento passivo
   B. Sviluppa abilità di pensiero critico e di risoluzione dei problemi
   C. Limita l'apprendimento a fatti teorici
   D. Si concentra esclusivamente su argomenti accademici

9. Il Circle Time promuove?
   A. L'apprendimento di nuove materie
   B. La costruzione di relazioni e la condivisione di pensieri
   C. La valutazione delle prestazioni accademiche
   D. L'uso della tecnologia nell'apprendimento

10. Come funziona la tecnica didattica Jigsaw?
    A. Gli studenti lavorano individualmente su tutto il materiale
    B. Gli studenti si dividono in gruppi e si specializzano in diverse parti di un argomento
    C. I compiti vengono assegnati e completati a casa
    D. Gli studenti ascoltano principalmente lezioni frontali

4.6   Soluzioni commentate

1. Risposta Corretta: B.
L'apprendimento significativo di Ausubel sottolinea come le nuove informazioni vengano apprese meglio quando possono essere collegate a ciò che già si conosce. Questo tipo di apprendimento è più durevole rispetto alla semplice memorizzazione.

2. Risposta Corretta: C.
L'apprendimento esperienziale si basa sul fare e sperimentare direttamente, permettendo agli studenti di acquisire conoscenze e competenze attraverso le proprie esperienze piuttosto che tramite metodi tradizionali come le lezioni frontali.

3. Risposta Corretta: B.
Il modello di ricerca-azione di Lewin è un processo iterativo che coinvolge la pianificazione, l'azione, l'osservazione e la riflessione. È utilizzato per indagare e migliorare pratiche e problemi in contesti reali.

4. Risposta Corretta: C.
Nell'apprendimento cooperativo, gli studenti lavorano insieme in piccoli gruppi per aiutarsi reciprocamente nel processo di apprendimento, promuovendo l'interazione e la collaborazione.

5. Risposta Corretta: B.
Benjamin Bloom ha sviluppato il concetto di mastery learning (apprendimento per padronanza), che enfatizza la padronanza di un argomento prima di passare al successivo, garantendo che tutti gli studenti raggiungano il livello di competenza prima proseguire.

6. Risposta Corretta: B.

L'apprendimento situato sostiene che l'apprendimento avviene meglio quando è contestualizzato, cioè quando è integrato con il contesto e la pratica in situazioni reali.

7. Risposta Corretta: B.

Il service learning combina l'apprendimento accademico con il servizio alla comunità, permettendo agli studenti di applicare le conoscenze acquisite in contesti reali e di contribuire attivamente alla società.

8. Risposta Corretta: B.

L'apprendimento basato sui problemi incoraggia gli studenti a sviluppare il pensiero critico e le competenze di risoluzione dei problemi affrontando e risolvendo problemi complessi, spesso simili a quelli incontrati nel mondo reale.

9. Risposta Corretta: B.

Il Circle Time è una tecnica didattica che promuove la costruzione di relazioni e la condivisione di pensieri, emozioni e idee in un contesto di gruppo sicuro e accogliente.

10. Risposta Corretta: B.

Nella tecnica Jigsaw, gli studenti vengono divisi in gruppi e ogni membro si specializza in una parte specifica di un argomento. Successivamente, condividono le loro conoscenze con il gruppo, contribuendo a una comprensione globale dell'argomento.

5 Valutazione

La valutazione costituisce un elemento essenziale all'interno del processo di apprendimento, poiché svolge un ruolo fondamentale nell'analizzare se gli obiettivi stabiliti dalle Indicazioni Nazionali e dalle Linee guida dei percorsi formativi sono stati raggiunti e in che misura. Inoltre, la valutazione svolge un ruolo chiave nel regolare i processi di apprendimento-insegnamento e nel valutare la qualità del servizio scolastico, allo scopo di migliorare l'efficacia dell'azione didattica.

5.1 Tipologie di valutazione e verifica

Prima di addentrarci nella trattazione, è necessario comprendere la differenza tra verifica e valutazione.

La fase verifica ha a che fare con la raccolta di dati oggettivi che saranno poi valutati nella fase di valutazione. La raccolta di dati oggettivi avviene somministrando delle prove di verifica; la valutazione di tali dati avviene attraverso diversi strumenti quali griglie di valutazione, rubriche valutative o griglie di osservazione.

La valutazione può essere di tre tipi: *diagnostica, formativa e sommativa*.

La valutazione diagnostica ha l'obiettivo di identificare il livello di competenze, abilità e conoscenze che gli studenti hanno già acquisito prima dell'inizio di un percorso di apprendimento. Questo tipo di valutazione consente di stabilire gli obiettivi didattici in base ai bisogni educativi che emergono dalla diagnosi iniziale. Un esempio è dato dai test di ingresso di inizio anno, soprattutto nelle classi iniziali. Inoltre, la valutazione diagnostica fornisce importanti indicazioni agli studenti stessi, offrendo loro l'opportunità di valutarsi e ottimizzare i loro metodi di studio e apprendimento.

La valutazione formativa supporta attivamente il processo di apprendimento in itinere, fornendo informazioni sulle competenze acquisite, consentendo così di adattare gli interventi alle specifiche situazioni didattiche e attivare tempestivamente eventuali strategie correttive. La valutazione formativa si concentra principalmente sul miglioramento dei processi di apprendimento e insegnamento, con l'obiettivo di orientarne lo sviluppo successivo, piuttosto che fornire informazioni sintetiche sul rendimento degli studenti.

La valutazione sommativa viene generalmente effettuata al termine di un quadrimestre o di un anno scolastico e fornisce una prova del raggiungimento dei traguardi previsti dal percorso formativo.

Ai fini della valutazione, come anticipato, possono essere utilizzate griglie di valutazione, utili a valutare l'acquisizione di conoscenze e abilità; rubriche valutative, utilizzate per la valutazione delle competenze; griglie di osservazione, utilizzate rilevare comportamenti degli alunni, ad esempio la partecipazione e la collaborazione, etc.

Come anticipato, la valutazione viene effettuata sulla base di dati oggettivi raccolti attraverso le prove di verifica. Le prove possono essere: *non strutturate, semistrutturate, strutturate.*

Le prove non strutturate, anche conosciute come prove aperte o prove a risposta libera, richiedono agli alunni di fornire una risposta dettagliata e approfondita a una domanda o un problema, senza vincoli rigidi sulla forma o sulla lunghezza della risposta. A differenza delle prove strutturate, come i test a scelta multipla o i quesiti a risposta breve, le prove non strutturate offrono maggiore flessibilità e richiedono una maggiore espressione individuale. Un esempio di prova non strutturata può essere il tema di italiano o l'interrogazione orale.

Le prove semistrutturate si collocano a metà strada tra le prove strutturate e le prove non strutturate. In queste prove, agli alunni vengono fornite delle indicazioni o delle linee guida per rispondere, ma consentono una certa flessibilità nell'organizzazione e nella formulazione delle risposte. Le prove semistrutturate consentono agli alunni di fornire risposte che mostrano la loro comprensione dei contenuti e la loro capacità di applicare le conoscenze in modo coerente e organizzato. Possono richiedere, ad esempio, di completare un'attività oppure di rispondere a una domanda aperta seguendo una struttura specifica.

Le prove strutturate richiedono agli alunni risposte specifiche e predefinite. In queste prove, viene fornito un insieme di domande con risposte multiple o un formato di risposta specifico, e gli alunni devono selezionare o fornire la risposta corretta tra le opzioni fornite.

5.2 Teorie della valutazione

Le teorie di valutazione rappresentano un campo di studio fondamentale nell'ambito dell'educazione e della psicologia dell'apprendimento. Esse si occupano di comprendere e delineare i principi, i modelli e gli approcci che guidano il processo di valutazione, ovvero l'analisi e l'interpretazione dei risultati di apprendimento degli individui. Qui di seguito vedremo in maniera sintetica le più importanti.

5.2.1 Valutazione basata sugli obiettivi

La valutazione basata sugli obiettivi di Tyler è un approccio che collega strettamente la valutazione educativa agli obiettivi dell'istruzione. Si concentra su quattro domande chiave: quali sono gli obiettivi, come organizzare l'esperienza educativa, come determinare se gli obiettivi sono stati raggiunti e come utilizzare la valutazione per migliorare il processo di apprendimento. Questo approccio promuove l'allineamento tra obiettivi, insegnamento, valutazione e miglioramento continuo dell'istruzione.

5.2.2 Modello CIPP (Context, Input, Process, Product)

Il modello CIPP, sviluppato da Daniel Stufflebeam, si focalizza sul miglioramento del programma piuttosto che sul suo esito previsto. Esso si basa su quattro elementi chiave: *contesto, input, processo e prodotto*. Il modello prevede quanto segue:

- La *valutazione del contesto* esamina attentamente i requisiti, i problemi e le risorse presenti in una situazione educativa specifica, facilitando così la definizione degli obiettivi e la loro congruenza con le necessità espresse dai partecipanti.

- La *valutazione dei dati in ingresso* esamina attentamente le strategie e i piani di lavoro selezionati durante la fase di progettazione dell'azione educativa, fornendo informazioni per individuare le opportunità di miglioramento e le intenzioni di sviluppo presenti nella situazione.

- La *valutazione dei processi* monitora attentamente le attività in corso, fornendo informazioni guida per orientare e regolare le azioni in linea con le intenzioni progettuali.

- La *valutazione dei dati in uscita* verifica attentamente i risultati a breve e lungo termine, compresi quelli previsti e quelli imprevisti. Analizza la congruenza dei risultati con i bisogni rilevati nel contesto, valutando anche il livello di soddisfazione dei partecipanti. Queste informazioni sono fondamentali per prendere decisioni sulla continuazione e il miglioramento del programma.

5.2.3 Valutazione senza obiettivi

La *goal-free evaluation*, o valutazione senza obiettivi, è un approccio valutativo proposto da Michael Scriven. In questo tipo di valutazione, l'attenzione non è focalizzata sugli obiettivi prefissati, ma sulla comprensione e sull'analisi dei risultati ottenuti.

L'obiettivo principale è quello di valutare il valore intrinseco del progetto educativo, piuttosto che misurare il grado di raggiungimento degli obiettivi stabiliti in precedenza.

La goal-free evaluation si concentra sull'analisi delle conseguenze, degli impatti e degli effetti del progetto, indipendentemente da ciò che era stato originariamente pianificato o atteso.

Questo approccio offre una prospettiva più ampia e consente di scoprire risultati imprevisti, aspetti positivi o negativi non contemplati inizialmente.

5.2.4   Valutazione autentica

La valutazione autentica è un approccio proposto da Grant Wiggins che si concentra sull'*assessment* di competenze e conoscenze degli studenti in situazioni reali e significative.

A differenza degli esami tradizionali basati su domande a scelta multipla o test scritti, la valutazione autentica mira a valutare la capacità degli studenti di applicare le loro conoscenze in contesti autentici e ad affrontare problemi reali.

Gli studenti sono sfidati a dimostrare le loro abilità attraverso compiti pratici, progetti, presentazioni, simulazioni o performance reali. Questi compiti richiedono una comprensione approfondita dei concetti, la capacità di risolvere problemi, l'uso critico delle informazioni e la collaborazione con gli altri.

La valutazione autentica è incentrata sulla misurazione delle competenze e capacità degli studenti piuttosto che sulla memorizzazione di informazioni o sulle risposte giuste o sbagliate.

Questo approccio valutativo mette in evidenza la rilevanza e l'applicabilità delle conoscenze degli studenti nella vita reale.

5.3 Effetti distorsivi della valutazione

Le distorsioni della valutazione si riferiscono a errori o distorsioni che possono influenzare la valutazione. Queste distorsioni possono essere causate da diversi fattori e possono influenzare sia la valutazione oggettiva che quella soggettiva. Alcune delle distorsioni comuni nella valutazione sono:

1. *Effetto alone:* si verifica quando un giudizio positivo o negativo su un aspetto specifico di una persona o di una performance influisce sull'intero giudizio, creando una visione distorta dell'individuo o della situazione.

2. *Effetto di contagio:* si riferisce alla tendenza delle persone ad adottare o modificare le proprie valutazioni o opinioni per allinearsi con quelle degli altri, anche se potrebbero avere valutazioni o opinioni diverse se valutassero o ragionassero in modo indipendente.

3. *Effetto di contrasto:* si verifica quando il docente, durante la valutazione, prende in considerazione le prestazioni precedenti dell'alunno, oppure effettua dei paragoni con le prove svolte da un altro compagno di classe.

4. *Effetto della distribuzione forzata dei risultati:* questo effetto si basa sull'idea erronea che i risultati della formazione debbano necessariamente seguire una distribuzione normale (gaussiana), secondo cui solo pochi studenti potrebbero ottenere risultati eccellenti, una percentuale simile avrebbe risultati scarsi e la maggioranza si posizionerebbe nella media.

5. *Effetto Pigmalione* (o effetto Rosenthal): le aspettative degli insegnanti nei confronti degli studenti possono influenzare significativamente il loro apprendimento e rendimento. Se gli insegnanti credono che gli studenti siano capaci e abbiano un grande potenziale, tenderanno ad adottare comportamenti che promuovono

l'autoefficacia e lo sviluppo degli studenti. Di conseguenza, gli studenti si sentiranno incoraggiati e motivati a raggiungere risultati migliori. Al contrario, se gli insegnanti hanno aspettative negative o basse nei confronti degli studenti, potrebbero trasmettere un messaggio di mancanza di fiducia e le performance degli studenti potrebbero risentirne negativamente.

6. *Effetto di stereotipia:* la valutazione viene distorta da pregiudizi preesistenti che non considerano effettivamente le prestazioni reali dello studente, e questo porta l'insegnante a mantenere la stessa opinione nei suoi confronti e, quindi, a prolungare lo stesso atteggiamento.

5.4 Le tassonomie degli apprendimenti

Le tassonomie degli apprendimenti sono sistemi che descrivono e classificano i diversi livelli di apprendimento e le competenze che gli individui acquisiscono durante il processo di istruzione e formazione.

Queste tassonomie forniscono una struttura organizzativa per valutare e categorizzare i risultati dell'apprendimento, nonché per guidare il processo di insegnamento e valutazione.

Una delle tassonomie degli apprendimenti più conosciute è la Tassonomia degli Obiettivi Educativi *(Taxonomy of Educational Objectives)* di Benjamin Bloom, pubblicata per la prima volta nel 1956 e successivamente rivista da altri autori. La tassonomia di Bloom classifica gli obiettivi educativi in sei livelli gerarchici:

1. *Conoscenza:* comprendere e ricordare informazioni oggettive.
2. *Comprensione:* interpretare, spiegare o riformulare concetti e idee.
3. *Applicazione:* utilizzare le conoscenze acquisite per risolvere problemi o compiere attività specifiche.

4. *Analisi:* scomporre un concetto complesso in parti più semplici e comprendere le relazioni tra di esse.
5. *Sintesi:* creare o combinare elementi per formare una nuova struttura o prodotto.
6. *Valutazione:* valutare le situazioni o i prodotti in base a criteri definiti.

5.5 Quiz

1. Che cosa caratterizza principalmente una valutazione sommativa?
   A. Valutazione continua del progresso dell'apprendimento
   B. Feedback immediato e specifico
   C. Misurazione delle prestazioni alla fine di un percorso di apprendimento
   D. Dialogo costante tra insegnante e studente

2. Qual è una caratteristica della valutazione diagnostica?
   A. Valuta le capacità alla fine di un percorso di apprendimento
   B. Si concentra sulle competenze specifiche
   C. Identifica punti di forza e aree di miglioramento all'inizio di un percorso di apprendimento
   D. È basata su test standardizzati

3. Qual è un metodo di valutazione formativa?
   A. Test finale
   B. Quiz a scelta multipla
   C. Osservazione in classe durante le attività
   D. Test standardizzato

4. Qual è un principio chiave della valutazione senza obiettivi?
   A. Misurare le prestazioni rispetto a standard predefiniti
   B. Concentrarsi sugli obiettivi di apprendimento a lungo termine
   C. Valutare l'apprendimento in base al contesto naturale dello studente
   D. Seguire rigorosamente gli obiettivi curriculari

5. Qual è il principio fondamentale della valutazione basata sugli obiettivi?
   A. Misurare il progresso degli studenti rispetto agli standard nazionali
   B. Valutare gli studenti sulla base degli obiettivi specifici di apprendimento
   C. Confrontare le prestazioni degli studenti con quelle dei loro coetanei
   D. Fornire un feedback continuo durante il processo di apprendimento

6. Nel Modello CIPP, cosa si intende per "Context"?
   A. Misurare l'efficacia del processo educativo
   B. Valutare l'adeguatezza delle risorse disponibili
   C. Analizzare le necessità e i problemi dell'ambiente di apprendimento
   D. Determinare il successo finale degli obiettivi di apprendimento

7. Cos'è la valutazione autentica?
   A. Un metodo basato su test standardizzati
   B. La valutazione delle competenze in contesti realistici e significativi
   C. Un approccio incentrato esclusivamente sui risultati degli esami
   D. Una tecnica che valuta solo le capacità cognitive

8. Che cos'è l'effetto alone nella valutazione?
   A. La tendenza a valutare più positivamente a causa di una precedente performance di successo
   B. La tendenza a valutare basandosi su aspettative preconcette piuttosto che sulle prestazioni reali
   C. L'influenza di fattori esterni non correlati sul giudizio di valutazione
   D. La tendenza a giudicare una persona basandosi su una singola caratteristica positiva o negativa

9. Cosa descrive l'effetto pigmalione nella valutazione?
   A. La tendenza a sottovalutare le prestazioni a causa di basse aspettative
   B. L'influenza delle aspettative dell'insegnante sulle prestazioni degli studenti
   C. La correlazione diretta tra le prestazioni degli studenti e il loro contesto socio-economico
   D. L'effetto della pressione dei pari sulle prestazioni accademiche

10. In che modo l'effetto di stereotipia influisce sulla valutazione?
    A. Aumentando la precisione della valutazione attraverso l'uso di stereotipi culturali
    B. Migliorando la comprensione dell'insegnante sugli studenti attraverso categorie generalizzate
    C. Basando la valutazione su pregiudizi esistenti e non considerando le prestazioni reali dello studente
    D. Riducendo la soggettività nella valutazione attraverso l'adozione di criteri standardizzati

5.6   Soluzioni commentate

1. Risposta corretta: C.
La valutazione sommativa si focalizza sull'analisi delle prestazioni di uno studente al termine di un'unità di apprendimento, per valutarne l'apprendimento complessivo.

2. Risposta corretta: C.
La valutazione diagnostica è usata per comprendere le competenze iniziali degli studenti, identificando i loro punti di forza e le aree che richiedono miglioramento prima di iniziare un nuovo argomento o percorso formativo.

3. Risposta corretta: C.
La valutazione formativa è un processo continuo che include osservazioni, discussioni e feedback durante le attività di classe, al fine di monitorare e supportare il progresso dell'apprendimento.

4. Risposta corretta: C.
La valutazione senza obiettivi si concentra sulla valutazione dell'apprendimento degli studenti nel loro contesto naturale, senza riferirsi a standard o obiettivi prefissati.

5. Risposta corretta: B.
La valutazione basata sugli obiettivi si concentra su quanto gli studenti abbiano raggiunto specifici obiettivi di apprendimento prefissati, valutandoli secondo tali criteri.

6. Risposta corretta: C.
Nel Modello CIPP (Context, Input, Process, Product), "Context" si riferisce all'analisi delle necessità e dei problemi nell'ambiente educativo per aiutare a definire gli obiettivi e le priorità.

7. Risposta corretta: B.
La valutazione autentica riguarda la valutazione delle competenze degli studenti in contesti che simulano situazioni reali e significative, andando oltre le tradizionali prove scritte o test standardizzati.

8. Risposta corretta: D.
L'effetto alone si verifica quando la percezione generale di uno studente, positiva o negativa, influenza la valutazione delle sue capacità o prestazioni specifiche.

9. Risposta corretta: B.
L'effetto pigmalione descrive come le aspettative e le percezioni dell'insegnante possano influenzare le prestazioni degli studenti, spesso portando a un miglioramento o a un peggioramento delle prestazioni in linea con queste aspettative.

10. Risposta corretta: C.
L'effetto di stereotipia si verifica quando la valutazione è influenzata da pregiudizi o stereotipi, portando a una valutazione che non riflette accuratamente le prestazioni o le capacità reali dello studente.

6 Normativa scolastica

Prima di iniziare la trattazione, riportiamo di seguito il significato di alcune abbreviazioni utilizzate nel corso di questo capitolo.

- Legge: L.
- Decreto Legge: D.L.
- Decreto Legislativo: D. Lgs.
- Decreto del Presidente della Repubblica: D.P.R.
- Decreto Ministeriale: D.M.
- Decreto Interministeriale: D.I.
- Direttiva Ministeriale: Dir. M.
- Circolare Ministeriale: C.M.
- Decreto del Presidente del Consiglio dei Ministri: D.P.C.M.
- Articolo: art.
- Articoli: artt.

Per agevolare la lettura riportiamo solo la tipologia di atto normativo (L., D. Lgs., etc.), il numero e l'anno. Il titolo, il giorno e il mese dell'atto normativo sono stati omessi. Ad esempio, la Legge 13 luglio 2015, n. 107 *"Riforma del sistema nazionale di istruzione e formazione e delega per il riordino delle disposizioni legislative vigenti."* viene riportata come segue: L. 107/2015.

Nella bibliografia vengono riportate tutte le informazioni sull'atto normativo.

6.1 Costituzione

La Costituzione, entrata in vigore il 1° gennaio 1948, è la legge fondamentale dello Stato. Contiene le norme e i principi relativi all'ordinamento e al funzionamento dello Stato e sancisce i diritti e i doveri dei cittadini.

Il tema dell'istruzione viene trattato negli articoli 9 comma 1, 33 e 34.

Di seguito gli articoli:

Articolo 9

1. La Repubblica promuove lo sviluppo della cultura e la ricerca scientifica e tecnica.

Articolo 33

1. L'arte e la scienza sono libere e libero ne è l'insegnamento.
2. La Repubblica detta le norme generali sull'istruzione ed istituisce scuole statali per tutti gli ordini e gradi.
3. Enti e privati hanno il diritto di istituire scuole ed istituti di educazione, senza oneri per lo Stato.
4. La legge, nel fissare i diritti e gli obblighi delle scuole non statali che chiedono la parità, deve assicurare ad esse piena libertà e ai loro alunni un trattamento scolastico equipollente a quello degli alunni di scuole statali.
5. È prescritto un esame di Stato per l'ammissione ai vari ordini e gradi di scuole o per la conclusione di essi e per l'abilitazione all'esercizio professionale.
6. Le istituzioni di alta cultura, università ed accademie, hanno il diritto di darsi ordinamenti autonomi nei limiti stabiliti dalle leggi dello Stato.

L'articolo 33 pone particolare enfasi sulla libertà di insegnamento e sul ruolo dello Stato in materia di istruzione.

La libertà di insegnamento garantisce all'insegnante autonomia didattica e libertà di espressione, nel rispetto della legge, delle norme della scuola e della coscienza morale e civile degli alunni.

Inoltre, lo Stato si fa carico dell'istruzione, garantendola a tutti i cittadini, istituendo scuole statali di ogni ordine e grado. Tuttavia, l'istruzione non è monopolio di Stato, infatti anche enti e privati possono istituire scuole.

Articolo 34

1. La scuola è aperta a tutti.
2. L'istruzione inferiore, impartita per almeno otto anni, è obbligatoria e gratuita.
3. I capaci e meritevoli, anche se privi di mezzi, hanno diritto di raggiungere i gradi più alti degli studi.
4. La Repubblica rende effettivo questo diritto con borse di studio, assegni alle famiglie ed altre provvidenze, che devono essere attribuite per concorso.

L'articolo 34 sancisce il diritto-dovere all'istruzione: tutti hanno diritto all'istruzione (comma 1) e tutti hanno il dovere di frequentarla per almeno otto anni (comma 2).

Inoltre, lo Stato, attraverso sovvenzioni economiche, riconosce il diritto allo studio agli alunni più meritevoli, i quali, anche se non sono nelle condizioni socio-economiche ideali, hanno il diritto di raggiungere i gradi più alti degli studi.

6.2 Diritto-dovere all'istruzione e obbligo scolastico

Il D.Lgs. 76/2005 definisce le norme generali sul diritto-dovere all'istruzione e alla formazione. Questo decreto fornisce un quadro normativo per garantire l'accesso all'istruzione e alla formazione a tutti i cittadini italiani. Le principali disposizioni del decreto riguardano i seguenti aspetti:

1. *Diritto-dovere all'istruzione e alla formazione* (artt. 1 e 2): è previsto diritto all'istruzione e alla formazione per almeno 12 anni o fino al conseguimento del diploma o di un titolo o di una qualifica professionale almeno triennale. Tale diritto ha inizio con l'iscrizione alla prima classe della scuola primaria, quindi la scuola dell'infanzia non è inclusa in tale diritto.

2. *Parità di accesso* (artt. 1 e 2): il decreto promuove l'uguaglianza di opportunità nell'accesso all'istruzione e alla formazione, garantendo l'inclusione degli studenti con disabilità e promuovendo misure per superare eventuali barriere economiche, sociali o culturali che potrebbero limitare l'accesso.

3. *Istituzione dell'Anagrafe Nazionale degli Studenti* (art. 3): l'anagrafe ha l'obiettivo di raccogliere i dati sui percorsi scolastici, formativi e di apprendistato degli studenti a partire dalla scuola primaria. È compito delle scuole inserire e aggiornare tali dati tramite il portale SIDI nell'area Alunni. Dal 2016 l'anagrafe include anche i dati degli alunni che frequentano le scuole dell'infanzia, ai sensi del D.M. 24/2016 e del D.M. 595/2016. I dati vengono comunicati in diversi momenti nel corso dell'anno scolastico:

    a. Settembre: comunicazione alunni frequentanti;

    b. Gennaio-febbraio: acquisizione nuove iscrizioni;

    c. Giugno-settembre: comunicazione esiti scrutini ed esami finali.

    d. Nel corso dell'anno: aggiornamento dei dati dell'alunno in caso di trasferimento o interruzione di frequenza.

4. *Prevenzione degli abbandoni* (art. 4): il MIUR predispone dei piani di intervento per l'orientamento, la prevenzione e il recupero degli abbandoni, garantendo il diritto-dovere all'istruzione e alla formazione. Le scuole secondarie di primo grado, coordinandosi con le scuole del secondo ciclo e con i servizi territoriali regionali, organizzano iniziative di orientamento e azioni formative volte al conseguimento del titolo conclusivo del primo

ciclo di istruzione. L'obiettivo è garantire il successo formativo, collaborando anche con altri sistemi.

5. *Vigilanza sull'adempimento dell'obbligo* (art. 5): gli attori responsabili della vigilanza sono: il comune di residenza degli alunni, il dirigente scolastico della scuola presso la quale gli alunni sono iscritti, la provincia, attraverso i servizi per l'impiego e i soggetti che assumono in apprendistato gli alunni. In caso di mancato adempimento dell'obbligo sono previste sanzioni per i responsabili.

In seguito al D. Lgs. 76/2005 è stato emanato il D.M. 139/2007, un regolamento che riguarda l'adempimento dell'obbligo di istruzione. Esso definisce le norme e le procedure da seguire per garantire che l'obbligo di istruzione sia adeguatamente adempiuto. In particolare, il decreto stabilisce che l'istruzione obbligatoria deve essere impartita per almeno 10 anni (art. 1, comma 1).

L'adempimento dell'obbligo è finalizzato al conseguimento di un titolo di studio della scuola secondaria superiore o una qualifica professionale di durata almeno triennale entro i 18 anni, in conformità con il D. Lgs. 76/2005 (art. 1, comma 2).

I saperi e le competenze sono articolati in conoscenze e abilità e raggruppati per assi culturali. Gli assi culturali, definiti dal documento tecnico allegato al decreto sono i seguenti:

- Asse dei linguaggi;
- Asse matematico;
- Asse scientifico-tecnologico;
- Asse storico-sociale.

Coloro i quali non hanno conseguito il titolo conclusivo del primo ciclo e che hanno compiuto 16 anni, possono conseguire tale titolo presso i centri provinciali per l'istruzione degli adulti (CPIA) (art. 3, comma 2).

Il decreto prevede il rilascio, a domanda, della certificazione per l'assolvimento dell'obbligo di istruzione. Per gli alunni maggiorenni è rilasciata d'ufficio (art. 4, comma 1).

Per gli studenti con disabilità, l'adempimento dell'obbligo di istruzione viene considerato in base al piano educativo individualizzato nel processo di pianificazione delle attività didattiche ed educative.

6.3 Autonomia scolastica

In questo paragrafo vedremo come la scuola italiana si sia trasformata da soggetto passivo, dipendente dallo Stato, ad un soggetto attivo e autonomo. Esamineremo i seguenti testi normativi:

- L. 59/1997 (legge Bassanini);
- D. Lgs. 112/1998;
- D.P.R. 275/1999 (regolamento sull'autonomia scolastica);
- L. 107/2015 (Buona Scuola).

La L. 59/1997, voluta dal Ministro della Funzione Pubblica Franco Bassanini, rappresenta un primo passo verso l'autonomia scolastica e verso l'attuazione del principio di sussidiarietà, principio secondo il quale le decisioni devono essere prese dall'ente più vicino ai cittadini. In generale, gran parte delle funzioni amministrative in capo allo Stato viene trasferito alle regioni, alle province, ai comuni e agli enti locali. In ambito scolastico, l'autonomia si concretizza con la possibilità, da parte delle scuole, di decidere autonomamente le programmazioni e i tempi di insegnamento, di offrire insegnamenti opzionali e percorsi formativi per gli adulti, di stipulare convenzioni con le università per favorire attività di aggiornamento, di ricerca e di orientamento scolastico e universitario (art. 21).

Il D. Lgs. 112/1998 agli artt. 135, 136, 137, 138, 139 specifica l'insieme delle funzioni e dei compiti volti a consentire l'erogazione del servizio di istruzione, evidenziando quali sono le funzioni dello Stato, le deleghe alle regioni, alle province e ai comuni.

Il D.P.R. 275/1999 disciplina l'autonomia scolastica declinandola in varie forme e attribuisce le funzioni dell'amministrazione centrale e periferica in materia di istruzione alle istituzioni scolastiche. In particolare, dal 1° settembre 2001 le scuole sono autonome dal punto di vista didattico (art. 4), organizzativo (art. 5), della ricerca, della sperimentazione e dello sviluppo (art.6). Inoltre, con l'articolo 3, viene introdotto il piano dell'offerta formativa (POF) e le scuole possono promuovere o aderire ad accordi di rete (art. 7).

Il POF (art. 3):

- È un documento che definisce l'identità culturale e progettuale delle istituzioni scolastiche.
- Include la progettazione curricolare, extracurricolare, educativa ed organizzativa, ed è adottato dalle scuole nell'ambito della loro autonomia.
- È in linea con gli obiettivi generali ed educativi dei diversi tipi e indirizzi di studi stabiliti a livello nazionale.
- Riflette le esigenze culturali, sociali ed economiche della realtà locale, considerando anche la programmazione territoriale dell'offerta formativa.
- Il POF riconosce le diverse opzioni metodologiche, inclusi i gruppi minoritari, e valorizza le competenze professionali corrispondenti.
- È elaborato dal collegio dei docenti, considerando le linee guida generali per le attività scolastiche e le scelte di gestione definite dal consiglio di circolo o di istituto.
- Le proposte e i pareri degli organismi e delle associazioni di genitori, nonché degli studenti, per le scuole secondarie superiori, vengono presi in considerazione nella stesura del POF.
- Il POF viene adottato dal consiglio di circolo o di istituto.

- Il dirigente scolastico stabilisce i rapporti necessari con gli enti locali e altre realtà istituzionali, culturali, sociali ed economiche presenti sul territorio per implementare il POF.
- Il POF è pubblico e viene consegnato agli alunni e alle famiglie al momento dell'iscrizione.

Le istituzioni scolastiche esercitano la propria autonomia didattica nelle modalità indicate dall'articolo 4, ovvero:

- Implementano gli obiettivi nazionali in percorsi formativi per favorire l'apprendimento e la crescita educativa degli alunni, nel rispetto della libertà di insegnamento e di scelta educativa delle famiglie.
- Regolano i tempi delle lezioni e delle attività in modo adeguato al tipo di studi e ai ritmi di apprendimento degli alunni, utilizzando diverse forme di flessibilità tra cui:
  - L'articolazione modulare del monte ore annuale di ciascuna disciplina e attività.
  - La definizione di unità di insegnamento non coincidenti con l'unità oraria della lezione e l'utilizzazione, nell'ambito del curricolo obbligatorio di cui all'articolo 8, degli spazi orari residui.
  - L'attivazione di percorsi didattici individualizzati, nel rispetto del principio generale dell'integrazione degli alunni nella classe e nel gruppo, anche in relazione agli alunni con disabilità ai sensi dalla L. 104/1992.
  - L'articolazione modulare di gruppi di alunni provenienti dalla stessa o da diverse classi o da diversi anni di corso.
  - L'aggregazione delle discipline in aree e ambiti disciplinari.

- Programmano percorsi formativi che coinvolgono più discipline e attività, nonché insegnamenti in lingua straniera in conformità a intese e accordi internazionali, anche in base agli interessi degli alunni.
- Assicurano iniziative di recupero e sostegno, continuità e orientamento scolastico e professionale, in coordinamento con gli enti locali.
- Definiscono i criteri di valutazione degli alunni nel rispetto della normativa nazionale e i criteri per la valutazione periodica dei risultati conseguiti dall'istituzione scolastica rispetto agli obiettivi prefissati.
- Scelgono, adottano e utilizzano metodologie e strumenti didattici, inclusi i libri di testo, coerenti con il POF, incoraggiando l'uso di tecnologie innovative.
- Stabiliscono i criteri per il riconoscimento dei crediti e il recupero dei debiti scolastici, considerando gli obiettivi specifici di apprendimento e facilitando la transizione tra diversi tipi e indirizzi di studio, nonché l'integrazione tra sistemi formativi e i passaggi tra scuola, formazione professionale e mondo del lavoro.
- Riconoscono e certificano i crediti tra diversi sistemi formativi ai sensi della L. 196/1997, mantenendo il valore legale dei titoli di studio previsti dall'ordinamento attuale.

Le istituzioni scolastiche nell'ambito dell'autonomia organizzativa (art. 5):

- Organizzano l'impiego dei docenti, in linea con i loro obiettivi specifici, promuovendo l'innovazione e il miglioramento dell'offerta formativa.
- Adattano il calendario scolastico in base alle esigenze del POF, rispettando le competenze regionali sulla determinazione del calendario.

- Organizzano in maniera flessibile l'orario delle lezioni e delle attività scolastiche, anche attraverso una pianificazione plurisettimanale, garantendo almeno cinque giorni di lezioni settimanali e rispettando il numero di ore previste per le discipline e le attività obbligatorie.
- Possono differenziare l'impiego dei docenti nelle diverse classi e sezioni, in base alle scelte metodologiche e organizzative del POF.

Nell'ambito dell'autonomia di ricerca, sperimentazione e sviluppo (art. 6), le istituzioni scolastiche hanno il potere di condurre attività di ricerca in modo indipendente o in collaborazione con altre scuole. Questa autonomia si basa sulle esigenze specifiche del contesto culturale, sociale ed economico delle realtà locali e si concentra su diverse aree, tra cui:

a. Progettazione formativa e valutazione della ricerca.

b. Formazione e aggiornamento culturale e professionale del personale scolastico.

c. Innovazione metodologica e disciplinare.

d. Ricerca didattica sull'integrazione delle tecnologie dell'informazione e della comunicazione nei processi di insegnamento.

e. Documentazione educativa e diffusione delle buone pratiche all'interno della scuola.

f. Scambio di informazioni, esperienze e materiali didattici.

g. Collaborazione e integrazione tra le diverse articolazioni del sistema scolastico e con gli enti competenti per favorire la formazione professionale.

Per agevolare tali attività, le istituzioni scolastiche promuovono lo scambio di documentazione e informazioni, stabilendo collegamenti reciproci, nonché con il Centro europeo dell'educazione, la Biblioteca di documentazione pedagogica e gli Istituti regionali di ricerca, sperimentazione e aggiornamento educativo. Inoltre, possono collaborare con università e altri soggetti pubblici e privati attivi nell'ambito della ricerca educativa.

Ai sensi dell'articolo 7 (Reti di scuole):

- Le istituzioni scolastiche possono promuovere accordi di rete o aderire ad essi per raggiungere i propri obiettivi istituzionali.

- Gli accordi possono riguardare attività didattiche, di ricerca, sperimentazione e sviluppo, di formazione e aggiornamento; di amministrazione e contabilità, acquisti e altre attività coerenti con gli obiettivi della scuola, ferma restando l'autonomia dei singoli bilanci.

- L'approvazione degli accordi coinvolge il consiglio di circolo o di istituto e, se prevede attività didattiche o di ricerca, sperimentazione e sviluppo, di formazione e aggiornamento, è approvato anche dal collegio dei docenti delle singole scuole interessate per la parte di propria competenza.

- Gli accordi possono prevedere lo scambio temporaneo di docenti tra le istituzioni partecipanti. I docenti che partecipano a tali scambi rinunciano al trasferimento per tutta la durata del loro impegno nei progetti stessi.

- Gli accordi individuano l'organo responsabile della gestione delle risorse e del raggiungimento degli obiettivi del progetto, nonché le risorse professionali e finanziarie messe a disposizione della rete da parte delle singole istituzioni.

- Gli accordi sono aperti all'adesione di tutte le istituzioni scolastiche che intendano parteciparvi e includono iniziative per favorire la partecipazione delle scuole in difficoltà.

- Le reti di scuole possono istituire laboratori per la ricerca didattica, la documentazione, la formazione del personale e l'orientamento scolastico e professionale.
- Gli organici funzionali di istituto possono essere definiti in modo da affidare a personale specializzato compiti organizzativi, di raccordo interistituzionale e di gestione dei laboratori.
- Le scuole, sia singolarmente che collegate in rete, possono stipulare convenzioni con università o altre istituzioni per perseguire obiettivi specifici.
- Le scuole possono promuovere e partecipare ad accordi e convenzioni per coordinare attività di interesse comune.
- Le scuole possono costituire o aderire a consorzi pubblici e privati per assolvere compiti istituzionali coerenti con il POF e acquisire servizi e beni per facilitare lo svolgimento dei compiti di carattere formativo.

Nell'ambito del curricolo dell'autonomia, alcuni compiti rimangono in capo all'amministrazione centrale, la quale definisce (art. 8):

- Gli obiettivi generali del processo formativo.
- Gli obiettivi specifici di apprendimento per gli alunni.
- Le discipline e le attività obbligatorie con il relativo monte ore annuale.
- L'orario totale annuale obbligatorio dei curricoli.
- I limiti di flessibilità temporale per le compensazioni tra le discipline obbligatorie.
- Gli standard di qualità del servizio.
- Le linee guida per la valutazione degli alunni e il riconoscimento dei crediti formativi.
- I criteri per l'organizzazione dei percorsi formativi per l'educazione degli adulti.

Le istituzioni scolastiche integrano il curricolo nazionale obbligatorio con una quota di discipline e attività scelte liberamente, determinata nel POF. Nell'ambito di tale integrazione è garantita l'unitarietà del sistema di istruzione e viene valorizzato il pluralismo culturale e territoriale. Inoltre, il curricolo:

- Tiene conto delle esigenze formative degli alunni, della continuità e dell'orientamento, delle richieste delle famiglie e delle realtà sociali, culturali ed economiche del territorio.
- Può essere personalizzato attraverso azioni, progetti o accordi internazionali, anche in collaborazione con le Regioni e gli Enti locali.

Infine, l'adozione di nuove scelte curricolari o eventuali modifiche al curricolo deve considerare le aspettative degli studenti e delle famiglie al termine del percorso di studi prescelto.

Le istituzioni scolastiche, ai sensi dell'articolo 9, possono ampliare l'offerta formativa con discipline e attività facoltative in modo da soddisfare le esigenze del contesto culturale, sociale ed economico delle realtà locali. Possono inoltre realizzare iniziative per gli adulti prevedendo anche attività di autoformazione e percorsi formativi personalizzati. Per l'ammissione a tali corsi e per la valutazione finale possono essere riconosciuti i crediti acquisiti nel mondo del lavoro, debitamente documentati, e accertate esperienze di autoformazione. La valutazione dei crediti da parte delle scuole è utile alla personalizzazione dei percorsi didattici, i quali possono essere variati o ridotti.

Sempre nell'ambito dell'autonomia, ai sensi dell'articolo 14, le istituzioni scolastiche:

- Si occupano degli adempimenti relativi alla carriera scolastica degli alunni.
- Disciplinano le iscrizioni, le frequenze, le certificazioni, la documentazione, la valutazione e il riconoscimento degli

studi compiuti in Italia e all'estero ai fini della prosecuzione degli stessi, la valutazione dei crediti e dei debiti formativi, la partecipazione a progetti territoriali e internazionali e la realizzazione di scambi educativi internazionali. Inoltre adottano il regolamento di disciplina degli alunni.

- Riguardo all'amministrazione, alla gestione del bilancio e dei beni, si attengono al regolamento di contabilità.
- Hanno competenze in materia di articolazione territoriale della scuola.
- Adottano provvedimenti che diventano definitivi dopo 15 giorni dalla loro pubblicazione nell'albo della scuola. Entro tale termine è possibile presentare reclamo all'organo che ha adottato l'atto, il quale deve pronunciarsi entro 30 giorni. Una volta scaduto questo termine, l'atto diventa definitivo.

Le seguenti competenze non rientrano tra quelle attribuite alle istituzioni scolastiche (art. 15):

- Formazione delle graduatorie permanenti riferite ad ambiti territoriali più vasti di quelli della singola istituzione scolastica.
- Reclutamento del personale docente, amministrativo, tecnico e ausiliario con rapporto di lavoro a tempo indeterminato.
- Mobilità esterna alle istituzioni scolastiche e utilizzazione del personale eccedente l'organico funzionale di istituto.
- Autorizzazioni per utilizzazioni ed esoneri per i quali sia previsto un contingente nazionale; comandi, utilizzazioni e collocamenti fuori ruolo.
- Riconoscimento di titoli di studio esteri, fatto salvo quanto previsto nell'articolo 14.

Nell'ambito dell'autonomia, il dirigente esercita le funzioni di cui al D. Lgs. 59/1998; i docenti si occupano della progettazione didattica e della corretta attuazione del processo di insegnamento e apprendimento; il responsabile amministrativo si occupa di dirigere i servizi di segreteria; il personale della scuola, i genitori e gli studenti partecipano al processo di attuazione e sviluppo dell'autonomia assumendosi le rispettive responsabilità.

Concludiamo la trattazione sull'autonomia scolastica con le novità introdotte dalla L. 107/2015, la cosiddetta "Buona scuola":

- Il Piano dell'Offerta Formativa (POF) diventa Piano Triennale dell'Offerta Formativa (PTOF) (art. 1, comma 2).
- Introduzione dell'organico dell'autonomia funzionale alle esigenze didattiche, organizzative e progettuali delle istituzioni scolastiche (art. 1, comma 5).

Tali novità verranno approfondite a pagina 234 dedicata alla L. 107/2015 (Buona Scuola).

6.4 Tappe dell'inclusione scolastica e BES

In questo paragrafo ripercorriamo le tappe dell'inclusione scolastica nella scuola italiana per comprendere come si siano evolute le politiche atte a favorire l'inclusione; politiche che hanno fatto del sistema scolastico italiano un punto di riferimento rispetto a questa tematica. In particolare, possiamo individuare cinque tappe nel contorto percorso dell'inclusione scolastica italiana: *esclusione, separazione, inserimento, integrazione e inclusione.*

La fase dell'esclusione ha inizio verso la fine dell'Ottocento con la Legge Casati (1859), considerata il primo testo normativo in materia di istruzione. Tale legge nasce in un contesto di diffuso analfabetismo e affronta per la prima volta il problema dell'istruzione, in particolare quella elementare, rendendo quest'ultima obbligatoria e gratuita. Tuttavia, non riconosce alcun diritto all'istruzione alle persone con disabilità, di fatto escludendole dal sistema scolastico.

La fase della separazione risale alla riforma Gentile (1923), in cui l'obbligo scolastico viene esteso ai ciechi e ai sordomuti (art. 5 R.D. n. 3126/1923) in appositi istituti i quali provvedono alla loro istruzione. Nel 1928, il Testo Unico delle leggi sull'istruzione elementare ribadisce la separazione attraverso l'istituzione di classi differenziali per allievi con lievi ritardi (art. 415) e la presenza di scuole speciali per ciechi e sordomuti. Nei casi di indisciplina più gravi è previsto il ricovero presso appositi istituti.

La fase dell'inserimento inizia con la L. 118/1971, in particolare, l'art. 28 sancisce che *"l'istruzione dell'obbligo deve avvenire nelle classi normali della scuola pubblica, salvo i casi in cui i soggetti siano affetti da gravi deficienze intellettive o menomazioni fisiche di tale gravità da impedire o rendere molto difficoltoso l'apprendimento o l'inserimento nelle predette classi normali".* Tuttavia, la seconda parte dell'articolo è stata spesso utilizzata come strumento di esclusione delle persone con disabilità dalla scuola pubblica. Inoltre, l'inserimento avveniva spesso in modo coatto, semplicemente inserendo gli alunni con disabilità in classe, senza alcun piano di inclusione o metodi e strategie didattiche che favorissero l'inserimento. Anche la realizzazione di interventi volti a facilitare l'inserimento, come la rimozione di barriere architettoniche o la presenza di insegnanti specializzati, è scarsa. Infine, manca una campagna di sensibilizzazione sul tema e la società di allora metteva ancora in atto la distinzione normale-diverso.

La fase dell'integrazione viene avviata dalla L. 517/1977 sulle basi gettate nel 1975 dal Documento Falcucci il quale detta i principi di base della scuola inclusiva: percorsi di apprendimento personalizzati, valorizzazione delle potenzialità dell'alunno, attuazione del tempo pieno, classi composte da 15-20 alunni, presenza di insegnanti specializzati, azione dei docenti integrata da specialisti, nuovi indirizzi per l'edilizia scolastica per la progettazione di scuole accessibili a tutti. La L. 517/1977 rende effettivo l'inserimento dei bambini con disabilità nella scuola pubblica, abolisce le classi differenziali, definisce il ruolo dell'insegnante di sostegno e stabilisce un numero massimo di alunni (pari a 20) per le classi in cui sono presenti alunni con disabilità. La fase dell'integrazione viene consolidata dalla L. 104/1992 , la quale *"detta i principi dell'ordinamento in materia di diritti, integrazione sociale e assistenza della persona handicappata"* (art. 2); definisce chi è la persona con disabilità: *"è persona handicappata colui che presenta una minorazione fisica, psichica o sensoriale, stabilizzata o progressiva, che è causa di difficoltà di apprendimento, di relazione o di integrazione lavorativa e tale da determinare un processo di svantaggio sociale o di emarginazione"* (art. 3 comma 1); definisce le modalità per l'accertamento della disabilità (art. 4); ribadisce il diritto all'educazione e all'istruzione e l'accesso alla scuola materna, alle scuole di ogni ordine e grado e all'università (art. 12). In particolare, *"l'integrazione scolastica ha come obiettivo lo sviluppo delle potenzialità della persona handicappata nell'apprendimento, nella comunicazione, nelle relazioni e nella socializzazione"* (art. 12 comma 3); stabilisce come realizzare l'integrazione scolastica (art. 13) e definisce il ruolo dell'insegnante di sostegno: *"gli insegnanti di sostegno assumono la contitolarità delle sezioni e delle classi in cui operano, partecipano alla programmazione educativa e didattica e alla elaborazione e verifica delle attività di competenza dei consigli di interclasse, dei consigli di classe e dei collegi dei docenti"* (art. 13 comma 6).

La fase dell'inclusione viene realizzata attraverso la L. 170/2010 e la Dir. M. del 27 dicembre 2012 , la quale non considera solo gli alunni con disabilità, ma tutti gli alunni affetti da una condizione che può risultare motivo di esclusione, come i Disturbi Specifici dell'Apprendimento (DSA), ovvero dislessia, disortografia, disgrafia

189

e disortografia, o i Bisogni Educativi Speciali (BES), che comprendono, oltre all'area della disabilità, i disturbi evolutivi specifici, oltre ai DSA, e lo svantaggio sociale, economico, linguistico e culturale. Nei testi normativi viene posta l'enfasi sull'individualizzazione e la personalizzazione degli apprendimenti, nonché lo sviluppo delle potenzialità dell'alunno.

Con la Legge 3 marzo 2009, n. 18 il Parlamento Italiano ha autorizzato alla ratifica della Convenzione delle Nazioni Unite sui diritti delle persone con disabilità e il relativo protocollo opzionale. La Convenzione, approvata nel 2006, mira a promuovere i diritti e la non discriminazione delle persone con disabilità, garantendo loro pari opportunità e piena partecipazione nella società. L'Italia ha sottoscritto e ratificato anche il Protocollo opzionale, rafforzando così il suo impegno verso la tutela dei diritti delle persone con disabilità. La Convenzione si inserisce nel contesto più ampio della tutela e della promozione dei diritti umani, che è stato definito a livello internazionale sin dalla Dichiarazione Universale dei diritti umani del 1948. Nel corso dei decenni, questo contesto si è consolidato, confermando i principi fondamentali di riconoscimento dei diritti di pari opportunità e di non discriminazione per le persone con disabilità.

La L. 18/2009 istituisce l'Osservatorio Nazionale sulla Condizione delle Persone con Disabilità. L'Osservatorio, presieduto dal Presidente del Consiglio dei Ministri o dal Ministro delegato per la famiglia e le disabilità, ha il compito di promuovere l'attuazione della Convenzione sui diritti delle persone con disabilità. Tra i suoi compiti vi è la predisposizione di un programma triennale per la promozione dei diritti e l'integrazione delle persone con disabilità, la raccolta di dati statistici sulla loro condizione, la preparazione della relazione sullo stato di attuazione delle politiche sulla disabilità e la promozione di studi e ricerche per individuare aree prioritarie per la promozione dei diritti delle persone con disabilità.

La più recente definizione di Bisogni Educativi Speciali non si riferisce solamente alle disabilità. Questa macroarea include le seguenti tre sottocategorie:

- *Disabilità*, regolamentate dalla L. 104/1992 e dal D. Lgs. 66/2017.
- *Disturbi evolutivi specifici*, che includono i disturbi specifici dell'apprendimento (DSA) e sono regolamentati dalla L. 170/2010, dal D.M. 5669/2011 (con le relative Linee Guida) e dalla Dir. M. del 27 dicembre 2012.
- *Svantaggio socio-economico, linguistico e culturale*, regolamentato dalla Dir. M. 27 dicembre 2012.

6.4.1 Legge 104/1992

La L. 104/1992 è definita come la legge quadro per tutte le tematiche riguardanti la disabilità. In particolare, la legge garantisce diritti specifici per le persone con disabilità e le loro famiglie (art.12):

- Diritto all'istruzione nelle classi comuni delle scuole di tutti i livelli e gradi e nelle istituzioni universitarie.
- Diritto all'integrazione scolastica, il quale ha l'obiettivo di sviluppare le capacità della persona nell'ambito dell'apprendimento, della comunicazione, delle relazioni e della socializzazione.

Inoltre, la L. 104 delinea il percorso da seguire affinché l'alunno possa accedere alle misure di inclusione:

1. La commissione medica del Sistema Sanitario Nazionale rilascia un documento che certifica il tipo di disabilità e il conseguente diritto a beneficiare delle misure di supporto previste dalla legge in vigore. Questo documento è essenziale, in quanto specifica anche la gravità della disabilità e, in base ciò, vengono definite il numero di ore che l'insegnante di sostegno e l'eventuale assistente specialistica andranno a ricoprire in classe.

2. Successivamente, viene redatto il Profilo di Funzionamento (attenzione: nella L. 104/1992 viene chiamato Profilo Dinamico-Funzionale, successivamente modificato in Profilo di Funzionamento con il D. Lgs. 66/2017). Questo documento segue i criteri del modello bio-psicosociale dell'*International Classification of Functioning, Disability and Health* (ICF) adottato dall'Organizzazione Mondiale della Sanità (OMS). Le misure di supporto per gli alunni con disabilità sono, quindi, selezionate sulla base di questo documento e successivamente inserite nel Piano Educativo Individualizzato (PEI). Il Profilo di Funzionamento viene redatto dall'unità di valutazione multidisciplinare, composta da:
   a. Un dottore specializzato o un esperto sulle condizioni di salute dell'individuo;
   b. Un neuropsichiatra infantile;
   c. Un terapista della riabilitazione;
   d. Un assistente sociale o un rappresentante dell'ente locale che ha in carico il soggetto.

I genitori dell'alunno e un rappresentante della scuola collaborano alla redazione del documento. Inoltre, il Profilo di Funzionamento identifica i professionisti, il tipo di supporto e le risorse necessarie per attuare l'inclusione scolastica. Di conseguenza, si tratta di un documento propedeutico alla redazione del PEI. Inoltre, è aggiornato al passaggio di ogni grado di istruzione, a partire dalla scuola dell'infanzia, e in presenza di nuove condizioni di funzionamento della persona.

3. Il PEI è il documento che descrive il piano di intervento per gli alunni con disabilità in un dato periodo. Il Gruppo di Lavoro Operativo (GLO), con il supporto dei genitori

dell'alunno, ha il compito di redigere il PEI. Questo documento indica gli strumenti e le strategie necessarie per creare un ambiente di apprendimento basato sul potenziamento delle relazioni personali, la socializzazione, la comunicazione e l'autonomia dell'alunno. Inoltre, nel PEI vengono delineati i metodi didattici e il tipo di valutazione che verranno applicati durante l'anno scolastico.

È importante ricordare che sono i genitori dell'alunno a trasmettere la certificazione di disabilità all'unità di valutazione multidisciplinare, all'ente locale competente e all'istituzione scolastica in modo che predispongano, rispettivamente, il Profilo di funzionamento, il Progetto Individuale (vedi paragrafo 6.4.2 a pagina 195) e il PEI.

L'articolo 15 della L. 104/1992 introduce anche tre nuovi organi fondamentali ai fini dell'inclusione scolastica:

1. Il Gruppo di Lavoro Interistituzionale Regionale (GLIR), a livello regionale.

2. Il Gruppo per l'Inclusione Territoriale (GIT), a livello di ambito territoriale.

3. Il Gruppo di lavoro per l'Inclusione (GLI), a livello di singola istituzione scolastica.

Questi organi sono stati poi riordinati dall'articolo 9 del D. Lgs. 66/2017.

Gruppo di Lavoro Interistituzionale Regionale

Il GLIR è presieduto dal dirigente preposto all'Ufficio Scolastico Regionale (USR) o da un suo delegato. Inoltre, il gruppo è composto dai rappresentanti delle Regioni, degli Enti Locali e delle associazioni delle persone con disabilità maggiormente rappresentative a livello regionale nel campo dell'inclusione scolastica. Le responsabilità del GLIR comprendono i seguenti compiti:

- *Consulenza e proposta di accordi di programma all'USR.* Il GLIR fornisce consulenza all'USR e propone accordi di programma, con particolare attenzione alla continuità delle azioni sul territorio, all'orientamento degli studenti e ai percorsi integrati scuola-territorio-lavoro.
- *Supporto ai Gruppi di Inclusione Territoriali (GIT).* Il GLIR fornisce supporto ai GIT, che sono strutture locali incaricate di coordinare le attività di inclusione scolastica a livello territoriale. Il GLIR collabora con i GIT per garantire una corretta implementazione delle politiche di inclusione.
- *Supporto alle reti di scuole per la formazione in servizio del personale.* Il GLIR fornisce supporto alle reti di scuole nell'elaborazione e nella realizzazione dei piani di formazione del personale in servizio. Questo supporto mira a garantire una formazione adeguata al personale scolastico per affrontare le sfide dell'inclusione scolastica.

Gruppo di Inclusione Territoriale

Il GIT è costituito da un dirigente tecnico o scolastico che ne assume la presidenza, tre dirigenti scolastici dell'ambito territoriale, due docenti per la scuola dell'infanzia e il primo ciclo di istruzione e uno per il secondo ciclo. Il principale compito del GIT è formulare una proposta all'USR riguardo alle risorse di sostegno didattico da assegnare a ciascuna scuola, basandosi sulle proposte presentate dai dirigenti scolastici delle singole scuole nell'ambito di competenza.

Il GIT può anche svolgere compiti di consultazione e programmazione delle attività, collaborando con altri soggetti istituzionali presenti sul territorio. In tal caso, si integra con le associazioni rappresentative delle persone con disabilità nel campo dell'inclusione scolastica, gli enti locali e le aziende sanitarie locali.

Gruppo di Lavoro per l'Inclusione

Il GLI è un organismo presente in ogni istituzione scolastica che collabora alle iniziative educative e di inclusione previste nel Piano Triennale dell'Offerta Formativa (PTOF). Il GLI è stato istituito con la L. 104/1992 e successivamente confermato dall'articolo 37 del D.P.R. 297/1994, che stabilisce l'obbligo di istituire un gruppo di lavoro per l'integrazione scolastica, originariamente focalizzato esclusivamente sugli alunni con disabilità. Tuttavia, con la Dir. M. del 27 dicembre 2012 e la successiva C.M. 8/2013, la funzione del GLI è stata estesa a tutte le problematiche relative agli alunni con Bisogni Educativi Speciali (BES). Attualmente, il GLI è composto da:

- dirigente scolastico,
- docenti referenti dei BES,
- docenti di sostegno,
- un rappresentante dei servizi dell'Azienda Sanitaria Locale (ASL),
- un rappresentante dei genitori.

Il GLI si riunisce almeno due volte l'anno e si occupa della programmazione generale dell'inclusione scolastica nella scuola. Il gruppo lavora in sinergia per individuare le migliori strategie, risorse e azioni necessarie per garantire un'adeguata inclusione degli alunni con BES nell'ambito dell'istituzione scolastica.

L'articolo 16 delinea la valutazione del rendimento e delle prove d'esame: nell'ambito della valutazione, è importante prendere in considerazione i progressi dell'alunno piuttosto che la prestazione; i criteri di valutazione sono delineati nel PEI.

6.4.2 Decreto Legislativo 66/2017

Il D. Lgs. 66/2017, *"Promozione dell'inclusione scolastica degli studenti con disabilità"*, integra e apporta delle modifiche alla L. 104/1992, come già accennato nel paragrafo precedente.

L'articolo 6 introduce il Progetto Individuale, che viene redatto dall'ente locale competente sulla base del Profilo di Funzionamento, su richiesta dei genitori e con la loro collaborazione. Il Progetto Individuale comprende il Profilo di Funzionamento, il PEI, a cura della scuola, i servizi alla persona, a cui provvede il Comune, e le misure economiche necessarie in caso di povertà ed emarginazione sociale.

L'articolo 8, invece, delinea il Piano per l'Inclusione incluso nel PTOF (si rimanda a pagina 234 per una trattazione dettagliata). Il Piano definisce le modalità di utilizzo delle risorse, il superamento delle barriere e l'individuazione dei facilitatori del contesto di riferimento e progetta e programma gli interventi di miglioramento della qualità dell'inclusione scolastica.

6.4.3   Legge 170/2010

La L. 170/2010 rappresenta un passo importante per ciò che concerne i BES e l'inclusione. Infatti, la finalità di questa legge è quella di garantire il diritto allo studio e il successo scolastico degli alunni con dislessia, disgrafia, disortografia e discalculia, anche attraverso l'utilizzo di misure didattiche di supporto. Inoltre, l'articolo 2 sottolinea come sia importante favorire la diagnosi precoce, così da ridurre non solo i disagi legati all'apprendimento, ma anche quelli legati alle relazioni e all'emotività degli alunni.

È fondamentale che la scuola individui tempestivamente eventuali casi sospetti di DSA comunicandoli alle famiglie, le quali provvederanno a far sottoporre gli alunni alle opportune visite mediche. Per quanto riguarda gli alunni con diagnosi conclamata, è compito della famiglia comunicare alla scuola la diagnosi, la quale provvederà poi alla stesura del Piano Didattico Personalizzato (PDP).

I disturbi specifici dell'apprendimento si manifestano in presenza di capacità cognitive nella norma, ma possono costituire comunque una limitazione ad alcune attività della vita quotidiana. Vediamoli nel dettaglio:

- La *dislessia* si manifesta con una difficoltà nell'imparare a leggere e a decifrare i segni linguistici e può influenzare la correttezza e la rapidità della lettura.
- La *disgrafia* interessa la grafia e riguarda la difficoltà della realizzazione grafica.
- La *disortografia* si manifesta sottoforma di difficoltà nei processi linguistici di transcodifica, ovvero influenza la capacità di scrivere correttamente i suoni e le parole della propria lingua.
- La *discalculia* si riferisce alla difficoltà negli automatismi del calcolo e dell'elaborazione dei numeri.

Queste patologie possono sussistere separatamente o in comorbidità.

Gli alunni con diagnosi di DSA hanno il diritto di usufruire di misure dispensative e strumenti compensativi.

Le misure dispensative permettono agli alunni con DSA di essere esonerati da alcune attività, come ad esempio dalla lettura a voce alta nel caso di dislessia. È inoltre prevista la riduzione, fino al 30%, del contenuto delle verifiche scritte o un tempo aggiuntivo, fino al 30%, per svolgere la prova scritta.

Gli strumenti compensativi, invece, sono degli strumenti di supporto che permettono di compensare i deficit causati dal disturbo, come ad esempio la sintesi vocale, l'utilizzo dei programmi di videoscrittura, la calcolatrice e le mappe concettuali.

6.4.4 Decreto Ministeriale 5669/2011

Il D.M. 5669/2011 integra la L. 170/2010 e affronta le tematiche delle forme di verifica e di valutazione per garantire il diritto allo studio degli alunni con DSA. Inoltre, vengono definiti i compiti dei

Centri Territoriali di Supporto (CTS) e del Gruppo di Lavoro Nazionale (GLN).

Come accennato nel paragrafo precedente, gli alunni con diagnosi di DSA hanno il diritto di utilizzare le misure dispensative e gli strumenti compensativi più adeguati al fine di supportare al meglio l'apprendimento. Tali misure e strumenti vengono inseriti nel Piano Didattico Personalizzato (PDP), redatto dal consiglio di classe. Il PDP è il documento che delinea gli interventi didattici individualizzati e personalizzati a supporto dell'alunno con DSA.

Per quanto riguarda la valutazione, nel PDP vengono delineate le modalità di verifica e di valutazione che consentono agli alunni con DSA di dimostrare il livello di apprendimento raggiunto, ponendo particolare attenzione alla padronanza dei contenuti anziché alla forma. Il PDP viene attuato anche in sede di esame di Stato e durante le prove INVALSI: è possibile riservare ai candidati tempi più lunghi di quelli previsti, così come l'utilizzo degli strumenti compensativi. Inoltre, è importante sottolineare come la commissione di esame prenderà in considerazione i contenuti piuttosto che la forma.

L'apprendimento delle lingue straniere talvolta risulta difficoltoso per gli alunni con DSA, in quanto le lingue studiate nelle scuole italiane sono lingue opache, ovvero non c'è corrispondenza tra la lingua scritta e la lingua parlata, come nel caso dell'inglese. Per tale motivo, bisogna privilegiare le verifiche orali anziché le prove scritte, ricorrendo agli strumenti compensativi più opportuni. Le prove scritte, invece, devono essere progettate e valutate secondo i seguenti criteri:

- Dimensione del carattere da 13 in su.
- Utilizzo di font senza grazie come Calibri o Arial.
- Interlinea 1.5.
- Prediligere esercizi chiusi, a risposta multipla e con V/F.

Si ricorda che questi criteri devono essere applicati anche alle prove scritte delle altre discipline e non solo a quelle riguardanti le lingue straniere.

In caso di gravità del disturbo, è possibile dispensare gli alunni con DSA dalle prestazioni scritte in lingua straniera, sia durante l'anno scolastico, sia durante gli esami di Stato. In questo caso, la famiglia presenta esplicita richiesta di dispensa dalle prove scritte, allegando anche la certificazione di DSA che attesta la gravità del disturbo. Successivamente, il consiglio di classe a conferma la dispensa in forma temporale o permanente. In sede di esami di Stato, la commissione stabilisce le modalità e i contenuti delle prove orali in sostituzione alle prove scritte.

Inoltre, in casi di particolari gravità del disturbo, anche in comorbidità con altri disturbi o patologie, la famiglia dell'alunno può chiedere l'esonero dall'insegnamento delle lingue straniere e seguire un percorso didattico differenziato. Durante gli esami di Stato, gli alunni con DSA che hanno seguito un percorso differenziato possono sostenere prove differenziate coerenti con il percorso svolto, finalizzate al rilascio dell'attestazione.

Centri Territoriali di Supporto

I Centri Territoriali di Supporto (CTS), istituiti dagli USR in collaborazione con il Ministero dell'Istruzione, hanno il compito di promuovere la creazione di reti tra le scuole e i servizi territoriali, quali ASL, assistenti sociali, etc., al fine di garantire una piena inclusione degli alunni con BES e di gestire in modo efficiente le risorse disponibili sul territorio. I CTS svolgono diverse attività volte a informare docenti, alunni e genitori sulle risorse tecnologiche disponibili. Organizzano incontri di presentazione dei nuovi ausili tecnologici e promuovono iniziative di formazione sui temi dell'inclusione scolastica e sui BES. Inoltre, i CTS si occupano dell'acquisizione di ausili adeguati alle esigenze del territorio e avviano il servizio di comodato d'uso, previa presentazione di un progetto da parte delle scuole.

Gruppo di Lavoro Nazionale

Il GLN ha il compito di monitorare l'attuazione delle norme previste dalla L. 170/2010 ed è presieduto dal direttore generale della Direzione generale per lo studente, la partecipazione, l'integrazione e la comunicazione o da un suo delegato, mentre le funzioni di segreteria sono svolte dall'Ufficio della Direzione Generale.

Il D.M. 5669/2011 è corredato dalle Linee Guida, le quali sottolineano le misure necessarie che le istituzioni scolastiche e universitarie devono adottare per garantire il diritto allo studio degli alunni con DSA.

Innanzitutto, bisogna fare una distinzione tra didattica individualizzata e didattica personalizzata.

La didattica individualizzata si riferisce ad attività di recupero individuale svolta dall'alunno per potenziare determinate abilità o acquisire specifiche conoscenze. La didattica personalizzata, invece, impiega metodologie e strategie didattiche tenendo in considerazione la specificità dei bisogni educativi che caratterizzano gli alunni.

Un esempio sono l'impiego delle mappe concettuali, l'attenzione agli stili di apprendimento e la calibrazione degli interventi in base ai livelli raggiunti.

6.4.5   Direttiva Ministeriale del 27 dicembre 2012

La Dir. M. del 27 dicembre 2012 estende gli strumenti di intervento previste per gli alunni con DSA, anche agli altri alunni con BES.

Infatti, è bene sottolineare come ogni alunno, con continuità o per determinati periodi, possa manifestare BES per svariati motivi: fisici, biologici, psicologici o sociali. In questi casi, la direttiva sottolinea come gli strumenti che si applicano per gli alunni con DSA

200

delineati dalla L. 170/2010 e dal D.M. 5669/2011 possano essere estesi anche ad alunni che presentano altri tipi di bisogni, come:

- *Disturbi evolutivi specifici:* si intendono i deficit del linguaggio, delle abilità non verbali e della coordinazione motoria, includendo anche quelli dell'attenzione e dell'iperattività e il funzionamento cognitivo limite (QI globale compreso tra i 70 e gli 85 punti).
- *Altri disturbi specifici*, come: disturbo dello spettro autistico lieve (che non rientra nelle casistiche della L. 104/1992), disprassia, disturbo non verbale, problematiche relative all'area del linguaggio.
- Alunni con comprovati svantaggi socio-economici, linguistici e culturali.

In questi casi, il consiglio di classe, dopo aver preso in esame tutta la documentazione, può avvalersi per tutti gli alunni con BES degli strumenti compensativi e delle misure dispensative previste dalla L. 170/2010 e dal D.M. 5669/2011.

6.4.6 Alunni plusdotati

Per quanto riguarda gli alunni *gifted*, o plusdotati, ci riferiamo ad alunni con alto potenziale intellettivo. A seguito dell'emanazione della Dir. M. del 27 dicembre 2012, molte istituzioni scolastiche hanno incluso tali alunni all'interno del contesto dei BES. Questa pratica, del tutto corretta, si basa sulla prospettiva di personalizzare l'insegnamento, valorizzando gli stili di apprendimento individuali e promuovendo il principio di responsabilità educativa.

Anche in questo caso, la strategia da adottare è lasciata alla discrezione dei consigli di classe o dei team docenti della scuola primaria. La Nota 562/2019 chiarisce che, in presenza di eventuali situazioni di criticità e di manifestazioni di disagio, il consiglio di classe può adottare metodologie didattiche specifiche con un approccio inclusivo, sia a livello individuale che di classe, e si può valutare l'avvio di un percorso personalizzato tramite un PDP.

6.5 Scuola dell'infanzia e Sistema integrato di educazione e istruzione 0-6 anni

In questa sezione tratteremo la normativa che regolamenta la scuola dell'infanzia e il Sistema integrato di educazione e istruzione 0-6 anni. Tratteremo i seguenti testi normativi:

- D.P.R. 89/2009, *"Revisione dell'assetto ordinamentale, organizzativo e didattico della scuola dell'infanzia e del primo ciclo di istruzione"*.
- D. Lgs. 65/2017, che introduce il Sistema integrato di educazione e istruzione 0-6 anni.

6.5.1 Scuola dell'infanzia

L'articolo 2 del D.P.R. 89/2009 ha ad oggetto la scuola dell'infanzia. La scuola dell'infanzia fa parte del sistema educativo, ma non è obbligatoria. Accoglie i bambini di età compresa tra i 3 e i 5 anni compiuti entro il 31 dicembre. È possibile richiedere l'iscrizione anticipata per i bambini che compiono 3 anni entro il 30 aprile dell'anno scolastico di riferimento, a patto che ci siano posti a sufficienza, che siano state esaurite le liste di attesa, che ci siano locali idonei ad ospitare bambini di età inferiore ai 3 anni e una valutazione pedagogica e didattica da parte del collegio dei docenti rispetto alle modalità e ai tempi di accoglienza.

L'orario di funzionamento della scuola dell'infanzia è stabilito in 40 ore settimanali, con la possibilità di estenderlo fino a 50 ore. Le famiglie possono richiedere il tempo scuola ridotto per un totale di 25 ore settimanali svolte di mattina. I quadri orari comprendono l'insegnamento della religione cattolica. I bambini vengono inseriti in sezioni distinte a seconda dei modelli orario scelti dalle famiglie.

Le sezioni, ai sensi del D.P.R. 89/2009 possono accogliere da 18 a 26 bambini. In caso di iscrizioni in eccedenza, ove non è possibile distribuire i bambini in scuole vicine, queste sono ripartite tra le sezioni della stessa scuola, ad esclusione delle sezioni in cui sono presenti bambini con disabilità. In questo caso possono essere accolti fino a 29 bambini per sezione.

Se il numero di iscritti è minore del previsto, si pensi a scuole in comuni montani, piccole isole e piccoli comuni, vengono formate sezioni che accolgono bambini di età compresa tra i 2 e i 3 anni, senza sdoppiamenti. L'inserimento avviene sulla base di progetti attivati da scuole e comuni.

In seguito all'approvazione delle *"Indicazioni nazionali per il curricolo della scuola dell'infanzia e del primo ciclo"* è stato emanato, con il D.M. 254/2012, il regolamento che organizza le attività educative in base a cinque campi di esperienza:

- il sé e l'altro;
- il corpo e il movimento;
- immagini, suoni, colori;
- i discorsi e le parole;
- la conoscenza del mondo.

La crescente domanda di servizi educativi per bambini di età compresa tra i 2 e i 3 anni ha portato all'istituzione delle sezioni primavera che hanno lo scopo di preparare i bambini alla scuola dell'infanzia (art. 2, comma 3, D.P.R. 89/2009). I progetti delle sezioni primavera vengono stabiliti tramite accordi in sede di Conferenza unificata Stato-Regioni-Autonomie locali. Gli accordi sono rinnovati annualmente e ad essi seguono intese regionali tra USR e Regione. Il soggetto regolatore di tali servizi è il comune.

Di particolare importanza sono i cosiddetti "accordi quadro", i quali dettano criteri essenziali e linee di indirizzo generale. In particolare:

- Le iniziative delle sezioni primavera sono rivolte a bambini di età compresa tra 2 e 3 anni e si qualificano come servizi socio-educativi che integrano l'offerta di asili nido e scuola dell'infanzia.
- I progetti possono essere realizzati da enti pubblici e privati autorizzati a gestire i servizi educativi 0-6 anni, ad esempio scuole dell'infanzia paritarie o pubbliche, nidi o amministrazioni comunali.
- È necessario rispettare alcuni criteri di qualità pedagogica e standard di funzionamento definitivi a livello regionale. Sono infatti necessarie strutture adeguate, le sezioni devono essere composte da 10-20 bambini, è necessario un rapporto insegnanti/bambini non superiore a 1/10, sono previsti orari flessibili (5-8 ore al giorno) nonché personale docente e ausiliario qualificato.

6.5.2   Sistema integrato di educazione e istruzione 0-6 anni

Il D. Lgs. 65/2017 introduce il Sistema integrato di educazione e istruzione 0-6 anni. Il sistema deve essere uniforme a livello nazionale ed è articolato in:
- Servizi educativi per l'infanzia che includono:
  - nido e micro-nido, rivolti a bambini di età compresa tra 3 e 36 mesi;
  - servizi integrativi, quali spazi gioco e servizi educativi domiciliari;
  - sezioni primavera, rivolti a bambini di età compresa tra 2 e 3 anni.
- Scuole dell'infanzia, sia statali che paritarie.

Per potenziare i servizi e garantire la continuità del percorso educativo e scolastico dei bambini di età compresa tra 3 mesi e 6 anni, le Regioni, in collaborazione con gli USR, promuovono la costituzione dei poli per l'infanzia. Questi poli non godono di autonomia scolastica e possono essere aggregati a scuole primarie e istituti comprensivi in modo da aggregare in un unico luogo la formazione prescolare e quella successiva con spazi e personale specializzato condiviso.

6.6 Primo ciclo di istruzione

In questa sezione analizzeremo la normativa che regola il primo ciclo di istruzione, composto da scuola primaria e scuola secondaria di primo grado. In particolare, verranno discussi i seguenti testi normativi:

- D.P.R. 89/2009, *"Revisione dell'assetto ordinamentale, organizzativo e didattico della scuola dell'infanzia e del primo ciclo di istruzione"*.
- D.M. 254/2012, *"Indicazioni nazionali per il curricolo della scuola dell'infanzia e del primo ciclo"*.

Con il primo ciclo di istruzione ha inizio l'obbligo scolastico, ai sensi del D.M. 139/2007. Il primo ciclo di istruzione ha come finalità l'acquisizione, da parte degli alunni, delle conoscenze e delle abilità di base necessarie a sviluppare le competenze culturali di base.

6.6.1 La scuola primaria

La scuola primaria dura 5 anni, articolati in un primo anno, pensato come raccordo con la scuola dell'infanzia, e due bienni. Accoglie i bambini che hanno compiuto 6 anni entro il 31 dicembre dell'anno scolastico di riferimento e, su richiesta delle famiglie, coloro che compiono 6 anni entro il 30 aprile (art. 5, D.P.R. 89/2009).

Le classi sono costituite da 15-26 alunni, in caso di iscrizioni in eccesso si arriva fino a 27 alunni (art. 10, comma 1, D.P.R. 89/2009). Se in classe ci sono alunni con disabilità, il limite massimo è di 20 alunni, come stabilito dal D. Lgs. 66/2017.

Le pluriclassi, ossia classi costituite da alunni di diversi anni scolastici e quindi eterogenee per età e livello di apprendimento, sono costituite da 8-18 alunni.

Per le scuole e le sezioni distaccate in comuni montani, piccole isole e in aree geografiche abitate da minoranze linguistiche il numero minimo di alunni è fissato a 10.

Per quanto riguarda l'orario scolastico settimanale, ci sono quattro possibilità: 24 ore[1], 27 o 30 ore[2] e 40 ore (tempo pieno). Il tempo pieno necessita di due insegnanti titolari sulla stessa classe di concorso e un progetto formativo integrato, senza distinzione tra le attività didattiche mattutine e pomeridiane. Può essere attivato se ci sono servizi e strutture adeguate nonché personale in organico. In caso di iscrizioni eccedenti, il consiglio di istituto stabilisce i criteri di ammissione.

Il modello adottato è quello dell'insegnante unico e sostituisce il vecchio assetto del modulo e delle compresenze. Sebbene la normativa parli di insegnante unico, è più corretto parlare di insegnante prevalente, in quanto sono comunque previsti insegnanti specializzati per il sostegno, per l'insegnamento della religione cattolica e della lingua inglese che affiancano l'insegnante unico.

Le indicazioni nazionali (D.M. 254/2012) definiscono le linee guida che ciascuna istituzione scolastica deve seguire per conseguire gli obiettivi di apprendimento. Il Ministero fissa le seguenti discipline obbligatorie di studio:

- Italiano. Per gli alunni stranieri che hanno scarse conoscenze e competenze in lingua italiana, l'insegnamento viene potenziato con le 2 ore riservate all'insegnamento della seconda lingua comunitaria;

---

[1] Prevista dalla L. 169/2008.
[2] Previsti dalla L. 53/2003.

- Lingua inglese, con possibilità di potenziamento utilizzando le 2 ore riservate all'insegnamento della seconda lingua comunitaria, a patto che ci sia disponibilità in organico e assenza di esubero di docenti della seconda lingua comunitaria;
- Seconda lingua comunitaria;
- Cittadinanza e costituzione, introdotta dal D.L. 137/2008 poi convertito in L. 169/2008. È collocata nell'area disciplinare storico-geografica;
- Storia;
- Geografia;
- Scienze;
- Matematica;
- Arte e immagine;
- Musica;
- Tecnologie;
- Educazione fisica;
- Religione cattolica. Sono previste 2 ore settimanali per i soli alunni che se ne avvalgono. Coloro i quali non se ne avvalgono scelgono un insegnamento alternativo che viene valutato con un giudizio sintetico sull'interesse mostrato e i livelli di apprendimento conseguiti.

Infine, è bene ricordare che l'esame di Stato per il passaggio alla scuola secondaria di primo grado è stato abrogato dal D. Lgs. 59/2004.

6.6.2   La scuola secondaria di primo grado

La scuola secondaria di primo grado dura 3 anni ed è articolata in primo biennio e terzo anno, il quale si conclude con un esame di Stato. Il primo grado di istruzione ha il duplice obiettivo di consolidare e ampliare le conoscenze, le abilità e le competenze acquisite durante la scuola primaria e orientare l'alunno verso il secondo ciclo.

Le classi sono costituite da 18-27 alunni. Il numero massimo di alunni è elevabile a 28 se ci sono resti nella formazione di diverse prime o 30 nel caso in cui ci sia una sola prima. È invece fissato a 20 per le classi in cui sono presenti alunni con disabilità.

Sono previste 990 ore annuali più 33 ore annuali dedicate ad attività di approfondimento di insegnamenti di materie letterarie. Ciò porta il monte orario settimanale a 30 ore (29 ore + 1 ora di approfondimento). Su richiesta delle famiglie e in presenza di strutture idonee e personale è possibile attivare il tempo prolungato che prevede 36 ore settimanali, elevabili a 40 ore comprensive anche del tempo dedicato alla mensa. Il quadro orario settimanale e annuale delle discipline è il seguente:

Disciplina	Ore settimanali (tot. 30)	Ore annuali (tot. 1023)
Italiano, Storia, Geografia	9	297
Attività di approfondimento in materie letterarie	1	33
Matematica e scienze	6	198
Tecnologia	2	66
Inglese	3	99
Seconda lingua comunitaria	2	66
Arte e immagine	2	66
Scienze motorie e sportive	2	66
Musica	2	66
Religione cattolica	1	33

6.7 Secondo ciclo di istruzione

Il secondo ciclo di istruzione ha l'obiettivo di preparare lo studente all'università e al mondo del lavoro. Diverse riforme hanno interessato il secondo ciclo di istruzione:

- Progetto Brocca (1998): prevede la revisione dei programmi dei primi due anni della scuola superiore in vista del prolungamento dell'obbligo scolastico a 16 anni e l'introduzione del biennio comune.

- Riforma Moratti (L. 53/2003): avviata, ma mai attuata. Distingue tra due sistemi: sistema dei licei e sistema dell'istruzione e della formazione professionale (IeFP). Quest'ultimo è di competenza regionale e prevede qualifiche triennali o diplomi quadriennali. Gli istituti tecnici e professionali vengono rivisti in chiave liceale. Vengono infatti introdotti il liceo economico (art. 6) e il liceo tecnologico (art. 10). Entrambi articolati, a partire dal terzo anno, in diversi indirizzi. Ad esempio:
  - *Liceo economico:* indirizzi economico-aziendale ed economico-istituzionale;
  - *Liceo tecnologico:* indirizzi logistica e trasporti, meccanico-meccatronico, etc.
- Riforma Gelmini che, attraverso i D.P.R. 87/2010, 88/2010 e 89/2010, ha ripristinato gli istituti tecnici e professionali, aboliti solo dal punto di vista legislativo dalla Riforma Moratti, e ha rivisto l'assetto di professionali, tecnici e licei, rispettivamente. I decreti vengono completati da Indicazioni Nazionali, Programmi e Linee Guida per ciascun istituto.
- Riforma degli istituti professionali 2017 (D. Lgs. 61/2017): i 6 indirizzi previsti dalla Riforma Gelmini diventano 11.
- Riforma degli istituti tecnici e professionali 2022 (D.L. 144/2022): necessaria per adeguare i curricoli agli obiettivi del PNRR e orientarli al Piano nazionale 'Industria 4.0'. Viene valorizzata la didattica per competenze, caratterizzata dalla progettazione interdisciplinare e di unità di apprendimento (UDA). Attualmente si attendono le nuove Linee Guida.

Ad oggi, il secondo ciclo consiste di:

- 6 licei;
- Istituti tecnici suddivisi in due settori per un totale di 11 indirizzi;
- Istituti professionali: 11 indirizzi ai sensi del D. Lgs. 61/2017.

6.7.1 Licei

I licei sono disciplinati dal D. Lgs. 226/2005, dal D.P.R. 89/2010 e dal D.I. 211/2010.

Il D. Lgs. 226/2005 recepisce le novità introdotte dalla Riforma Moratti (L. 53/2003), di fatto mai attuata. Il D.P.R. 89/2010 riordina i licei abrogando parte degli articoli del D. Lgs. 226/2005 e il D.I. 211/2010 emana le Indicazioni Nazionali per i licei che contengono:

- linee di indirizzo generale;
- obiettivi specifici di apprendimento (OSA);
- Profilo educativo, culturale e professionale (PECUP)[3] per ciascun liceo.

Ai sensi del D.P.R. 89/2010 (d'ora in poi decreto) i percorsi hanno una durata di 5 anni, sono articolati in due bienni e un quinto anno che si conclude con l'esame di Stato (art. 2, comma 3). Al termine degli studi viene rilasciato il titolo di diploma liceale integrato dalla certificazione delle competenze acquisite dallo studente. Il titolo dà accesso all'università, agli istituti di alta formazione artistica, musicale e coreutica, agli istituti tecnici superiori (ITS) e ai percorsi di istruzione e formazione tecnica superiore (IFTS) (art. 11, comma 3).

---

[3] Il PECUP declina, in forma discorsiva, le competenze, le abilità e le conoscenze che lo studente deve possedere al termine del percorso scolastico.

Il primo biennio ha due obiettivi: l'iniziale acquisizione delle competenze caratteristiche di ciascun indirizzo liceale e l'assolvimento dell'obbligo di istruzione (art. 2, comma 4).

Il secondo biennio è finalizzato all'approfondimento e allo sviluppo di conoscenze, abilità e competenze che caratterizzano l'indirizzo (art. 2, comma 5).

Il quinto anno conclude il percorso realizzando appieno il PECUP e orienta lo studente verso gli studi universitari o il mondo del lavoro (art. 2, comma 6).

In tutti i licei è previsto l'insegnamento in lingua straniera di una disciplina non linguistica (CLIL, approfondito a pagina 221) (art. 10, comma 5).

Gli insegnamenti relativi a Cittadinanza e Costituzione si sviluppano nell'ambito delle aree storico-geografica e storico-sociale (art. 10, comma 7).

Il sistema dei licei prevede 6 licei (art. 3, comma 1):

- Liceo artistico (art. 4);
- Liceo classico (art. 5);
- Liceo linguistico (art. 6);
- Liceo musicale e coreutico (art. 7);
- Liceo scientifico (art. 8);
- Liceo delle scienze umane (art. 9).

Liceo artistico

Il liceo artistico ha ad oggetto lo studio dei fenomeni estetici e la pratica artistica, nonché i metodi specifici della ricerca e della produzione artistica (art. 4, comma 1). A partire dal secondo biennio sono previsti 6 indirizzi (art. 4, comma 2):

- Arti figurative;
- Architettura e ambiente;
- Design;
- Audiovisivo e multimediale;

- Grafica;
- Scenografia.

Per ogni indirizzo sono previsti laboratori ad hoc per lo sviluppo di competenze e abilità specifiche (art. 4, comma 3).

L'orario annuale delle attività e degli insegnamenti obbligatori è pari a (art. 4, comma 5):

- 1122 ore nel primo biennio (34 ore settimanali);
- 759 ore nel secondo biennio (23 ore settimanali), di cui 396 ore dedicate a insegnamenti di indirizzo (12 ore settimanali);
- 693 ore nel quinto anno (21 ore settimanali), di cui 462 ore dedicate a insegnamenti di indirizzo (14 ore settimanali).

I piani degli studi dei vari indirizzi sono definiti nell'Allegato B del decreto (art. 4, comma 6). Di seguito una tabella che riassume i quadri orari:

Periodo di riferimento	Tot. ore annuali obbligatorie	Tot. ore settimanali obbligatorie	Tot. ore annuali insegnamenti indirizzo	Tot. ore settimanali insegnamenti di indirizzo
Primo biennio	1122	34	-	-
Secondo biennio	759	23	396	12
Quinto anno	693	21	462	14

Liceo classico

Il liceo classico ha ad oggetto lo studio della civiltà classica e della cultura umanistica e mira a fornire una formazione letteraria, storica e filosofica, senza però trascurare le scienze matematiche, fisiche e naturali (art. 5, comma 1).

L'orario annuale delle attività e degli insegnamenti obbligatori è pari a (art. 5, comma 2):

- 891 ore nel primo biennio, denominato ginnasio (27 ore settimanali);

- 1023 ore nel secondo biennio e nel quinto anno (31 ore settimanali).

Il piano degli studi è definito nell'Allegato C del decreto (art. 5, comma 3). Di seguito una tabella che riassume i quadri orari:

Periodo di riferimento	Tot. ore annuali obbligatorie	Tot. ore settimanali obbligatorie
Primo biennio	891	27
Secondo biennio e quinto anno	1023	31

Liceo linguistico

Il liceo linguistico ha ad oggetto lo studio di più sistemi linguistici e culturali. Alla fine del percorso, gli studenti devono acquisire la padronanza di tre lingue oltre l'italiano, nonché comprendere criticamente l'identità storica e culturale di civiltà diverse (art. 6, comma 1). Dal terzo anno è impartito l'insegnamento in lingua straniera di una disciplina non linguistica, mentre dal quarto anno viene aggiunto un ulteriore insegnamento in lingua straniera di una disciplina non linguistica (art. 6, comma 2).

L'orario annuale delle attività e degli insegnamenti obbligatori è pari a (art. 6, comma 3):
- 891 ore nel primo biennio (27 ore settimanali);
- 990 ore nel secondo biennio e nel quinto anno (30 ore settimanali).

Il piano degli studi è definito nell'Allegato D del decreto (art. 6, comma 4). Di seguito una tabella che riassume i quadri orari:

Periodo di riferimento	Tot. ore annuali obbligatorie	Tot. ore settimanali obbligatorie
Primo biennio	891	27
Secondo biennio e quinto anno	990	30

Liceo musicale e coreutico

Il liceo musicale e coreutico ha ad oggetto l'apprendimento tecnico-pratico della musica e della danza (art. 7, comma 1). È l'unico liceo il cui accesso è subordinato ad una prova volta a verificare il possesso di competenze musicali o coreutiche (art. 7, comma 2).

L'orario annuale delle attività e degli insegnamenti obbligatori per tutti gli anni di corso è pari a 594 ore (18 ore settimanali) a cui si aggiungono 462 ore (14 ore settimanali) di indirizzo (musicale o coreutico) per un totale di 1056 ore annuali (32 ore settimanali) (art. 7, comma 3).

Il piano degli studi è definito nell'Allegato E del decreto (art. 7, comma 4). Di seguito una tabella che riassume i quadri orari:

Periodo di riferimento	Tot. ore annuali obbligatorie	Tot. ore settimanali obbligatorie	Tot. ore annuali insegnamenti indirizzo	Tot. ore settimanali insegnamenti di indirizzo
Primo biennio, secondo biennio e quinto anno	1056	32	462	14

Liceo scientifico

Il liceo scientifico favorisce l'acquisizione di conoscenze e metodi propri delle scienze matematiche, fisiche e naturali (art. 8, comma 1). Il decreto introduce anche l'opzione scienze applicate, che permette agli studenti di approfondire le scienze naturali (biologia, chimica, scienze della terra) e l'informatica sacrificando l'insegnamento del latino (art. 8, comma 2).

L'orario annuale delle attività e degli insegnamenti obbligatori è pari a (art. 8, comma 3):

- 891 ore nel primo biennio (27 ore settimanali);
- 990 ore nel secondo biennio e nel quinto anno (30 ore settimanali).

Il piano degli studi è definito nell'Allegato F del decreto (art. 8, comma 4). Di seguito una tabella che riassume i quadri orari:

214

Periodo di riferimento	Tot. ore annuali obbligatorie	Tot. ore settimanali obbligatorie
Primo biennio	891	27
Secondo biennio e quinto anno	990	30

Liceo delle scienze umane

Il liceo delle scienze umane si concentra sullo studio delle teorie che spiegano la costruzione dell'identità personale e delle relazioni umane e sociali. Aiuta gli studenti ad approfondire e sviluppare le conoscenze e le abilità necessarie per comprendere la complessità e la specificità dei processi formativi. Inoltre, garantisce la padronanza dei linguaggi, delle metodologie e delle tecniche di ricerca nel campo delle scienze umane (art. 9, comma 1). Il decreto introduce anche l'opzione economico-sociale che prevede l'insegnamento di una lingua straniera oltre l'inglese e quello di diritto ed economia politica. Anche in questo caso l'insegnamento di latino non è presente (art. 9, comma 2).

L'orario annuale delle attività e degli insegnamenti obbligatori è pari a (art. 9, comma 3):

- 891 ore nel primo biennio (27 ore settimanali);
- 990 ore nel secondo biennio e nel quinto anno (30 ore settimanali).

Il piano degli studi è definito nell'Allegato G del decreto (art. 9, comma 4). Di seguito una tabella che riassume i quadri orari:

Periodo di riferimento	Tot. ore annuali obbligatorie	Tot. ore settimanali obbligatorie
Primo biennio	891	27
Secondo biennio e quinto anno	990	30

6.7.2 Istituti professionali

Gli istituti professionali nel giro di pochi anni sono stati oggetto di diverse riforme: la Gelmini (D.P.R. 87/2010), il D. Lgs. 61/2017, attuativo della Buona Scuola (L. 107/2015) attualmente in vigore, e il D.L. 144/2022 che con l'art. 27 ha avviato una riforma degli istituti professionali ancora in corso (sono attese nuove linee guida).

Faremo riferimento al D. Lgs. 61/2017 (d'ora in poi decreto), in vigore dall'anno scolastico 2018/2019 a partire dalle classi prime (art. 11, comma 1), e alle linee guida emanate con D.M. 766/2018 che descrivono il nuovo assetto organizzativo e declinano i risultati di apprendimento intermedi attraverso gli allegati A, B e C.

Il sistema di istruzione professionale ha l'obiettivo di formare gli studenti ad arti, mestieri e professioni e fare in modo che le competenze acquisite a scuola siano facilmente spendibili nel mondo del lavoro (art. 1, comma 4).

Gli alunni, al termine del primo ciclo di studi, per assolvere all'obbligo scolastico, possono scegliere tra (art. 2, comma 1):

    a. Percorsi di istruzione professionale per il conseguimento di diplomi quinquennali. I diplomi danno accesso agli istituti tecnici superiori (ITS), ai percorsi di istruzione e formazione tecnica superiore (IFTS), all'università e alle istituzioni dell'alta formazione artistica, musicale e coreutica (art. 2, comma 5).

    b. Percorsi di istruzione e formazione professionale (IeFP) per il conseguimento di qualifiche triennali e di diplomi professionali quadriennali, realizzati da istituzioni formative accreditate dalle Regioni.

Di seguito una tabella che riassume l'articolazione dei due percorsi:

Istruzione	Istruzione e formazione professionale (IeFP)	
	Qualifica triennale	Diploma quadriennale
Quinto anno		
Quarto anno		Quarto anno
Terzo anno	Terzo anno	Terzo anno
Primo biennio	Secondo anno	Secondo anno
	Primo anno	Primo anno

I percorsi di istruzione professionale hanno una durata di 5 anni, articolati in un biennio e un successivo triennio (art. 4, comma 1).

Il biennio prevede 1056 ore per ciascun anno, di cui 594 ore di attività ed insegnamenti di carattere generale e 462 ore di attività e insegnamenti di indirizzo. Delle 2112 ore totali (1056 ore per ciascun anno del biennio), 264 ore (132 ore per ciascun anno del biennio) possono essere utilizzate per la personalizzazione degli apprendimenti. Le attività e gli insegnamenti sono aggregati in assi culturali (art. 4, comma 2).

Il triennio è articolato in terzo, quarto e quinto anno. Per ciascun anno sono previste 1056 ore, di cui 462 ore di attività ed insegnamenti di carattere generale e 594 ore di attività e insegnamenti di indirizzo (art. 4, comma 3).

Di seguito una tabella che riassume i quadri orari:

Periodo di riferimento	Tot. ore annuali obbligatorie	Tot. ore annuali obbligatorie (generali)	Tot. ore annuali obbligatorie (indirizzo)	Tot. ore annuali personalizzazione
Primo biennio	1056	594	462	132
Triennio	1056	462	594	-

Ai fini della personalizzazione dei percorsi di apprendimento, oltre alle 264 ore utilizzabili nel corso del biennio, viene redatto dal consiglio di classe il progetto formativo individuale entro il 31 gennaio del primo anno di frequenza. Il progetto viene aggiornato durante l'intero percorso scolastico e si basa su un bilancio personale che evidenzia saperi e competenze acquisiti dallo studente ed è idoneo a rilevare le sue potenzialità e carenze. Il dirigente scolastico individua all'interno del consiglio di classe uno o più docenti tutor che sostengano gli studenti nell'attuazione del progetto formativo individuale (art. 5, comma 1, lettera a).

Sono previsti 11 indirizzi di studio (art. 3, comma 1):

a. Agricoltura, sviluppo rurale, valorizzazione dei prodotti del territorio e gestione delle risorse forestali e montane;
b. Pesca commerciale e produzioni ittiche;
c. Industria e artigianato per il Made in Italy;
d. Manutenzione e assistenza tecnica;
e. Gestione delle acque e risanamento ambientale;
f. Servizi commerciali;
g. Enogastronomia e ospitalità alberghiera;
h. Servizi culturali e dello spettacolo;
i. Servizi per la sanità e l'assistenza sociale;
j. Arti ausiliarie delle professioni sanitarie: odontotecnico;
k. Arti ausiliarie delle professioni sanitarie: ottico.

I quadri orari sono definiti nell'allegato B al decreto (art. 3, comma 3).

Ai fini dell'attuazione dell'autonomia, le istituzioni scolastiche che offrono percorsi di istruzione professionale possono:

- utilizzare la quota di autonomia del 20% dell'orario complessivo del biennio e del triennio per potenziare gli insegnamenti obbligatori, in particolare attività laboratoriali (art. 6, comma 1, lettera a);
- utilizzare, a partire dal triennio, gli spazi di flessibilità, ovvero la possibilità di articolare le aree di indirizzo in opzioni, entro il 40% dell'orario complessivo (art. 6, comma 1, lettera b);
- sviluppare attività e progetti di orientamento scolastico anche attraverso l'apprendistato formativo di primo livello (art. 6, comma 1, lettera c);
- stipulare contratti d'opera con esperti del mondo del lavoro per arricchire l'offerta formativa (art. 6, comma 1, lettera d);

- attivare partenariati territoriali per l'ampliamento dell'offerta formativa e il potenziamento dei laboratori (art. 6, comma 1, lettera e);
- costituire dipartimenti quali articolazioni funzionali del collegio dei docenti per il sostegno alla didattica e alla progettazione formativa (art. 6, comma 1, lettera f).

I percorsi di istruzione e formazione professionale (IeFP) previsti dal D. Lgs. 226/2005, di competenza delle Regioni, rappresentano un'alternativa per gli studenti che sono interessati ad una formazione prettamente pratica e che vogliono inserirsi rapidamente nel mondo del lavoro. Gli studenti interessati, dopo il conseguimento della qualifica triennale, possono rientrare nel sistema scolastico ai sensi dell'art. 8 del D. Lgs. 61/2017 che prevede la possibilità di passare dal sistema di IeFP al sistema di istruzione professionale e viceversa. Il passaggio è effettuato a domanda dello studente (art. 8, comma 4).

6.7.3 Istituti tecnici

Gli istituti tecnici sono regolamentati, a partire dall'anno scolastico 2010/2011, dal D.P.R. 88/2010 che prevede 11 indirizzi afferenti a due settori:

1. settore economico (2 indirizzi, art. 3):
   a. amministrazione, finanza e marketing;
   b. turismo.
2. settore tecnologico (9 indirizzi, art. 4, comma 1):
   a. meccanica, meccatronica ed energia;
   b. trasporti e logistica;
   c. elettronica ed elettrotecnica;
   d. informatica e telecomunicazioni;
   e. grafica e comunicazione;
   f. chimica, materiali e biotecnologie;
   g. sistema moda;

h. agraria, agroalimentare e agroindustria;

i. costruzioni, ambiente e territorio.

I percorsi durano 5 anni, sono articolati in un primo biennio comune, un secondo biennio e un quinto anno (art. 2, comma 2). I percorsi si concludono con un esame di Stato (art. 6, comma 2) e il rilascio di un diploma di istruzione tecnica che riporta l'indirizzo scelto e le competenze acquisite. Il diploma permette l'accesso a istituti tecnici superiori (ITS), ai percorsi di istruzione e formazione tecnica superiore (IFTS), all'università e alle istituzioni dell'alta formazione artistica, musicale e coreutica (art. 6, comma 4).

Tutti i percorsi prevedono 1056 ore annuali (32 ore settimanali) articolate come segue:

- primo biennio: 660 ore di attività e insegnamenti di carattere generale e 396 ore di attività e insegnamenti di indirizzo (art. 5, comma 2, lettera a);

- secondo biennio e quinto anno: 495 ore di attività e insegnamenti di carattere generale e 561 ore di attività e insegnamenti di indirizzo (art. 5, comma 2, lettere b e c);

Di seguito una tabella che riassume i quadri orari:

Periodo di riferimento	Tot. ore annuali obbligatorie	Tot. ore annuali obbligatorie (generali)	Tot. ore annuali obbligatorie (indirizzo)	Tot. ore settimanali
Primo biennio	1056	660	396	32
Secondo biennio e quinto anno	1056	495	561	32

Le istituzioni scolastiche, nell'esercizio della propria autonomia possono:

- utilizzare la quota di autonomia del 20% dei curricoli sia per potenziare gli insegnamenti obbligatori, laboratori in primis, sia per attivare ulteriori insegnamenti finalizzati al raggiungimento degli obiettivi previsti nel piano dell'offerta formativa (art. 5, comma 3, lettera a);

- utilizzare gli spazi di flessibilità, intesi come possibilità di articolare le aree di indirizzo in opzioni, entro il 30% nel secondo biennio e entro il 35% nel quinto anno (art. 5, comma 3, lettera b);
- costituire dipartimenti quali articolazioni funzionali del collegio dei docenti per il sostegno alla didattica e alla progettazione formativa (art. 5, comma 3, lettera c);
- stipulare contratti d'opera con esperti del mondo del lavoro per arricchire l'offerta formativa (art. 5, comma 3, lettera e);

6.7.4 Content and Language Integrated Learning (CLIL)

Dal punto di vista normativo, le attività CLIL possono essere implementate in tutte le scuole, a tutti i livelli: l'articolo 4, comma 3 del D.P.R. 275/1999 stabilisce che *"nell'ambito dell'autonomia didattica possono essere programmati, anche sulla base degli interessi manifestati dagli alunni, percorsi formativi che coinvolgono più discipline e attività nonché insegnamenti in lingua straniera in attuazione di intese e accordi internazionali"*.

Le modalità organizzative per i percorsi CLIL, attivati in modo autonomo e volontario, sono state modificate dalla L. 53/2003 e dalla Riforma Gelmini. Queste modifiche hanno previsto l'insegnamento di una disciplina non linguistica (DNL) in lingua straniera negli ultimi anni di tutti i licei e istituti tecnici. Nei licei linguistici, l'insegnamento inizia dalla classe terza in una lingua straniera e dalla classe quarta in un'altra lingua straniera, per un totale di tre lingue straniere.

La scelta legislativa ha richiesto la definizione di norme applicative e di attività formative che coinvolgono università, enti, associazioni professionali e agenzie varie.

In questo contesto, è importante menzionare la Nota 240/2013 e la Nota 4969/2014, che rappresentano rispettivamente norme transitorie in materia CLIL per licei linguistici e licei ed istituti tecnici. Queste note forniscono alle scuole un quadro riassuntivo della normativa che regola l'insegnamento di una DNL in lingua straniera secondo la metodologia CLIL. Inoltre, definiscono i requisiti richiesti ai docenti e propongono modalità di attuazione graduale.

Il percorso per poter insegnare in modalità CLIL prevede la partecipazione a corsi di perfezionamento organizzati presso le università, in conformità alle normative vigenti: il Decreto del Ministro del 30 settembre 2011 stabilisce i criteri e le modalità per lo svolgimento dei corsi di perfezionamento per l'insegnamento di una DNL in lingua straniera, come previsto dall'articolo 14 del D.M. 249/2010.

I corsi di perfezionamento sono organizzati dalle università e prevedono l'acquisizione di 60 CFU. Questi corsi sono rivolti a docenti che sono in possesso dell'abilitazione e di competenze linguistiche certificate nella lingua straniera almeno al livello C1. Il decreto delinea le finalità del corso, il profilo richiesto per i docenti che intendono insegnare una DNL e l'articolazione dei crediti formativi.

Inoltre, il Decreto del Direttore generale 6/2012 definisce le modalità di attuazione dei corsi di perfezionamento per l'insegnamento di una DNL in lingua straniera secondo la metodologia CLIL. Questi corsi hanno un valore di 20 CFU e sono affidati alle università e si rivolgono ai docenti in servizio.

6.7.5 Statuto delle studentesse e degli studenti

Lo statuto delle studentesse e degli studenti rappresenta un documento essenziale per gli studenti che frequentano la scuola secondaria ed è fondamentale per la redazione del regolamento e del progetto educativo di ogni istituto. Esso è stato promulgato con il D.P.R. 249/1998 e successivamente modificato con il D.P.R.

235/2007, che ha introdotto il patto educativo di corresponsabilità. Quest'ultimo ha l'obiettivo di definire in modo dettagliato e condiviso i diritti e i doveri nel rapporto tra l'istituzione scolastica autonoma, gli studenti e le famiglie, impegnando queste ultime a condividere con la scuola i principi fondamentali dell'azione educativa.

L'obiettivo dello statuto è quello di stabilire un sistema equilibrato di diritti. I punti salienti includono:

1. *Diritto degli studenti a partecipare responsabilmente alla vita della scuola.* Gli studenti hanno il diritto di partecipare attivamente alla vita scolastica, esprimendo le proprie opinioni e contribuendo alle decisioni che li riguardano.

2. *Diritto a una valutazione trasparente e tempestiva.* Gli studenti hanno il diritto di ricevere una valutazione chiara e tempestiva, garantendo trasparenza nel processo di valutazione.

3. *Dovere di un comportamento corretto e del rispetto degli altri membri della scuola.* Gli studenti hanno il dovere di adottare un comportamento adeguato, rispettando gli altri studenti, il personale scolastico e l'ambiente scolastico nel suo complesso.

4. *Trasparenza sul sistema delle sanzioni.* Lo statuto promuove la trasparenza nel sistema delle sanzioni, in modo che gli studenti siano consapevoli delle conseguenze delle loro azioni e delle misure disciplinari che possono essere adottate.

6.8 Percorsi IFTS e ITS

Al termine del secondo ciclo di istruzione gli alunni hanno diverse possibilità: inserirsi nel mondo del lavoro, proseguire con l'università, con gli istituti di alta formazione oppure iscriversi ai percorsi di istruzione e formazione tecnica superiore (IFTS) o agli istituti tecnici superiori (ITS).

6.8.1 IFTS

Il sistema IFTS è stato istituito dall' articolo 69 della L. 144/1999, è gestito dalle Regioni e ha l'obiettivo di formare figure tecniche altamente specializzate e richieste dal mondo del lavoro, con particolare riferimento a settori produttivi strategici individuati con cadenza triennale con accordo in sede di Conferenza Unificata. Alla progettazione dei corsi concorrono università, scuole secondarie di secondo grado, enti pubblici di ricerca e agenzie formative accreditate (art. 69, comma 3).

A tali percorsi possono accedere:

- giovani e adulti in possesso di un diploma di istruzione secondaria superiore o diploma professionale di tecnico;
- coloro che sono stati ammessi al quinto anno della scuola secondaria di secondo grado;
- non diplomati, previa verifica delle competenze acquisite in percorsi frequentati dopo l'assolvimento dell'obbligo di istruzione.

I percorsi IFTS durano due semestri (800-1000 ore) al termine dei quali è prevista una verifica finale delle competenze acquisite. La verifica delle competenze è effettuata da commissioni d'esame in cui sono presenti i rappresentati dell'università, della scuola, della formazione professionale e di esperti del mondo del lavoro. Al termine del percorso viene rilasciato un certificato di specializzazione tecnica superiore.

6.8.2 ITS

Gli ITS sono stati istituiti con il D.P.C.M. del 25 gennaio 2018 con l'obiettivo di rafforzare l'istruzione tecnica e professionale, in particolare in quei settori rivoluzionati da innovazioni tecnologiche. I percorsi hanno una durata di quattro semestri (1800-2400 ore) e, ai sensi del D.P.C.M., devono far riferimento alle seguenti aree tecnologiche:

1. efficienza energetica;
2. mobilità sostenibile;
3. nuove tecnologie della vita;
4. nuove tecnologie per il made in Italy;
5. tecnologie innovative per i beni e le attività culturali;
6. tecnologie dell'informazione e della comunicazione.

Ai percorsi possono accedere giovani e adulti in possesso di diploma di istruzione secondaria di secondo grado o diploma professionale conseguito al termine dei percorsi quadriennali del sistema di IeFP.

Al termine del percorso viene rilasciato il diploma di tecnico superiore.

Gli ITS possono essere costituiti da istituti tecnici e professionali, strutture formative per l'alta formazione accreditate dalla Regione, imprese del settore produttivo di riferimento o un ente locale (Comune, Città metropolitana, Provincia, etc.). Gli ITS assumono la forma giuridica di fondazione e dunque sono iscritti nel registro delle persone giuridiche presso la prefettura della Provincia presso cui hanno sede. Il controllo sull'amministrazione delle fondazioni è effettuato dal Prefetto. L'istituto tecnico o professionale che promuove la fondazione ne diventa ente di riferimento.

6.9 Organi collegiali

In questo paragrafo esamineremo gli organi collegiali che compongono la scuola, regolamentati dal Testo Unico (T.U.) in materia di istruzione, ovvero il D. Lgs. 297/1994.

6.9.1 Consiglio di intersezione, di interclasse e di classe

I consigli di intersezione (scuola dell'infanzia), di interclasse (scuola primaria) e di classe (scuola secondaria di primo e secondo grado), ai sensi dell'articolo 5 comma 1, sono composti da:

- Docenti delle sezioni dello stesso plesso (consiglio di intersezione);
- Docenti di gruppi di classi parallele o dello stesso ciclo/plesso (consiglio di interclasse);
- Docenti della singola classe (scuola secondaria).

Fanno parte dei consigli:

- I docenti di sostegno, contitolari delle classi interessate (art. 5, comma 1).
- Gli insegnanti tecnico pratici, con voto deliberativo, e gli assistenti addetti alle esercitazioni di laboratorio, solo a titolo consultivo (art. 5, comma 4).
- Un rappresentante dei genitori eletto dai genitori degli alunni iscritti (infanzia e primaria, art. 5, comma 2, lettera a).
- 4 rappresentanti dei genitori eletti dai genitori degli alunni iscritti (secondaria di primo grado, art. 5, comma 2, lettera b).
- 2 rappresentanti dei genitori eletti dai genitori degli alunni iscritti e 2 rappresentanti degli studenti eletti dagli studenti della classe (secondaria di secondo grado, art. 5, comma 2, lettera c).
- 3 rappresentanti degli studenti eletti dagli studenti della classe (corsi serali per lavoratori, art. 5, comma 2, lettera d).

Le funzioni di segretario sono attribuite dal dirigente scolastico a uno dei docenti del consiglio (art. 5, comma 7).

I consigli sono presieduti dal dirigente scolastico o da un suo delegato e hanno durata annuale.

I consigli di intersezione, di interclasse, e di classe si riuniscono al di fuori dell'orario delle lezioni e hanno i seguenti compiti (art. 5, commi 8 e 9):

- Analizzare le condizioni iniziali della classe.
- Formulare al collegio dei docenti proposte relative all'azione didattica e alle iniziative di sperimentazione.
- Valutare gli apprendimenti degli alunni (periodici e finali).
- Agevolare i rapporti tra docenti, alunni e genitori.
- Formulare pareri non vincolanti sull'adozione di libri di testo e strumenti scolastici.
- Emettere provvedimenti disciplinari a carico degli alunni.

In pratica, i consigli esercitano competenze in materia di programmazione, valutazione e sperimentazione.

Le attività relative coordinamento didattico, ai rapporti interdisciplinari, alla valutazione periodica e finale degli alunni sono effettuate con la sola presenza dei docenti (art. 5, commi 6 e 7).

Di seguito una tabella che riassume la composizione dei consigli di intersezione, di interclasse e di classe:

Consiglio	Docenti, ITP e di sostegno	Rappresentanti genitori	Rappresentanti studenti
Intersezione (infanzia)	Docenti sezioni stesso plesso	1	-
Interclasse (primaria)	Docenti di gruppi di classi parallele o dello stesso ciclo/plesso	1	-
Classe (sec. I e II grado)	Docenti della classe, ITS	4 (sec. I grado) 2 (sec. II grado) - (scuola serale)	- (sec. I grado) 2 (sec. II grado) 3 (scuola serale)

6.9.2 Collegio dei docenti

Il collegio dei docenti è un organo costituito dai docenti di un istituto scolastico e ha il compito di discutere e prendere decisioni in merito all'organizzazione e all'attuazione dell'attività didattica. È regolamentato dall'articolo 7 del T.U., ha durata annuale, è presieduto dal dirigente scolastico ed è composto esclusivamente da personale docente di ruolo e non di ruolo. Fanno parte di esso anche i docenti di sostegno. Nel caso degli Istituti Comprensivi[4], ogni istituto mantiene un proprio collegio dei docenti.

Il collegio dei docenti ha i seguenti compiti (art. 7, comma 2):

- Delibera sul funzionamento didattico dell'istituto (lettera a).
- Formula proposte al dirigente scolastico riguardo alla formazione e composizione delle classi, l'assegnazione dei docenti, l'orario delle lezioni e altre attività scolastiche, rispettando i criteri generali del consiglio d'istituto (lettera b).
- Delibera la suddivisione dell'anno scolastico in due o tre periodi per la valutazione degli alunni (lettera c).
- Valuta l'andamento dell'azione didattica e propone misure per il miglioramento dell'attività scolastica (lettera d).
- Adotta libri di testo e sussidi didattici, su parere dei consigli di interclasse o di classe (lettera e).
- Promuove iniziative di sperimentazione e aggiornamento dei docenti (lettere f e g).
- Elegge i docenti incaricati di collaborare con il dirigente scolastico. Uno dei collaboratori sostituisce il dirigente in

---

[4] Scuola che comprende diversi gradi di istruzione, come la scuola dell'infanzia, la scuola primaria e la scuola secondaria di primo grado, ad esempio.

caso di assenza o impedimento (lettera h). Il numero di collaboratori dipende dalla dimensione della scuola:

- fino a 200 alunni: 1 collaboratore;
- fino a 500 alunni: 2 collaboratori;
- fino a 900 alunni: 3 collaboratori;
- oltre 900 alunni: 4 collaboratori.

- Elegge i propri rappresentanti nel consiglio d'istituto e nel comitato per la valutazione del servizio del personale docente (lettere i e l).
- Programma e attua iniziative per il sostegno degli alunni con disabilità (lettera m).
- Adotta le iniziative previste per gli alunni figli di lavoratori stranieri o italiani emigrati (lettera n).
- Esamina, su segnalazione dei docenti della classe, i casi di scarso profitto o irregolare comportamento degli alunni e cerca soluzioni di recupero, coinvolgendo gli specialisti presenti nella scuola (lettera o).
- Esprime parere sulle sospensioni cautelari o dal servizio del personale docente (lettera p).
- Esprime parere sulle iniziative di educazione alla salute e prevenzione delle tossicodipendenze (lettera q).

6.9.3 Consiglio di circolo o di istituto e giunta esecutiva

Il consiglio di circolo o di istituto, è un organo amministrativo e deliberativo che ha il compito di gestire e pianificare le attività dell'istituto, definire le politiche educative e finanziarie, e prendere decisioni su diverse questioni riguardanti l'organizzazione e il funzionamento della scuola. È regolamentato dall'articolo 8 del T.U. e il numero dei componenti dipende dalla popolazione scolastica: sono 14 nelle scuole con al più 500 alunni; 19 nelle scuole con oltre 500 alunni. La composizione è illustrata nella seguente tabella (comma 1):

Ordine di scuola	Primaria o secondaria di I grado		Secondaria di II grado	
Numero di alunni	Fino a 500	Oltre 500	Fino a 500	Oltre 500
Dirigente scolastico	1	1	1	1
Docenti	6	8	6	8
Genitori	6	8	3	4
Studenti	-	-	3	4
Personale ATA	1	2	1	2

Il consiglio è presieduto da uno dei rappresentanti dei genitori, eletto a maggioranza assoluta da tutti i membri del consiglio (comma 6). Il presidente nomina un segretario tra gli altri membri del consiglio (comma 11).

I rappresentanti del consiglio sono eletti come segue (comma 4):

- Personale docente: collegio docenti.
- Personale ATA: dal personale ATA di ruolo e non di ruolo.
- Rappresentanti dei genitori: dai genitori stessi.
- Rappresentanti degli studenti, dove previsto: dagli studenti dell'istituto.

Possono partecipare alle riunioni del consiglio, a titolo consultivo, gli specialisti che operano nella scuola con compiti medico, psico-pedagogici e di orientamento (comma 5).

Il consiglio elegge una giunta esecutiva composta da: un docente, un ATA e due genitori (un genitore e un alunno se è una scuola secondaria di secondo grado). Il dirigente scolastico, che la presiede, e il direttore dei servizi generali e amministrativi (DSGA), il quale assume il ruolo di segretario, ne fanno parte di diritto (comma 7).

Il consiglio e la giunta esecutiva durano in carica 3 anni scolastici. I rappresentanti degli studenti vengono eletti annualmente (comma 10).

Il consiglio ha i seguenti compiti (art. 10):

- Elabora e adotta gli indirizzi generali e le forme di autofinanziamento (comma 1).

- Delibera il bilancio preventivo e il conto consuntivo e decide sull'impiego dei mezzi finanziari per il funzionamento amministrativo e didattico dell'istituto (comma 2).
- Delibera, su proposta della giunta, sull'organizzazione e la programmazione delle attività, nelle seguenti materie (comma 3):
    - Adozione del regolamento interno (lettera a).
    - Acquisto, rinnovo e conservazione delle attrezzature e dei sussidi didattici (lettera b).
    - Adattamento del calendario scolastico (lettera c).
    - Criteri generali per la programmazione educativa (lettera d).
    - Criteri per la programmazione di attività quali corsi di recupero, visite guidate, viaggi di istruzione (lettera e).
    - Promozione di contatti con le altre scuole per realizzare scambi di informazioni ed esperienze e per avviare eventuali collaborazioni (lettera f).
    - Partecipazione dell'istituto ad attività culturali, sportive e ricreative (lettera g).
- Indica i criteri generali per la formazione delle classi, l'assegnazione dei docenti ad esse, l'orario delle lezioni e delle altre attività scolastiche. Esprime parere sull'andamento generale, didattico ed amministrativo dell'istituto e stabilisce i criteri per l'espletamento dei servizi amministrativi (comma 4).
- Esercita le funzioni di sperimentazione ed aggiornamento (comma 5).
- Gestisce l'uso delle attrezzature e degli edifici scolastici (comma 6).

- Delibera, sentito il collegio dei docenti, sulle iniziative per l'educazione alla salute e la prevenzione delle tossicodipendenze (comma 7).

La giunta esecutiva ha i seguenti compiti (art. 10):

- Predispone il bilancio preventivo e il conto consuntivo, prepara i lavori del consiglio e cura l'esecuzione delle delibere del consiglio (comma 10).
- Gestisce i provvedimenti disciplinari nei confronti degli alunni (comma 11).

6.9.4 Assemblee degli studenti

Gli articoli 13 e 14 del T.U. trattano delle assemblee studentesche nella scuola secondaria superiore e del loro funzionamento. Queste assemblee rappresentano un'occasione di partecipazione democratica per gli studenti, finalizzata all'approfondimento dei problemi della scuola e della società nel contesto dell'educazione culturale e civile degli studenti.

Secondo l'articolo 13, le assemblee studentesche possono essere di classe o di istituto. L'assemblea di istituto può essere strutturata in assemblee di classi parallele, a seconda del numero di studenti e della disponibilità delle aule. I rappresentanti degli studenti di ciascuna classe possono costituire un comitato studentesco di istituto, che ha il diritto di esprimere pareri e formulare proposte direttamente al consiglio di istituto.

Le assemblee studentesche possono svolgersi con una frequenza mensile. L'assemblea di istituto può avere una durata massima pari al numero di ore di lezione giornaliere; quella di classe può durare al più 2 ore e non può essere tenuta sempre nello stesso giorno della settimana durante l'anno scolastico. È possibile organizzare un'altra assemblea mensile al di fuori dell'orario delle lezioni, a condizione che ci siano spazi disponibili. Durante le assemblee di istituto che si svolgono durante l'orario delle lezioni possono essere invitati fino a quattro esperti di problemi sociali, culturali, artistici e scientifici, previa autorizzazione del consiglio d'istituto. Il dirigente scolastico e i docenti possono assistere all'assemblea di classe o di istituto. Nell'ultimo mese di lezioni non possono aver luogo assemblee.

L'articolo 14 riguarda il funzionamento delle assemblee studentesche. L'assemblea di istituto deve avere un regolamento interno che viene inviato al consiglio di istituto per visione. La convocazione dell'assemblea di istituto può avvenire su richiesta della maggioranza del comitato studentesco di istituto o del 10% degli studenti. La data e l'ordine del giorno dell'assemblea devono essere presentati preventivamente al dirigente scolastico.

Il comitato studentesco, se esiste, o il presidente eletto dall'assemblea si occupa di garantire l'esercizio democratico dei diritti dei partecipanti durante l'assemblea di istituto. Il dirigente scolastico può intervenire in caso di necessità o di problemi durante l'assemblea.

6.9.5   Assemblee dei genitori

Le assemblee dei genitori, regolate dall'articolo 15 del T.U., favoriscono la partecipazione e il confronto tra i genitori di una scuola. Possono essere di sezione, classe o istituto, a seconda dell'argomento.

I rappresentanti dei genitori di ciascuna classe possono costituire un comitato genitori.

Le date e gli orari delle assemblee svolte nella scuola vengono concordati con il dirigente scolastico.

L'assemblea di sezione o classe viene convocata su richiesta dei genitori eletti nei rispettivi consigli, mentre quella di istituto può essere indetta su richiesta del presidente dell'assemblea, del comitato dei genitori o di un numero significativo di genitori, in base alla dimensione della scuola.

L'autorizzazione del dirigente scolastico, previa consultazione della giunta esecutiva del consiglio di circolo o di istituto, è necessaria per convocare le assemblee dei genitori. Le comunicazioni vengono affisse all'albo della scuola, includendo anche l'ordine del giorno. Le assemblee si tengono al di fuori dell'orario delle lezioni.

È previsto che l'assemblea dei genitori adotti un proprio regolamento, che viene inviato al consiglio di circolo o di istituto per la visione e l'approvazione. L'assemblea di istituto può essere organizzata in assemblee parallele a seconda del numero dei partecipanti e della disponibilità delle strutture.

Il dirigente scolastico e i docenti hanno il diritto di partecipare alle assemblee dei genitori con diritto di parola, contribuendo ai dibattiti e alle discussioni.

6.10 Buona scuola (L. 107/2015)

La legge 107/2015, conosciuta come Buona Scuola, rappresenta una riforma significativa del sistema educativo italiano. La legge ha introdotto una serie di misure volte a migliorare la qualità e l'efficienza del sistema scolastico. L'obiettivo principale della legge è quello di promuovere l'equità e l'innovazione nell'istruzione, garantendo a ogni studente pari opportunità di apprendimento e sviluppo. La legge ha influenzato diversi aspetti dell'istruzione, tra cui:

- *Autonomia scolastica:* la legge promuove una maggiore autonomia decisionale nella gestione degli aspetti organizzativi, didattici e amministrativi. Le scuole possono adattare i propri programmi curriculari, introdurre iniziative di potenziamento e adottare forme innovative di valutazione.

- *Valutazione e valorizzazione del merito degli insegnanti:* la legge ha introdotto un sistema di valutazione degli insegnanti basato su criteri di merito, competenza e risultati. Gli insegnanti possono essere premiati con incentivi economici in base alle loro performance.

- *Inclusione degli studenti con disabilità:* la legge promuove l'inclusione degli studenti con disabilità, stabilendo l'obbligo per le scuole di adottare misure adeguate a garantire l'accesso all'istruzione e la piena partecipazione di questi studenti alla vita scolastica.

- *Alternanza scuola-lavoro:* viene incoraggiata la collaborazione tra scuole e aziende per offrire agli studenti opportunità di apprendimento pratico sul campo.

- Potenziamento delle competenze degli studenti, attraverso percorsi personalizzati, attività extrascolastiche e l'introduzione di una prova nazionale a conclusione del ciclo di istruzione obbligatoria.

- *Digitalizzazione dell'istruzione:* viene sottolineata l'importanza dell'utilizzo delle tecnologie digitali nell'istruzione, incoraggiando l'integrazione delle nuove tecnologie nelle attività didattiche.

Di seguito vediamo le principali novità introdotte dalla Buona Scuola.

Introduzione del PTOF

La Buona Scuola introduce il Piano Triennale dell'Offerta Formativa (PTOF) al posto del Piano dell'Offerta Formativa (POF) (comma 2).

Il PTOF è il documento fondamentale costitutivo dell'identità culturale e progettuale delle istituzioni scolastiche ed esplicita la progettazione curricolare, extracurricolare, educativa e organizzativa che le scuole adottano nell'ambito della loro autonomia (comma 14).

Va predisposto entro il mese di ottobre dell'anno scolastico precedente al triennio di riferimento (comma 12). Il documento è pubblicato sul Portale unico dei dati della scuola istituito dal comma 136 della legge (comma 17).

Il PTOF viene elaborato dal collegio dei docenti sulla base degli indirizzi del dirigente scolastico (DS) e viene approvato consiglio di istituto.

Il DS promuove i rapporti con enti locali e diverse realtà istituzionali, culturali, sociali ed economiche operanti sul territorio, tenendo conto delle proposte e dei pareri formulati dalle associazioni dei genitori e degli studenti (scuola secondaria di II grado).

Il PTOF contiene:

- Programmazione delle attività formative rivolte al personale docente e ATA (Piano Nazionale Formazione).
- Definizione delle risorse occorrenti in base alla quantificazione delle istituzioni.
- Fabbisogno personale ATA.
- Percorsi di Alternanza Scuola-Lavoro (comma 33).
- Promozione di azioni coerenti con le finalità, i principi e gli strumenti previsti nel Piano Nazionale per la Scuola Digitale (comma 56).
- Piano per l'inclusione, introdotto dall'art. 8 del D. Lgs. 66/2017.

Il PTOF può essere revisionato annualmente entro il mese di ottobre. L'Ufficio Scolastico Regionale (USR) verifica il rispetto dei limiti dell'organico assegnato e lo comunica al MIUR.

Forme di flessibilità per l'attuazione dell'autonomia

Vengono introdotte forme di flessibilità per l'attuazione dell'autonomia (comma 3). In particolare:

- Articolazione modulare monte orario discipline, anche interdisciplinari.
- Potenziamento del tempo scolastico, tenuto conto delle scelte di studenti e famiglie.

- Programmazione plurisettimanale e flessibile dell'orario del curricolo e delle singole discipline.

Organico dell'autonomia

La Buona Scuola introduce l'organico dell'autonomia, composto da docenti che realizzano il PTOF con attività di insegnamento, potenziamento, sostegno, organizzazione, progettazione e coordinamento (comma 5). L'organico dell'autonomia:

- È costituito da posti comuni, per il sostegno e per il potenziamento dell'offerta formativa (comma 63).
- È determinato con cadenza triennale su base regionale.
- È ripartito tra le regioni sulla base del numero di classi, dei posti comuni, del numero di alunni e dei posti per il potenziamento.

La ripartizione della dotazione organica per il potenziamento dei posti di sostegno viene effettuata in base al numero di alunni con disabilità.

Ruoli del personale docente regionali

A partire dall'anno scolastico 2016/2017, i ruoli del personale docente diventano regionali, sono articolati in ambiti territoriali e suddivisi in sezioni separate per gradi di istruzione, classi di concorso e tipologie di posto (comma 66).

La dimensione degli ambiti territoriali è inferiore alla provincia o alla città metropolitana, considerando la popolazione scolastica, la prossimità delle istituzioni scolastiche e le caratteristiche del territorio.

Contingente di posti per ulteriori esigenze

Per esigenze di personale ulteriori rispetto a quelle soddisfatte dall'organico dell'autonomia, è costituito annualmente un contingente di posti non facenti parte dell'organico dell'autonomia.

Tali posti non sono disponibili per operazioni di mobilità o assunzioni in ruolo.

Individuazione dei fabbisogni

Le scuole individuano:

- Il fabbisogno di attrezzature e infrastrutture materiali (comma 6).
- Il fabbisogno di posti dell'organico dell'autonomia (comma 7).
- Il personale da assegnare ai posti di tale organico è individuato dal DS (comma 18).

Conoscenza delle tecniche di primo soccorso

Viene promossa la conoscenza delle tecniche di primo soccorso nella scuola secondaria di primo e secondo grado (comma 10).

Insegnamenti di lingua inglese, musica ed educazione fisica

Per gli insegnamenti della lingua inglese, musica ed educazione fisica (primaria) sono utilizzati docenti abilitati all'insegnamento per la primaria e docenti abilitati all'insegnamento per altri gradi di istruzione in qualità di specialisti (comma 20).

Attività estive

Vengono promosse attività educative, ricreative, culturali, artistiche e sportive nei periodi di sospensione delle attività didattiche da svolgere presso gli edifici scolastici (comma 22).

Centri di istruzione per gli adulti

È previsto il monitoraggio annuale da parte di MIUR e INDIRE delle attività di ampliamento dell'offerta formativa dei centri di istruzione per gli adulti (comma 23).

Insegnamenti opzionali nelle scuole secondarie di secondo grado

A partire dal triennio, nelle scuole secondarie di secondo grado è possibile inserire insegnamenti opzionali, anche utilizzando la quota di autonomia e gli spazi di flessibilità (comma 28):

- Tali insegnamenti fanno parte del percorso dello studente e sono inseriti nel suo curriculum.

- Il curriculum dello studente individua il profilo dello studente e lo associa ad un'identità digitale che raccoglie dati utili ai fini dell'orientamento e dell'accesso al mondo del lavoro.

- Il curriculum è considerato dalla commissione durante svolgimento dell'esame di Stato (comma 30).

Il DS, in collaborazione con gli organi collegiali, individua percorsi formativi e iniziative di orientamento (comma 29).

Alternanza Scuola-Lavoro (ASL)

L'ASL prevede un numero di ore che varia in funzione del tipo di scuola (comma 33):

- *Istituti tecnici e professionali:* almeno 400 ore nel secondo biennio e nell'ultimo anno.

- *Licei:* almeno 200 ore nel triennio.

I percorsi di alternanza sono inseriti nel PTOF.

L'ASL può essere svolta durante la sospensione delle attività didattiche e in modalità impresa simulata, anche all'estero (comma 35).

Le scuole secondarie di secondo grado svolgono attività di formazione in materia di tutela della salute e della sicurezza nei luoghi di lavoro. I corsi sono rivolti a studenti inseriti nei percorsi di alternanza (comma 38).

L'individuazione di imprese, enti pubblici e privati disponibili all'attivazione dei percorsi di alternanza è a cura del DS (comma 40).

Le convenzioni possono essere stipulate anche con musei, istituti e luoghi della cultura, arti performative, uffici centrali e periferici del Ministero dei beni e delle attività culturali e del turismo (comma 40).

Il dirigente scolastico, al termine dell'anno scolastico, redige una scheda di valutazione sulle strutture con le quali sono state stipulate convenzioni, evidenziando la specificità del loro potenziale formativo e le eventuali difficoltà incontrate nella collaborazione (comma 40).

È istituito il registro nazionale per l'alternanza scuola-lavoro, a partire dall'anno scolastico 2015/2016, presso le camere di commercio, industria, artigianato e agricoltura (comma 41). Il registro è composto da:

- Un'area aperta e consultabile gratuitamente in cui sono visibili enti disponibili a svolgere percorsi di alternanza. Per ciascuna impresa è riportato il numero massimo di studenti ammissibili e i periodi dell'anno in cui è possibile svolgere l'alternanza.
- Una sezione speciale del registro delle imprese di cui all'articolo 2188 del codice civile. Tale sezione consente all'azienda di condividere informazioni quali anagrafica, attività svolta, soci, collaboratori, fatturato, patrimonio netto, sito internet e rapporti con altre aziende.

Istituti Tecnici Superiori (ITS)

I titoli per l'accesso ai percorsi realizzati dagli istituti tecnici superiori sono (comma 46):

- Diploma di istruzione secondaria di secondo grado.
- Diploma professionale quadriennale integrato da un percorso annuale di istruzione e formazione tecnica

superiore la cui struttura e i contenuti sono definiti con accordo in sede di Conferenza permanente Stato, regioni, province autonome.

Sono inoltre emanate, con decreto del Ministro dell'istruzione, le linee guida per la semplificazione e la promozione degli Istituti Tecnici Superiori (comma 47). In particolare:

- È prevista la semplificazione delle procedure per lo svolgimento delle prove conclusive dei percorsi attivati dagli ITS.

- Ai fini del riconoscimento della personalità giuridica da parte del Prefetto, le fondazioni di partecipazione cui fanno capo gli ITS devono essere dotate di un patrimonio non inferiore a 50.000 euro e che garantisca la piena realizzazione di un ciclo completo di percorsi.

- Prevedere per le fondazioni un regime contabile e uno schema di bilancio per la rendicontazione dei percorsi uniforme in tutto il territorio nazionale.

- Prevedere che le fondazioni esistenti possano attivare, a livello provinciale, altri percorsi di formazione, anche in filiere diverse. In questo caso gli ITS devono avere un patrimonio non inferiore a 100.000 euro.

- Riconoscimento dei crediti formativi universitari al termine dei percorsi erogati dagli ITS (comma 51):
  - Non inferiori a 100 CFU per i percorsi della durata di 4 semestri.
  - Non inferiori a 150 CFU per i percorsi della durata di 6 semestri.

Piano Nazionale Scuola Digitale (PNSD)

Il comma 56 introduce il PNSD per sviluppare e migliorare le competenze degli studenti e rendere la tecnologia digitale uno strumento didattico di costruzione delle competenze.

Gli obiettivi del piano sono i seguenti (comma 58):

- Realizzare attività volte allo sviluppo delle competenze digitali degli studenti, anche attraverso la collaborazione con università, associazioni, organismi del terzo settore e imprese.

- Potenziare gli strumenti didattici e laboratoriali necessari a migliorare la formazione e i processi di innovazione delle istituzioni scolastiche.

- Adottare strumenti organizzativi e tecnologici per favorire governance, trasparenza e condivisione dei dati, nonché lo scambio di informazioni tra DS, docenti, studenti e tra diverse istituzioni scolastiche.

- Definire dei criteri e delle finalità per l'adozione di testi didattici in formato digitale e per la produzione e la diffusione di opere e materiali per la didattica, anche prodotti autonomamente dagli istituti scolastici.

Accordi di rete

Gli accordi di rete sono promossi dagli USR nel medesimo ambito territoriale (comma 70).

Gli accordi di rete individuano (comma 71):

- Criteri e modalità per l'utilizzo di docenti nella rete.
- Piani di formazione del personale scolastico.
- Risorse da destinare alla rete per il perseguimento delle proprie finalità.
- Forme e modalità per la trasparenza e la pubblicità delle decisioni e dei rendiconti delle attività svolte.

Infine, gli adempimenti amministrativi a carico delle istituzioni scolastiche possono essere svolti dalla rete di scuole in base a specifici accordi (comma 72).

Competenze del dirigente scolastico

Il DS ha i seguenti compiti:

- Attuazione dell'autonomia scolastica. Il DS garantisce un'efficace ed efficiente gestione delle risorse. Svolge compiti di direzione, gestione, organizzazione e coordinamento ed è responsabile della gestione di risorse finanziarie e strumentali, nonché della valorizzazione delle risorse umane (comma 78).

- Proposta di incarico ai docenti di ruolo assegnati all'ambito territoriale per la copertura dei posti dell'istituzione scolastica. Il DS può utilizzare i docenti in classi di concorso diverse da quelle per le quali sono abilitati, purché posseggano titoli di studio validi per l'insegnamento della disciplina e percorsi formativi e competenze professionali coerenti con gli insegnamenti da impartire, a patto che non siano disponibili, nell'ambito territoriale, docenti abilitati in quelle classi di concorso (comma 79). La proposta è formulata in coerenza con il PTOF e ha durata triennale, rinnovabile se coerente con il PTOF. Sono valorizzati i curriculum, le esperienze e le competenze professionali e possono essere svolti colloqui. La trasparenza e la pubblicità dei criteri adottati, degli incarichi conferiti e dei curricula dei docenti sono assicurate attraverso la pubblicazione nel sito internet dell'istituzione scolastica (comma 80).

- Il DS può individuare nell'ambito dell'organico dell'autonomia fino al 10% di docenti che lo coadiuvano in attività di supporto organizzativo e didattico dell'istituzione scolastica (comma 83).

- Il DS può effettuare le sostituzioni dei docenti assenti per la copertura di supplenze temporanee fino a dieci giorni con personale dell'organico dell'autonomia che, ove impiegato in gradi di istruzione inferiore, conserva il trattamento stipendiale del grado di istruzione di appartenenza (comma 85).

Valutazione del dirigente scolastico

Nella valutazione dei dirigenti scolastici si tiene conto (comma 93):

- Del contributo del DS al perseguimento dei risultati per il miglioramento del servizio scolastico previsti nel rapporto di autovalutazione (tale documento sarà discusso a pagina 288).
- Delle competenze gestionali ed organizzative.
- Della valorizzazione dell'impegno e dei meriti professionali del personale dell'istituto.
- Dell'apprezzamento del proprio operato all'interno della comunità professionale e scolastica.
- Del contributo al miglioramento del successo formativo e scolastico degli studenti e dei processi organizzativi e didattici, nell'ambito dei sistemi di autovalutazione, valutazione e rendicontazione sociale.
- Della direzione unitaria della scuola, della promozione della partecipazione e della collaborazione tra le diverse componenti della comunità scolastica e dei rapporti con il contesto sociale e nella rete di scuole.

È previsto un Nucleo per la valutazione dei DS istituito presso l'amministrazione scolastica regionale. Il nucleo, ai sensi del comma 94, è composto da un dirigente, che lo presiede, ed esperti anche non appartenenti all'amministrazione stessa (art. 25 comma 1, D. Lgs. 165/2001). Il nucleo può essere articolato con una diversa composizione in relazione al procedimento e agli oggetti di valutazione. La valutazione del DS è coerente con l'incarico triennale e con il profilo professionale ed è connessa alla retribuzione di risultato[5].

Periodo di formazione e di prova per il personale docente ed educativo

Il personale docente ed educativo è sottoposto al periodo di formazione e di prova il cui superamento positivo determina l'effettiva immissione in ruolo (comma 115). Tale periodo sarà approfondito a pagina 275.

Il superamento del periodo di formazione e di prova è subordinato allo svolgimento del servizio effettivamente prestato per almeno 180 giorni, dei quali almeno 120 per le attività didattiche (comma 116).

Il personale docente ed educativo in periodo di formazione e di prova è sottoposto a valutazione da parte del DS, sentito il comitato per la valutazione, sulla base dell'istruttoria di un docente a cui sono affidate dal DS le funzioni di tutor (comma 117).

In caso di valutazione negativa del periodo di formazione e di prova, il personale docente ed educativo è sottoposto ad un secondo periodo di formazione e di prova non rinnovabile (comma 119).

Formazione continua docenti

Viene istituita la Carta elettronica per l'aggiornamento e la formazione del docente di ruolo delle istituzioni scolastiche di ogni ordine e grado dell'importo nominale di 500 euro annui per ciascun anno scolastico. La carta è utilizzabile per l'acquisto di libri e di testi, anche in formato digitale, pubblicazioni e riviste utili all'aggiornamento professionale, hardware e software, iscrizione a corsi per attività di aggiornamento e di qualificazione delle competenze professionali, a corsi di laurea inerenti al profilo

---

[5] La retribuzione di risultato è correlata all'effettivo raggiungimento, anche sotto il profilo qualitativo, da parte del dirigente, degli obiettivi preventivamente determinati.

professionale, rappresentazioni teatrali e cinematografiche, ingresso ai musei, mostre ed eventi culturali e spettacoli dal vivo coerenti con le attività individuate nell'ambito del PTOF e del Piano nazionale di formazione. Non costituisce retribuzione accessoria né reddito imponibile (comma 121).

La formazione dei docenti in servizio è obbligatoria, permanente e strutturale. Le attività di formazione sono definite dalle singole istituzioni in coerenza con il PTOF e con i risultati emersi dai piani di miglioramento delle scuole (comma 124).

Valorizzazione del merito dei docenti

È istituito un fondo presso il MIUR per la valorizzazione del merito del personale docente. Il fondo è ripartito a livello territoriale tra le istituzioni scolastiche in proporzione alla dotazione organica dei docenti (comma 126).

Il DS, sulla base dei criteri individuati dal comitato per la valutazione dei docenti, assegna annualmente al personale docente una somma del fondo di cui al comma 126 sulla base di motivata valutazione (comma 127).

La somma al comma 127 è definita bonus ed è destinata a valorizzare il merito del personale docente di ruolo delle istituzioni scolastiche di ogni ordine e grado e si configura come retribuzione accessoria.

Gli USR inviano al MIUR una relazione sui criteri adottati dalle istituzioni scolastiche per il riconoscimento del merito dei docenti. Sulla base delle relazioni ricevute, un apposito Comitato tecnico scientifico, nominato dal Ministro dell'Istruzione, previo confronto con le parti sociali e le rappresentanze professionali, predispone le linee guida per la valutazione del merito dei docenti a livello nazionale. Le linee guida sono riviste periodicamente su indicazione del MIUR e sulla base delle evidenze che emergono dalle relazioni degli USR (comma 130).

Comitato per la valutazione dei docenti

Il comma 129 istituisce il Comitato per la valutazione dei docenti che resta in carica 3 anni. Il comitato è composto da:

- dirigente scolastico;
- 3 docenti dell'istituzione scolastica;
  - o 2 scelti dal collegio dei docenti;
  - o 1 dal consiglio d'istituto;
- 2 rappresentanti dei genitori (scuola dell'infanzia e primo ciclo d'istruzione) scelti dal consiglio d'istituto.
- 1 rappresentante dei genitori e 1 rappresentante degli studenti scelti dal consiglio d'istituto (secondo ciclo d'istruzione).
- 1 componente esterno individuato dall'USR tra docenti, DS e dirigenti tecnici.

Il comitato ha i seguenti compiti:

- Individuare i criteri per la valutazione dei docenti in base:
  - o Alla qualità dell'insegnamento, contributo al miglioramento dell'istituzione scolastica e al successo formativo e scolastico degli studenti.
  - o Ai risultati ottenuti dal docente o dal gruppo di docenti in relazione al potenziamento delle competenze degli alunni, dell'innovazione didattica e metodologica e della collaborazione alla ricerca didattica, alla documentazione e alla diffusione di buone pratiche didattiche.
  - o Alle responsabilità assunte nel coordinamento organizzativo e didattico e nella formazione del personale.
- Esprimere il proprio parere sul superamento del periodo di formazione e di prova per il personale docente ed educativo. Il comitato è integrato dal docente a cui sono affidate le funzioni di tutor.

- Valuta il servizio, su richiesta dell'interessato, previa relazione del DS. Nel caso di valutazione del servizio di un docente componente del comitato, ai lavori non partecipa l'interessato e il consiglio di istituto provvede all'individuazione di un sostituto.
- Esercita le competenze per la riabilitazione del personale docente.

Durata dei contratti di lavoro a tempo determinato

Dal 1° settembre 2016, i contratti di lavoro a tempo determinato del personale docente e ATA non possono superare la durata complessiva di 36 mesi, anche non continuativi (comma 131).

Portale Unico dei Dati della Scuola

Il comma 136 istituisce il Portale Unico dei Dati della Scuola.

Il MIUR garantisce l'accesso e la riutilizzabilità dei dati pubblici del sistema nazionale e di istruzione e formazione pubblicando in formato aperto i dati relativi ai bilanci delle scuole, i dati pubblici afferenti al Sistema nazionale di valutazione, l'Anagrafe dell'edilizia scolastica, i dati in forma aggregata dell'Anagrafe degli studenti, i provvedimenti di incarico di docenza, i piani dell'offerta formativa, compresi quelli delle scuole paritarie, i dati dell'Osservatorio tecnologico, i materiali didattici e le opere autoprodotte dagli istituti scolastici e rilasciati in formato aperto, i dati, i documenti e le informazioni utili a valutare l'avanzamento didattico, tecnologico e d'innovazione del sistema scolastico (comma 137).

Il Portale gestito dal MIUR, sentito il Garante per la protezione dei dati personali, rende accessibili i dati del curriculum dello studente di cui al comma 28, condivisi con il Ministero da ciascuna istituzione scolastica, e il curriculum del docente di cui al comma 80 (comma 138). Il Portale pubblica la normativa, gli atti e le circolari (comma 139).

I dati presenti sul Portale o nella disponibilità del MIUR non possono più essere oggetto di richiesta alle istituzioni scolastiche (comma 140).

Viene creato un canale permanente di comunicazione con gli uffici competenti del MIUR al fine di fornire un supporto tempestivo alle istituzioni scolastiche ed educative nella risoluzione di problemi connessi alla gestione amministrativa e contabile (comma 142).

Scuole italiane all'estero

Le disposizioni della presente legge si applicano alle scuole italiane all'estero in quanto compatibili e nell'ambito delle risorse disponibili a legislazione vigente (comma 195).

6.11 Valutazione degli alunni

Il D. Lgs. 62/2017, decreto attuativo della Buona Scuola, ha ad oggetto la valutazione degli alunni. Il decreto ha riformato la valutazione degli apprendimenti e la certificazione delle competenze nel primo ciclo, nonché gli esami di Stato nel primo e secondo ciclo d'istruzione. Per la valutazione degli apprendimenti nel secondo ciclo resta in vigore quanto stabilito dall'articolo 4 del D.P.R. 122/2009.

La valutazione ha lo scopo di monitorare e migliorare l'apprendimento degli studenti, documentando il loro sviluppo personale e promuovendo l'autovalutazione. È coerente con l'offerta formativa delle scuole, viene effettuata dai docenti secondo criteri definiti dal collegio dei docenti e include anche la valutazione del comportamento. Le scuole possono promuovere iniziative per valorizzare i comportamenti positivi degli studenti e certificare le competenze acquisite anche al fine di favorire l'orientamento per la prosecuzione degli studi.

Le istituzioni scolastiche partecipano a rilevazioni nazionali e internazionali per valutare il sistema educativo. I minori stranieri hanno diritto all'istruzione e vengono valutati secondo le stesse modalità dei cittadini italiani.

6.11.1 Valutazione nel primo ciclo

Il primo ciclo comprende la scuola primaria e la scuola secondaria di primo grado. La valutazione è effettuata ai sensi del D. Lgs. 62/2017.

Le disposizioni riguardanti la valutazione degli apprendimenti degli studenti nel primo ciclo scolastico possono essere riassunte come segue (art. 2):

- La valutazione periodica e finale degli studenti, inclusa la valutazione dell'esame di Stato, viene espressa tramite votazioni in decimi, indicando differenti livelli di apprendimento per ciascuna disciplina di studio prevista dalle Indicazioni Nazionali per il curricolo (comma 1).

- Le scuole, nell'ambito dell'autonomia didattica e organizzativa, devono attivare strategie specifiche per migliorare i livelli di apprendimento parzialmente raggiunti o in fase di acquisizione iniziale (comma 2).

- La valutazione è effettuata collegialmente dai docenti del consiglio di classe. I docenti che insegnano per gruppi di studenti, i docenti di religione cattolica e quelli che si occupano di attività alternative partecipano alla valutazione degli studenti che seguono tali insegnamenti. La valutazione è integrata dalla descrizione del processo e del livello generale di sviluppo degli apprendimenti raggiunto. I docenti di altri gradi scolastici che offrono attività ed insegnamenti per tutti o per gruppi di studenti, finalizzati all'ampliamento e all'arricchimento dell'offerta formativa, forniscono elementi informativi sull'interesse manifestato e sul profitto ottenuto da ciascun alunno. Le operazioni di scrutinio sono presiedute dal dirigente scolastico o da un suo delegato (comma 3).

- Sono oggetto di valutazione anche le attività svolte nell'ambito di Cittadinanza e Costituzione (comma 4).
- La valutazione del comportamento degli studenti viene espressa dai docenti attraverso un giudizio sintetico riportato nel documento di valutazione (comma 5).
- I docenti di sostegno partecipano alla valutazione di tutti gli studenti della classe. Nel caso in cui più insegnanti di sostegno seguano lo stesso studente con disabilità durante l'anno scolastico, la valutazione viene espressa congiuntamente (comma 6).
- La valutazione delle attività alternative all'insegnamento della religione cattolica, per gli studenti che se ne avvalgono, è resa su una nota separata, indicando il livello di interesse manifestato e i livelli di apprendimento raggiunti (comma 7).

Scuola primaria

Le disposizioni sull'ammissione alla classe successiva nella scuola primaria possono essere riassunte come segue (art. 3):

- Gli studenti della scuola primaria vengono ammessi alla classe successiva e alla prima classe di scuola secondaria di primo grado anche se hanno raggiunto solo parzialmente i livelli di apprendimento (comma 1).
- Nel caso in cui le valutazioni periodiche o finali indichino livelli di apprendimento parzialmente raggiunti o in fase di acquisizione iniziale, l'istituzione scolastica, nell'ambito dell'autonomia didattica e organizzativa, attiva specifiche strategie per migliorare i livelli di apprendimento (comma 2).

- I docenti della classe, durante le operazioni di scrutinio, possono decidere all'unanimità di non ammettere uno studente alla classe successiva solo in casi eccezionali e debitamente motivati (comma 3).

Inoltre, sono previste rilevazioni nazionali sugli apprendimenti degli studenti della scuola primaria (art. 4):

- L'Istituto nazionale per la valutazione del sistema educativo di istruzione e formazione (INVALSI) effettua rilevazioni nazionali sugli apprendimenti degli studenti in italiano, matematica e inglese, coerenti con le Indicazioni Nazionali per il curricolo. Queste rilevazioni coinvolgono le classi seconda e quinta della scuola primaria, con l'eccezione della rilevazione di inglese che riguarda solo la classe quinta (comma 1). L'INVALSI sarà trattato approfonditamente a pagina 283.

- Le rilevazioni degli apprendimenti contribuiscono al processo di autovalutazione delle istituzioni scolastiche e forniscono strumenti utili per migliorare progressivamente l'efficacia dell'azione didattica (comma 2).

- Le attività relative alle rilevazioni nazionali costituiscono parte ordinaria del funzionamento delle istituzioni scolastiche (comma 3).

- Per la rilevazione di inglese, l'INVALSI prepara prove di posizionamento sulle competenze di comprensione e uso della lingua, in linea con il Quadro comune di riferimento europeo per le lingue.

Scuola secondaria di primo grado

Per quanto riguarda la scuola secondaria di primo grado, di seguito una sintesi dei vari articoli che la riguardano.

Validità dell'anno scolastico (art. 5):

- Gli studenti devono frequentare almeno tre quarti delle ore annuali previste dal piano di studio (comma 1). Sono ammesse deroghe motivate a tale limite per casi eccezionali, previa delibera del collegio dei docenti, a patto che ci siano elementi sufficienti per procedere alla valutazione (comma 2).

- Se non è possibile procedere alla valutazione, il consiglio di classe può dichiarare la non validità dell'anno scolastico, determinando l'inammissibilità alla classe successiva o all'esame finale del primo ciclo di istruzione (comma 3).

Ammissione alla classe successiva e all'esame di Stato (art. 6):

- In caso di parziale o mancata acquisizione dei livelli di apprendimento in una o più discipline, il consiglio di classe può decidere di non ammettere gli studenti alla classe successiva o all'esame conclusivo del primo ciclo (comma 2).

- Se durante le valutazioni periodiche o finali si riscontrano carenze nei livelli di apprendimento degli alunni in una o più discipline, la scuola deve attivare specifiche strategie per migliorare i livelli di apprendimento (comma 3).

- Per gli studenti che hanno seguito l'insegnamento della religione cattolica, viene considerato il voto dell'insegnante di religione. Il voto del docente per le attività alternative, per gli alunni che se ne sono avvalsi, se determinante, diventa un giudizio motivato e scritto a verbale (comma 4).

- Il voto di ammissione all'esame conclusivo del primo ciclo viene espresso in decimi dal consiglio di classe, tenendo conto del percorso scolastico compiuto (comma 5).

Prove nazionali sugli apprendimenti (art. 7):

- L'INVALSI svolge rilevazioni nazionali tramite prove standardizzate computer-based per valutare i livelli di apprendimento in italiano, matematica e inglese, in linea con le indicazioni nazionali per il curricolo (comma 1).
- Le prove INVALSI supportano l'autovalutazione delle istituzioni scolastiche e forniscono strumenti per migliorare l'efficacia dell'azione didattica (comma 2).
- Per la prova di inglese, l'INVALSI valuta i livelli di apprendimento mediante prove coerenti con il Quadro comune di riferimento europeo per le lingue, eventualmente in collaborazione con enti certificatori (comma 3).
- Le prove si svolgono entro aprile e la partecipazione è un requisito per l'ammissione all'esame conclusivo del primo ciclo. È prevista una sessione suppletiva per gli studenti assenti per motivi gravi documentati (comma 4).

Svolgimento ed esito dell'esame di Stato (art. 8):
- L'esame di Stato conclusivo del primo ciclo di istruzione ha lo scopo di verificare le conoscenze, abilità e competenze acquisite dagli studenti anche in funzione orientativa (comma 1).
- La commissione d'esame è composta dai docenti del consiglio di classe ed è presieduta dal dirigente scolastico o da un docente collaboratore. Per le scuole paritarie, la commissione è presieduta dal coordinatore delle attività educative e didattiche. (comma 2).
- L'esame di Stato consiste in tre prove scritte e un colloquio, valutati con votazioni in decimi. La commissione d'esame prepara le prove e stabilisce i criteri di correzione e valutazione (comma 3).
- Le prove scritte riguardano l'italiano (o la lingua in cui si svolge l'insegnamento), le competenze logico-

matematiche e le competenze in lingua straniera, con una sezione per ciascuna lingua straniera studiata (comma 4).

- Il colloquio valuta le conoscenze descritte nel profilo dello studente, con attenzione all'argomentazione, alla risoluzione dei problemi, al pensiero critico e riflessivo, nonché al livello di padronanza delle competenze di cittadinanza e delle lingue straniere. Per i percorsi musicali, è prevista anche una prova pratica di strumento (comma 4).
- Il Ministro dell'Istruzione definisce le modalità di svolgimento delle prove con un decreto (comma 6).
- La commissione d'esame, su proposta della sottocommissione, determina la valutazione finale, che è la media delle votazioni di ammissione, delle prove scritte e del colloquio. Tale media è arrotondata all'unità superiore per frazioni pari o superiori a 0.5. L'esame viene considerato superato se il candidato ottiene una votazione di almeno sei decimi (comma 7).
- La valutazione finale con il massimo dei voti può essere accompagnata dalla lode, deliberata all'unanimità dalla commissione, sulla base delle valutazioni del percorso scolastico e dei risultati dell'esame (comma 8).
- Per i candidati privatisti, l'esito dell'esame tiene conto della valutazione delle prove scritte e del colloquio (comma 9).
- Per gli alunni assenti per gravi e documentati motivi valutati dal consiglio di classe è prevista una sessione suppletiva d'esame (comma 10).
- Gli esiti finali degli esami sono affissi all'albo della scuola (comma 11).

Certificazione delle competenze nel primo ciclo (art. 9):

- La certificazione delle competenze nel primo ciclo di istruzione descrive lo sviluppo dei livelli delle competenze chiave e delle competenze di cittadinanza acquisite dagli studenti, anche in vista dell'orientamento al secondo ciclo di istruzione (comma 1).
- La certificazione viene rilasciata al termine della scuola primaria e del primo ciclo di istruzione (comma 2).
- I modelli nazionali per la certificazione delle competenze sono stabiliti con un decreto del Ministro dell'Istruzione, basandosi sul profilo dello studente, sulle competenze chiave dell'Unione Europea, sul livello di acquisizione delle competenze e sulla valorizzazione delle competenze sviluppate in situazioni di apprendimento non formale e informale, in coerenza con il piano educativo individualizzato per gli alunni con disabilità (comma 3).
- La certificazione descrive anche il livello raggiunto nelle prove nazionali per ciascuna disciplina nonché le abilità di comprensione e uso della lingua inglese.

Esami di idoneità nel primo ciclo e ammissione all'esame di Stato dei candidati privatisti (art. 10):
- Gli studenti possono accedere all'esame di idoneità nelle diverse classi del primo ciclo (scuola primaria e scuola secondaria di primo grado) se hanno raggiunto l'età richiesta entro il 31 dicembre dell'anno in cui sostengono l'esame (comma 1);
- I genitori degli studenti che frequentano una scuola non statale non paritaria devono presentare annualmente una comunicazione preventiva al dirigente scolastico del loro territorio di residenza. Tali studenti possono sostenere presso una scuola statale o paritaria, come candidati privatisti, l'esame di idoneità al termine della scuola primaria per l'ammissione al successivo grado di

istruzione o all'esame di Stato conclusivo del primo ciclo (comma 3).

- Il risultato dell'esame può essere di idoneità o di non idoneità (comma 4).
- Gli studenti privatisti che compiono il tredicesimo anno di età entro il 31 dicembre dell'anno scolastico in cui sostengono l'esame e che sono ammessi alla prima classe della scuola secondaria di primo grado, possono sostenere l'esame di Stato conclusivo del primo ciclo. Sono ammessi anche i candidati che hanno conseguito l'ammissione alla scuola secondaria di primo grado da almeno tre anni (comma 5).
- I candidati privatisti, per essere ammessi all'esame di Stato, devono partecipare alle prove INVALSI presso una scuola statale o paritaria.
- Gli studenti che frequentano una scuola straniera in Italia riconosciuta dal paese di provenienza devono sostenere l'esame di idoneità se desiderano iscriversi a una scuola statale o paritaria.

Valutazione degli studenti con disabilità e disturbi specifici di apprendimento (articolo 11):

- Gli studenti con disabilità vengono valutati sulla base del comportamento, delle discipline e delle attività svolte secondo i documenti previsti dalla L. 104/1992 (comma 1).
- L'ammissione alla classe successiva e all'esame di Stato avviene secondo quanto previsto dal presente decreto e tiene in considerazione anche il piano educativo individualizzato (comma 3).
- Gli studenti con disabilità partecipano alle prove INVALSI. Il consiglio di classe può adottare misure compensative o dispensare gli studenti dalle prove e, se

necessario, predisporre adattamenti specifici alla prova o l'esenzione dalla stessa (comma 4).

- Gli studenti con disabilità sostengono le prove previste dall'esame di Stato utilizzando qualsiasi forma di supporto utilizzato durante l'anno scolastico per l'attuazione del PEI (comma 5).

- Per lo svolgimento dell'esame di Stato, sulla base del PEI, la sottocommissione prepara prove differenziate adeguate per valutare i progressi dello studente in relazione alle sue potenzialità e ai livelli di apprendimento iniziali. Queste prove differenziate hanno lo stesso valore ai fini del superamento dell'esame e del conseguimento del diploma finale (comma 6).

- L'esito finale dell'esame viene determinato in base ai criteri stabiliti nell'articolo 8 (comma 7).

- Agli studenti con disabilità che non si presentano agli esami viene rilasciato un attestato di credito formativo. L'attestato costituisce titolo per l'iscrizione e la frequenza delle scuole secondarie di secondo grado o dei corsi di istruzione e formazione professionale (comma 8).

- Per gli studenti con disturbi specifici di apprendimento (DSA) certificati secondo la L. 170/2010, la valutazione degli apprendimenti, l'ammissione e la partecipazione all'esame finale del primo ciclo di istruzione, è coerente con il piano didattico personalizzato (PDP) (comma 9).

- Per la valutazione degli studenti con DSA vengono adottate le misure dispensative e gli strumenti compensativi previsti dal PDP (comma 10).

- Per l'esame di Stato conclusivo del primo ciclo la commissione può concedere tempi più lunghi agli studenti con DSA. Possono inoltre utilizzare strumenti compensativi solo se già previsti dal PDP (comma 11).

- Gli alunni con DSA dispensati dalla prova scritta di lingua straniera sostengono una prova orale sostitutiva stabilita dalla sottocommissione (comma 12).
- Gli alunni con DSA grave esonerati dall'insegnamento delle lingue straniere e con percorso didattico personalizzato, in sede di esame di Stato svolgono prove differenziate coerenti con il percorso. Tali prove hanno valore equivalente ai fini del superamento dell'esame di Stato (comma 13).
- Gli alunni con DSA partecipano alle prove INVALSI con la possibilità di utilizzare gli strumenti compensativi previsti dal PDP. Se dispensati dalla prova scritta in lingua straniera o esonerati dall'insegnamento, non sostengono la prova INVALSI di lingua inglese (comma 14).
- Nel diploma finale e nelle tabelle affisse all'albo dell'istituto non vengono specificate le modalità di svolgimento dell'esame e la differenziazione delle prove (comma 15).

6.11.2 Valutazione nel secondo ciclo

La valutazione degli studenti nel secondo ciclo d'istruzione è effettuata ai sensi dell'art. 4 del D.P.R. 122/2009. In particolare:

- La valutazione periodica e finale degli apprendimenti degli studenti è effettuata dal consiglio di classe presieduto dal dirigente scolastico o da un suo delegato. I docenti di sostegno partecipano alla valutazione degli studenti con disabilità, tenendo conto dei criteri stabiliti dalla legge. Se un alunno con disabilità è seguito da più insegnanti di sostegno, viene assegnato un unico voto. Gli insegnanti esterni che svolgono attività di potenziamento e i docenti che svolgono attività alternative all'insegnamento della religione cattolica forniscono informazioni sul progresso degli studenti (comma 1).

- La valutazione del comportamento degli studenti viene espressa con un voto in decimi e contribuisce alla determinazione dei crediti scolastici e dei punteggi per il diritto allo studio. Il voto numerico viene anche riportato in lettere nel documento di valutazione (comma 2).
- La valutazione dell'insegnamento della religione cattolica segue norme specifiche, senza assegnazione di un voto numerico (comma 3).
- I periodi di apprendimento attraverso esperienze di lavoro sono parte integrante dei percorsi formativi personalizzati. La valutazione, la certificazione e il riconoscimento dei crediti relativi all'alternanza scuola-lavoro avvengono secondo le disposizioni previste dalla legge (comma 4).
- Ai fini dell'ammissione è necessario avere un voto di comportamento di almeno $6/10$ e una votazione di almeno $6/10$ in ogni disciplina o gruppo di discipline valutate con un unico voto. La valutazione finale degli apprendimenti e del comportamento è riferita ad ogni anno scolastico (comma 5).
- Durante lo scrutinio finale, il consiglio di classe sospende il giudizio per gli studenti che non hanno raggiunto la sufficienza in una o più discipline, senza dichiarare immediatamente la non promozione. Dopo gli interventi di recupero, il consiglio di classe valuta i risultati degli studenti e formula il giudizio finale. Se l'esito è positivo, gli studenti sono ammessi alla classe successiva e ottengono il credito scolastico (comma 6).

6.11.3 Esame di stato nel secondo ciclo

L'esame di Stato conclusivo del secondo ciclo è stato riformato dal D. Lgs. 62/2017. In particolare, l'esame di Stato ha l'obiettivo di verificare i livelli di apprendimento raggiunti da ciascun candidato, in base alle conoscenze, abilità e competenze specifiche di ogni indirizzo di studi. Tiene conto del profilo educativo, culturale e professionale (PECUP) dell'indirizzo di studi, inclusa la partecipazione alle attività di alternanza scuola-lavoro, lo sviluppo delle competenze digitali e il percorso dello studente. L'esame considera anche le attività svolte nell'ambito di Cittadinanza e Costituzione.

Le modalità per lo svolgimento degli esami di Stato vengono stabilite annualmente con un'apposita ordinanza del Ministro dell'istruzione, dell'università e della ricerca.

Ammissione (articoli 13 e 14)

L'ammissione all'esame di Stato è regolamentata dagli articoli 13 e 14. Il primo riguarda i candidati interni, il secondo i candidati esterni.

Per quanto riguarda l'ammissione dei candidati interni (art. 13):

- Gli studenti che hanno frequentato l'ultimo anno di scuola superiore presso istituti statali o paritari sono ammessi a sostenere l'esame di Stato come candidati interni (comma 1).
- L'ammissione all'esame di Stato viene decisa dal consiglio di classe durante lo scrutinio finale, presieduto dal dirigente scolastico o da un suo delegato. Per essere ammessi, gli studenti devono soddisfare i seguenti requisiti (comma 2):
  - o Aver frequentato almeno tre quarti del monte ore annuale personalizzato.

- o Aver partecipato alle prove INVALSI durante l'ultimo anno di corso.
- o Aver svolto attività di alternanza scuola-lavoro durante il penultimo e l'ultimo anno di corso. Nel caso di studenti ammessi in seguito a un esame di idoneità al penultimo o ultimo anno, i criteri per riconoscere le attività di alternanza sono definiti da un decreto del MIUR.
- o Votazione non inferiore a 6/10 in ogni disciplina o gruppo di discipline e un voto di comportamento non inferiore a 6/10. Se uno studente ottiene una votazione inferiore ai 6/10 in una disciplina o gruppo di discipline, il consiglio di classe può deliberare l'ammissione all'esame conclusivo del secondo ciclo, motivandola adeguatamente. Il voto del docente per le attività alternative, se rilevante, diventa un giudizio motivato scritto a verbale.

- Gli studenti che hanno conseguito il diploma professionale quadriennale di Tecnico nei percorsi del Sistema di istruzione e formazione professionale, previo completamento di un corso annuale[6] sono equiparati ai candidati interni (comma 3).
- Gli studenti, cosiddetti 'ottisti', che hanno ottenuto:
  - o una votazione di almeno 8/10 in ogni disciplina e nel comportamento nello scrutinio finale della penultima classe,
  - o una votazione di almeno 7/10 in ogni disciplina e di almeno 8/10 nel comportamento negli scrutini

---

[6] Il corso è previsto dall'articolo 15, comma 6, del D. Lgs. 226/2005.

finali dei due anni precedenti il penultimo, senza essere incorsi in bocciature,

possono essere ammessi direttamente all'esame di Stato conclusivo del secondo ciclo, su domanda. Le votazioni non includono l'insegnamento della religione cattolica e le attività alternative (comma 4).

Per quanto riguarda l'ammissione dei candidati esterni (art. 14):

- Possono sostenere l'esame di Stato come candidati esterni coloro che (comma 1):
    o Hanno compiuto 19 anni entro l'anno solare in cui si svolge l'esame e dimostrano di aver adempiuto all'obbligo di istruzione.
    o Possiedono un diploma di scuola secondaria di primo grado per un numero di anni almeno pari alla durata del corso prescelto, indipendentemente dall'età.
    o Hanno conseguito un titolo al termine di un corso di studio di istruzione secondaria di secondo grado della durata di almeno quattro anni oppure hanno un diploma professionale di tecnico.
    o Hanno terminato la frequenza dell'ultimo anno di corso prima del 15 marzo.
- L'ammissione dei candidati esterni che non hanno ottenuto la promozione all'ultima classe è subordinata al superamento di un esame preliminare. L'esame verifica la loro preparazione nelle materie previste dal piano di studi degli anni per i quali non hanno la promozione o l'idoneità alla classe successiva, oltre alle materie del piano di studi dell'ultimo anno. Anche i candidati che hanno l'idoneità o la promozione all'ultimo anno, ma non l'hanno frequentato o non hanno i requisiti per essere ammessi all'esame, devono sostenere l'esame preliminare. Il

superamento dell'esame preliminare, anche in caso di mancato superamento dell'esame di Stato, equivale all'idoneità all'ultimo anno. L'esame preliminare viene svolto davanti al consiglio della classe dell'istituto, statale o paritario, a cui il candidato è stato assegnato. Il candidato viene ammesso all'esame di Stato se ottiene un punteggio minimo di 6/10 in ciascuna delle prove a cui è sottoposto (comma 3).

- I candidati esterni devono presentare domanda di ammissione agli esami di Stato presso l'Ufficio Scolastico Regionale territorialmente competente. Quest'ultimo assegna i candidati agli istituti scolastici statali o paritari nel comune di residenza del candidato o, in caso di assenza nel comune dell'indirizzo di studio indicato nella domanda, nella provincia o, se assenti anche in questa, nella regione, distribuendoli in modo uniforme sul territorio. I candidati esterni vengono distribuiti tra le diverse commissioni degli istituti statali e paritari e il loro numero non può superare il 50% dei candidati interni, con un limite massimo di 35 candidati. Se è previsto l'esame preliminare, i candidati esterni lo svolgono presso gli istituti scolastici loro assegnati come sede d'esame. L'ammissione all'esame di Stato è subordinata anche alla partecipazione alle prove INVALSI, presso l'istituzione scolastica in cui svolgerà l'esame, e allo svolgimento di attività assimilabili all'alternanza scuola-lavoro secondo criteri definiti con decreto del MIUR (comma 3).
- I candidati non appartenenti a Paesi dell'Unione Europea, che non hanno frequentato l'ultimo anno di istruzione secondaria superiore in Italia o presso istituzioni scolastiche italiane all'estero, possono sostenere l'esame di Stato come candidati esterni,

seguendo le stesse modalità previste per questi ultimi (comma 4).

Credito scolastico (art. 15)

L'articolo 15 del decreto definisce l'entità e le modalità di assegnazione del credito, che può arrivare ad un massimo di 40 punti.

Il credito viene assegnato dal consiglio di classe nel secondo biennio e nell'ultimo anno. In particolare, sono previsti fino a 12 punti per il terzo anno, fino a 13 per il quarto e fino a 15 per il quinto (comma 1).

Il credito, ai sensi del comma 2, viene assegnato sulla base della media dei voti ottenuti in sede di scrutinio finale secondo la tabella all'allegato A del decreto:

Media dei voti	Credito III anno	Credito IV anno	Credito V anno
$M < 6$	-	-	7-8
$M = 6$	7-8	8-9	9-10
$6 < M \leq 7$	8-9	9-10	10-11
$7 < M \leq 8$	9-10	10-11	11-12
$8 < M \leq 9$	10-11	11-12	13-14
$9 < M \leq 10$	11-12	12-13	14-15

Nel caso di abbreviazione del corso di studi per merito, il credito scolastico per l'anno non frequentato viene assegnato nella misura massima prevista per lo stesso, ovvero 15 punti. La tabella si applica anche ai candidati esterni ammessi all'esame dopo l'esame preliminare e a coloro che hanno sostenuto esami di idoneità (comma 2).

Per i candidati esterni, il credito scolastico viene assegnato dal consiglio di classe davanti al quale svolgono l'esame preliminare, basandosi sulla documentazione del curriculum scolastico e sui risultati delle prove preliminari (comma 3).

Commissione e sede di esame (art. 16)

Gli esami si svolgono presso istituzioni scolastiche statali e istituti paritari frequentati dai candidati interni (comma 1).

Per i candidati esterni, gli esami si svolgono presso istituti statali e istituti paritari assegnati loro secondo i criteri stabiliti nell'ordinanza annuale (comma 2).

Ai candidati esterni provenienti da scuole non statali o non paritarie è vietato sostenere gli esami presso scuole paritarie gestite dallo stesso gestore o da un altro gestore con interessi comuni (comma 3).

Le commissioni d'esame sono costituite presso le istituzioni scolastiche statali e paritarie. Ogni commissione è presieduta da un presidente esterno e composta da 3 membri esterni e 3 membri interni per ciascuna classe. I commissari delle materie oggetto delle prove scritte sono sempre presenti. I membri della commissione sono nominati dall'Ufficio scolastico regionale secondo criteri nazionali stabiliti dal Ministero dell'istruzione (comma 4).

Presso l'ufficio scolastico regionale è istituito un elenco dei presidenti di commissioni, che possono essere dirigenti scolastici o insegnanti di scuola superiore con requisiti definiti a livello nazionale. È prevista una formazione specifica per il ruolo di presidente. (comma 5).

Le commissioni d'esame possono correggere le prove scritte per aree disciplinari, e le decisioni finali sono prese dall'intera commissione a maggioranza assoluta (comma 6).

Prove di esame (art. 17)

L'esame di Stato è composto da due prove nazionali e un colloquio (comma 2).

Il consiglio di classe redige un documento entro il 15 maggio di ogni anno che descrive i contenuti, i metodi, i mezzi, gli spazi e i tempi del percorso formativo, nonché i criteri e gli strumenti di valutazione utilizzati e gli obiettivi raggiunti (comma 1).

Entro gennaio, con decreto ministeriale, vengono individuate le discipline oggetto della seconda prova ed eventuali terze prove per specifici indirizzi di studio (comma 7).

Tramite decreto ministeriale vengono definite le griglie di valutazione per l'attribuzione dei punteggi alle prove (comma 6).

La prima prova, scritta, verifica la padronanza della lingua italiana o di un'altra lingua insegnata, nonché le capacità espressive, logico-linguistiche e critiche del candidato. Consiste nella redazione di un elaborato su diverse tipologie testuali in vari ambiti (comma 3).

La seconda prova, scritta, grafica o scritto-grafica, pratica, compositivo/esecutiva musicale e coreutica, riguarda una o più discipline caratterizzanti il corso di studio e verifica le conoscenze, abilità e competenze attese dal profilo educativo, culturale e professionale dello specifico indirizzo (comma 4).

Con un decreto ministeriale vengono definiti i quadri di riferimento per la redazione e lo svolgimento delle prove, in modo da privilegiare i nuclei tematici fondamentali per ciascuna disciplina (comma 5).

Il Ministro seleziona i testi, elaborati da una commissione di esperti, per le prime e seconde prove per tutti i percorsi di studio, mentre per l'istruzione professionale la seconda prova è pratica e mira a valutare le competenze professionali acquisite dal candidato. Una parte della prova è predisposta dalla commissione d'esame in coerenza con il piano dell'offerta formativa dell'istituzione (comma 8).

Il colloquio serve a valutare il raggiungimento del profilo culturale, educativo e professionale dello studente. La commissione propone al candidato l'analisi di testi, documenti, esperienze, progetti e problemi per verificare le competenze disciplinari, la capacità di utilizzare le conoscenze e di argomentare criticamente, anche in lingua straniera (comma 9). Nel colloquio vengono valutate anche le conoscenze e competenze relative a Cittadinanza e Costituzione (comma 10).

Per i candidati assenti a una o più prove per gravi motivi documentati, valutati dalla commissione, è prevista una sessione suppletiva e una sessione straordinaria d'esame, e in casi eccezionali, modalità speciali di svolgimento delle prove (comma 11).

Esiti dell'esame (art. 18)

Al termine delle prove ciascun candidato viene assegnato un punteggio finale in centesimi, che è la somma dei punteggi attribuiti alle prove e al colloquio dalla commissione d'esame, insieme ai punti acquisiti per il credito scolastico, fino a un massimo di 40 punti (comma 1).

La commissione d'esame ha un massimo di 20 punti per valutare ciascuna delle prove e un massimo di 20 punti per il colloquio, per un totale di 60 punti. Un decreto ministeriale definisce la ripartizione dei punti per le tre prove scritte, se previste per specifici indirizzi di studio (comma 2).

I risultati delle prove scritte sono pubblicati all'albo dell'istituto sede della commissione d'esame almeno due giorni prima del colloquio orale (comma 3).

Il punteggio minimo complessivo per superare l'esame è di 60 centesimi (comma 4).

La commissione d'esame può aumentare il punteggio fino a un massimo di 5 punti se il candidato ha ottenuto almeno 30 punti di credito scolastico e un punteggio complessivo di almeno 50 punti nelle prove d'esame (comma 5).

La commissione, all'unanimità, può assegnare la lode a coloro che ottengono il punteggio massimo di 100 punti senza usufruire dell'aumento del punteggio, a condizione che abbiano ottenuto il credito scolastico massimo con voto unanime del consiglio di classe e il punteggio massimo previsto per ogni prova d'esame (comma 6).

I risultati dell'esame, con l'indicazione del punteggio finale ottenuto, compresa la menzione della lode, vengono pubblicati contemporaneamente per tutti i candidati della classe all'albo dell'istituto sede della commissione. Nel caso di non superamento dell'esame, viene indicato "non diplomato" (comma 7).

Prove INVALSI (art. 19)

Gli studenti dell'ultimo anno della scuola superiore svolgono le prove INVALSI, computer-based, per verificare i livelli di apprendimento raggiunti in italiano, matematica e inglese. Queste prove si aggiungono alle rilevazioni già effettuate nel secondo anno di scuola. È prevista una sessione suppletiva per gli studenti assenti per gravi motivi valutati dal consiglio di classe (comma 1).

Per la prova di inglese, l'INVALSI valuta i livelli di apprendimento attraverso test in linea con il Quadro comune di riferimento europeo per le lingue (comma 2).

Le attività relative allo svolgimento delle rilevazioni nazionali sono considerate attività ordinarie delle istituzioni scolastiche (comma 3).

Alunni con disabilità e con DSA (art. 20)

Gli studenti con disabilità sono ammessi a sostenere l'esame di Stato del secondo ciclo di istruzione secondo le disposizioni dell'articolo 13. Il consiglio di classe determina la tipologia delle prove d'esame e se queste hanno valore equivalente nel piano educativo individualizzato (comma 1).

La commissione d'esame, sulla base della documentazione fornita dal consiglio di classe, prepara una o più prove differenziate in linea con gli interventi educativi basati sul piano educativo individualizzato. Tali prove, se di valore equivalente, determinano il rilascio del diploma conclusivo che non fa menzione delle prove differenziate (comma 2).

La commissione può ricevere il supporto dei docenti ed esperti che hanno seguito lo studente durante l'anno scolastico per la preparazione, lo svolgimento e la correzione delle prove d'esame (comma 3).

La commissione può assegnare un tempo differenziato per lo svolgimento delle prove da parte degli studenti con disabilità (comma 4).

Gli studenti con disabilità che hanno sostenuto prove non equivalenti a quelle ordinarie o che non partecipano o non sostengono alcune prove ricevono un attestato di credito formativo che fornisce informazioni sul percorso di studio seguito e le valutazioni ottenute in sede di esame (comma 5).

Il riferimento alle prove differenziate è indicato solo nell'attestazione e non nelle tabelle affisse all'albo dell'istituto (comma 6).

Al termine dell'esame di Stato, ai candidati con disabilità viene rilasciato il curriculum dello studente (comma 7).

Gli studenti con disabilità partecipano alle prove INVALSI. Il consiglio di classe può prevedere misure compensative o dispensative per lo svolgimento delle prove e, se necessario, adattamenti specifici per la prova (comma 8).

Gli studenti con disturbo specifico di apprendimento (DSA) sono ammessi all'esame di Stato secondo le disposizioni dell'articolo 13, basandosi sul piano didattico personalizzato (comma 9).

La commissione d'esame tiene conto delle misure previste dai piani didattici personalizzati (comma 10).

Gli studenti con DSA possono utilizzare tempi più lunghi per le prove scritte e gli strumenti compensativi previsti nel piano didattico personalizzato, senza che ciò influenzi la validità delle prove. L'uso degli strumenti compensativi non viene menzionato nel diploma (comma 11).

Per i candidati con certificazione di DSA che hanno la dispensa dalla prova scritta di lingua straniera, la commissione può sottoporli a una prova orale sostitutiva (comma 12).

Gli studenti con DSA grave esonerati dall'insegnamento delle lingue straniere e con percorso didattico personalizzato, in sede di esame di Stato svolgono prove differenziate coerenti con il percorso finalizzate al rilascio dell'attestato di credito al comma 5. L'indicazione della differenziazione delle prove è indicata solo nell'attestato e non nelle tabelle affisse all'albo della scuola (comma 13).

Gli studenti con DSA partecipano alle prove INVALSI. Il consiglio di classe può adottare strumenti compensativi coerenti con il piano didattico personalizzato. Gli studenti con DSA dispensati dalla prova scritta di lingua straniera o esentati dall'insegnamento della lingua straniera non sostengono la prova nazionale di lingua inglese (comma 14).

Diploma e curriculum dello studente (art. 21)

Il diploma finale attesta l'indirizzo, la durata del corso di studi e il punteggio ottenuto. Ha validità anche nell'Unione Europea per facilitare la circolazione dei titoli di studio (comma 1).

Il diploma è accompagnato dal curriculum dello studente, che elenca le discipline del piano di studi con il relativo monte ore. Viene fornita una descrizione dettagliata dei livelli di apprendimento raggiunti nelle prove nazionali scritte, con particolare distinzione per ogni materia e la certificazione delle abilità linguistiche in inglese. Inoltre, vengono indicate le competenze acquisite, inclusi aspetti professionali, attività culturali, artistiche, musicali, sportive, di volontariato, nonché esperienze di alternanza scuola-lavoro e altre certificazioni ottenute, utili per l'orientamento e l'accesso al mondo del lavoro (comma 2).

Valutazione di alunni in ospedale (art. 22)

Per gli studenti che frequentano corsi ospedalieri, i docenti trasmettono alla scuola di appartenenza informazioni sul percorso formativo individuale seguito dagli studenti, al fine della valutazione periodica e finale (comma 1).

Se la frequenza dei corsi ospedalieri supera quella nella classe di appartenenza, i docenti degli insegnamenti effettuano la valutazione in collaborazione con la scuola di riferimento, che fornisce elementi di valutazione elaborati dai docenti della classe. Lo stesso avviene quando gli studenti sono ricoverati durante gli esami finali e devono sostenere le prove in ospedale (comma 2).

Tali modalità si applicano anche ai casi di istruzione domiciliare (comma 3).

Istruzione parentale (art. 23)

In caso di istruzione parentale, i genitori o tutori devono presentare ogni anno una comunicazione preventiva al dirigente scolastico della zona di residenza. Gli studenti coinvolti sostengono annualmente un esame di idoneità per passare alla classe successiva come candidati esterni presso una scuola statale o paritaria, fino al completamento dell'obbligo di istruzione (comma 1).

6.12 Alternanza Scuola Lavoro e PCTO

L'alternanza scuola-lavoro (ASL) è un approccio educativo che permette agli studenti di acquisire competenze pratiche e conoscenze nel mondo del lavoro, integrando l'esperienza scolastica con periodi di formazione presso aziende, enti o istituzioni.

L'ASL è stata introdotta con l'articolo 4 della L. 53/2003 (Riforma Moratti) e concretizzata con il D. Lgs. 77/2005 con le finalità di permettere agli studenti di acquisire competenze spendibili nel mondo del lavoro, collegare la formazione in aula con l'esperienza pratica, collegare le scuole con il mondo del lavoro e rendere l'offerta formativa più aderente allo sviluppo culturale, scoiale ed economico del territorio (art. 2, comma 1).

I percorsi di alternanza, ai sensi dell'articolo 1, comma 2 sono progettati, attuati, verificati e valutati dall'istituzione scolastica la quale stipula convenzioni con vari enti disposti ad accogliere gli studenti, quali ad esempio aziende, camere di commercio, industria, artigianato e agricoltura, enti pubblici e privati, ordini professionali, etc. L'ASL non costituisce rapporto individuale di lavoro.

I percorsi di alternanza possono essere svolti anche al di fuori del calendario scolastico e sono programmati all'interno del piano dell'offerta formativa (art. 4).

È inoltre previsto un docente tutor interno, designato dalla scuola, che, in collaborazione con i tutor esterni, assicura il corretto svolgimento dell'alternanza (art. 5, comma 1).

Il tutor esterno è designato dall'ente presso cui lo studente svolgerà il periodo di alternanza. Esso favorisce l'inserimento dello studente, lo affianca sul lavoro e fornisce alla scuola elementi atti a valutare il percorso di alternanza (art. 5, commi 2 e 3).

I percorsi di alternanza sono oggetto di valutazione e per la loro frequenza vengono riconosciuti dei crediti. Al termine del percorso viene rilasciata una certificazione relativa alle competenze acquisite nei periodi di alternanza. Gli alunni con disabilità sono valutati ai sensi della L. 104/1992 (art. 6).

Le scuole, infine, possono realizzare corsi integrati in collaborazione con il sistema dell'istruzione e della formazione professionale (art. 7).

Va notato che l'ASL è facoltativa, ai sensi del D. Lgs. 77/2005. L'obbligo di svolgimento dei percorsi di alternanza è stato introdotto con la L. 107/2015 (Buona Scuola).

I percorsi di alternanza vengono richiamati anche nella Riforma Gelmini (D.P.R. 87, 88 e 89 del 2010) e sono definiti *"strumenti didattici per la realizzazione dei percorsi di studio"*.

Come anticipato, l'ASL diventa obbligatoria con la L. 107/2015, che ha come obiettivo primario l'incremento della stessa, prevedendo almeno 400 ore complessive nel secondo biennio e nell'ultimo anno degli istituti tecnici e professionali e almeno 200 ore complessive nel triennio dei licei. Per maggiori dettagli si consiglia di leggere la sezione dedicata all'alternanza scuola lavoro trattata nel paragrafo dedicato alla L. 107/2015 a pagina 234.

La L. 145/2018 (legge di bilancio 2019) rinomina l'ASL in *"Percorsi per le competenze trasversali e l'orientamento"* (PCTO) a partire dall'anno scolastico 2018/2019 e riduce il numero di ore ad almeno 210 nel triennio degli istituti professionali; ad almeno 150 nell'secondo biennio e quinto anno degli istituti tecnici; ad almeno 90 nel secondo biennio e quinto anno dei licei. Il PCTO è obbligatorio (art. 1, comma 784). Inoltre, la legge delega il MIUR a definire linee guida in merito al PCTO (art. 1, comma 785). Tali linee guida sono state emanate nel 2019 e, in breve:

- Stabiliscono come attuare il PCTO, in conformità con gli orientamenti europei.
- I percorsi sono finalizzati all'orientamento degli studenti e alla loro formazione in competenze trasversali, in modo da rispondere alle esigenze individuali e di innovazione dei sistemi economici. In particolare, tra le otto competenze chiave europee ne vengono individuate quattro come traguardo formativo dei percorsi, ovvero:
  - Competenza personale, sociale e capacità di imparare ad imparare;
  - Competenza in materia di cittadinanza;
  - Competenza imprenditoriale;
  - Competenza in materia di consapevolezza ed espressione culturali.

  Per una trattazione completa sulle competenze chiave europee si rimanda a pagina 290.
- Le competenze trasversali sono considerate un traguardo formativo fondamentale dei percorsi, che devono essere efficaci e orientati all'integrazione delle conoscenze fondamentali con lo sviluppo di soft skill.

- I percorsi vengono inseriti nel PTOF come esperienze pluriennali e hanno l'obiettivo di orientare lo studente al mondo del lavoro o alla prosecuzione degli studi, nonché potenziare le competenze specifiche acquisite durante il percorso di studi.

- Sono previsti docenti tutor, in particolare un tutor interno, designato dalla scuola, e un tutor esterno, designato dall'ente che ospita lo studente.

- I percorsi sono personalizzati.

In generale, il documento fornisce indicazioni su come progettare e gestire i percorsi, valutare gli apprendimenti degli studenti e garantire la loro tutela.

Infine, ai sensi del D.M. 37/2019, nell'ambito del colloquio in sede di esame di Stato, il candidato interno illustra l'esperienza di PCTO e riflette sull'importanza di tali attività per le opportunità future di studio e lavoro. Per il candidato esterno, la commissione tiene in considerazione eventuali esperienze simili presentate tramite una breve relazione o un elaborato multimediale (art. 2, comma 1).

6.13 Valutazione del personale docente ed educativo

La valutazione del personale docente, introdotta con la L. 107/2015, viene formalizzata con il D.M. 850/2015, in cui vengono individuati gli obiettivi, le attività formative e i criteri per valutare il personale docente in periodo di formazione e prova (art. 1, comma 2).

Il periodo di formazione e prova ha la finalità di verificare le competenze professionali del docente, sia in ambito didattico che organizzativo (art. 1, comma 3).

Le attività di formazione, obbligatorie e che durano almeno 50 ore, aggiuntive rispetto agli impegni ordinari, hanno la finalità di consolidare le competenze del docente (art. 1, comma 4).

Il periodo di formazione e prova è obbligatorio per (art. 2, comma 1):

- I docenti al primo anno di servizio con incarico a tempo indeterminato che aspirano alla conferma in ruolo.
- Docenti con richiesta di proroga o che non hanno potuto completare il periodo in anni precedenti.
- Docenti con disposizione di passaggio di ruolo.

In caso di valutazione negativa, il personale docente effettua un secondo periodo di formazione e prova non rinnovabile (art. 2, comma 2).

Il superamento del periodo di formazione e prova richiede almeno 180 giorni di servizio durante l'anno scolastico, di cui almeno 120 per attività didattiche (art. 3, comma 1).

Sono considerate nel conteggio dei 180 giorni tutte le attività scolastiche, compresi i periodi di sospensione delle lezioni, gli esami e gli scrutini, escludendo i giorni di congedo ordinario e straordinario e le aspettative. Anche il primo mese di astensione obbligatoria per gravidanza viene considerato (art. 3, comma 2).

I 120 giorni di attività didattiche includono sia i giorni effettivi di insegnamento sia i giorni trascorsi presso la sede per altre attività legate all'azione didattica, comprese valutazioni, progettazioni, formazione e collaborazioni (art. 3, comma 3).

In caso di differimento della presa di servizio, il periodo di formazione e prova può essere svolto presso l'istituzione scolastica statale dove si presta una supplenza annuale, purché sia sullo stesso posto o classe di concorso affine (art. 3, comma 4).

I criteri di valutazione dell'anno di formazione e prova sono i seguenti (art. 4, comma 1):

- a. Possesso e esercizio corretto delle competenze culturali, disciplinari, didattiche e metodologiche, in relazione ai saperi fondamentali, ai traguardi di competenza e agli obiettivi di apprendimento previsti dalla normativa vigente.

b. Possesso e esercizio corretto delle competenze relazionali, organizzative e gestionali.

c. Osservanza dei doveri connessi allo status di dipendente pubblico e alla funzione docente.

d. Partecipazione alle attività formative e raggiungimento degli obiettivi previsti da tali attività.

Per la verifica di quanto al punto a), il dirigente fornisce al docente neo-assunto il PTOF, la documentazione relativa alle classi, ai corsi e agli insegnamenti a lui assegnati. Il docente neo-assunto, in collaborazione con il tutor, redige la propria programmazione annuale, specificando gli esiti di apprendimento attesi, le metodologie didattiche, le strategie inclusive per gli alunni con BES e lo sviluppo delle eccellenze, nonché gli strumenti e i criteri di valutazione. (art. 4, comma 2).

Per la verifica delle competenze relazionali (punto b), si valutano l'attitudine collaborativa nei contesti didattici, progettuali e collegiali, l'interazione con le famiglie e con il personale scolastico, la capacità di affrontare situazioni relazionali complesse e le dinamiche interculturali, nonché la partecipazione attiva e il sostegno ai piani di miglioramento dell'istituzione scolastica (art. 4, comma 3).

Per quanto concerne il punto d) il docente neo-assunto traccia un bilancio di competenze, in forma di autovalutazione strutturata, con l'aiuto del docente tutor. Questo bilancio tiene conto delle prime attività didattiche svolte e serve a personalizzare le attività di formazione (art. 5, comma 1).

Il bilancio delle competenze, redatto entro il secondo mese dalla presa di servizio, consente di fare un'analisi critica delle competenze possedute, identificare i punti da potenziare e sviluppare un progetto di formazione in servizio coerente con la diagnosi effettuata (art. 5, comma 2).

Il dirigente scolastico e il docente neo-assunto, basandosi sul bilancio delle competenze, consultando il docente tutor e considerando le esigenze della scuola, stabiliscono gli obiettivi di sviluppo delle competenze culturali, disciplinari, didattico-metodologiche e relazionali da raggiungere tramite le attività formative e la partecipazione a iniziative promosse dalla scuola o da reti di scuole (art. 5, comma 3).

Alla fine del periodo di formazione e prova, il docente neo-assunto, supervisionato dal docente tutor, redige un nuovo bilancio delle competenze per registrare i progressi professionali, l'impatto delle azioni formative svolte e possibili sviluppi futuri (art. 5, comma 4).

Le attività formative, per una durata totale di 50 ore, sono organizzate in 4 fasi (art. 6):

1. *Incontri propedeutici e di restituzione finale* (6 ore): l'amministrazione scolastica territoriale organizza almeno un incontro formativo propedeutico per i docenti neo-assunti a livello locale. L'incontro ha lo scopo di fornire informazioni sul percorso generale di formazione, sul profilo professionale richiesto e sulle innovazioni in corso nella scuola. Inoltre, viene organizzato un incontro conclusivo per valutare complessivamente l'efficacia dell'azione formativa svolta (art. 7).

2. *Laboratori formativi* (12 ore): sono progettati a livello territoriale sulla base del bilancio delle competenze e dei bisogni formativi individuati. Sono previsti 4 incontri della durata di 3 ore ciascuno durante i quali i docenti svolgono attività di ricerca validate dal docente coordinatore del laboratorio. Le attività vanno documentate e inserite nel portfolio professionale del docente neo-assunto. I laboratori sono condotti da formatori provenienti dal mondo della scuola e hanno ad

oggetto un'area tematica, come ad esempio la gestione della classe e le dinamiche relazionali, i bisogni educativi speciali, orientamento e alternanza scuola-lavoro, etc. (art. 8)

3. *Peer to peer e osservazione in classe* (12 ore): tale attività, pianificata in anticipo e documentata dal docente neo-assunto, ha lo scopo di migliorare le pratiche didattiche e di riflettere insieme al tutor sugli aspetti chiave dell'insegnamento. Si concentra sulle modalità di conduzione delle lezioni, sul supporto alla motivazione degli studenti, sulla creazione di un clima positivo e stimolante e sulle modalità di valutazione formativa dell'apprendimento. Le sequenze di osservazione vengono pianificate in anticipo, discusse e riadattate successivamente con il tutor e vengono descritte in una relazione specifica redatta dal docente neo-assunto (art. 9)

4. *Formazione on-line* (20 ore): tale formazione è effettuata su una piattaforma digitale curata da INDIRE[7]. La formazione comprende le seguenti attività: analisi e riflessioni sul percorso formativo personale, creazione di un portfolio professionale per documentare le attività didattiche progettate, realizzate e valutate, compilazione di questionari per monitorare le diverse fasi del percorso formativo e possibilità di ricerca autonoma di materiali di studio, risorse didattiche e siti dedicati forniti durante il percorso formativo (art. 10).

Durante il periodo di formazione, il docente neo-assunto predispone un portfolio professionale digitale che contiene (art. 11):

- Curriculum professionale;

---

[7] INDIRE è trattato a pagina 171.

- Bilancio delle competenze iniziale;
- Documentazione delle attività di progettazione didattica, delle attività didattiche e delle azioni di verifica intraprese;
- Bilancio delle competenze finale e piano di sviluppo professionale.

Ai sensi dell'articolo 12, all'inizio di ogni anno scolastico, il dirigente scolastico, in base al parere del collegio dei docenti, nomina uno o più docenti che svolgeranno il ruolo di tutor per i docenti neo-assunti presso l'istituto. Un docente tutor segue al massimo tre docenti neo-assunti.

Il docente tutor appartiene alla stessa classe di concorso dei docenti neo-assunti a lui assegnati o possiede l'abilitazione corrispondente. Nel caso in cui non sia possibile, sarà designato un tutor della stessa area disciplinare o di una classe affine.

Il docente tutor fornisce supporto, consulenza e collaborazione per migliorare la qualità dell'insegnamento ed è responsabile dell'organizzazione di momenti di osservazione reciproca in classe (*peer tutoring*).

Alla fine dell'anno di formazione e prova, tra la fine delle attività didattiche, inclusi gli esami di qualifica e di Stato, e la conclusione dell'anno scolastico, il dirigente scolastico convoca il Comitato di valutazione per valutare il superamento del periodo di formazione e prova (art. 13, comma 1).

Ai fini della valutazione, il docente sostiene un colloquio con il Comitato, presentando le attività di insegnamento e formazione e la documentazione corrispondente contenuta nel portfolio professionale. Questo portfolio viene consegnato preliminarmente al dirigente scolastico, che lo trasmette al Comitato almeno 5 giorni prima del colloquio (art. 13, comma 2).

Dopo il colloquio, il Comitato si riunisce per esprimere il proprio parere. Il docente tutor presenta i risultati sulle attività formative e sulle esperienze di insegnamento e partecipazione alla vita della scuola del docente neo-assunto. Il dirigente scolastico presenta una relazione per ogni docente, che include la documentazione delle attività di formazione, delle forme di tutoraggio e di ogni altro elemento informativo o prova utile per l'emissione del parere (art. 13, comma 3).

Il parere del Comitato è obbligatorio ma non vincolante per il dirigente scolastico, che può discostarsene motivatamente (art. 13, comma 4).

Ai sensi dell'articolo 14, durante il periodo di formazione e prova, il dirigente scolastico valuta il personale docente sulla base dell'istruttoria effettuata e dei pareri ricevuti.

Se il giudizio è positivo riguardo al periodo di formazione e prova, il dirigente scolastico emette un provvedimento motivato che conferma il docente neo-assunto nel ruolo.

Se il giudizio è negativo, il dirigente scolastico emette un provvedimento motivato che richiede al docente di ripetere il periodo di formazione e prova. Questo provvedimento individua anche le aree critiche identificate e stabilisce le modalità di supporto formativo e di verifica per raggiungere gli standard richiesti per la conferma nel ruolo.

Durante il secondo periodo di formazione e prova, è necessaria una verifica condotta da un dirigente tecnico, che valuta tutti gli elementi utili per valutare l'idoneità del docente. La relazione redatta dal dirigente tecnico fa parte della documentazione esaminata dal Comitato al termine del secondo periodo di prova.

A seguito di questa valutazione, possono verificarsi due esiti: il riconoscimento dell'adeguatezza delle competenze professionali e la conseguente conferma nel ruolo, oppure il mancato riconoscimento dell'adeguatezza delle competenze professionali e la conseguente mancata conferma nel ruolo.

Se emergono gravi lacune di natura culturale, metodologico-didattica o relazionale, il dirigente scolastico può richiedere un'ispezione apposita per valutare la situazione in modo tempestivo.

I provvedimenti descritti in questo articolo devono essere adottati e comunicati all'interessato entro il 31 agosto dell'anno scolastico di riferimento.

6.14 Valutazione e autovalutazione delle scuole

La valutazione delle scuole è regolamentata dal D.P.R. 80/2013, d'ora in poi decreto.

6.14.1 Sistema nazionale per la valutazione del sistema educativo

Ai sensi dell'articolo 2 del decreto, il Sistema Nazionale per la Valutazione del Sistema Educativo (SNV) ha lo scopo di valutare l'efficienza e l'efficacia del sistema educativo italiano. È composto da tre enti: l'INVALSI, responsabile del coordinamento funzionale, l'INDIRE e il contingente ispettivo.

I risultati della valutazione effettuata dal SNV vengono forniti ai direttori generali degli uffici scolastici regionali per valutare i dirigenti scolastici. Il Ministro, attraverso una direttiva, definisce le priorità strategiche della valutazione del sistema educativo, le modalità di coordinamento dell'INVALSI e i criteri per garantire l'autonomia del contingente ispettivo e valorizzare il ruolo delle scuole nell'autovalutazione. L'INVALSI, basandosi su standard europei e internazionali, si occupa delle modalità tecniche e scientifiche della valutazione.

Per quanto riguarda l'istruzione e formazione professionale, il sistema di valutazione è definito dal Ministro con linee guida concordate con la Conferenza unificata e il Ministro del lavoro e delle politiche sociali.

6.14.2 INVALSI

L'Istituto Nazionale per la Valutazione del Sistema Educativo di Istruzione e di Formazione (INVALSI), introdotto nel 1999 con la L. 59/1997 al posto del Centro Europeo dell'Educazione (CEDE), è un ente di ricerca con personalità giuridica di diritto pubblico che svolge varie attività nel campo dell'istruzione.

1. Effettua verifiche periodiche e sistematiche, le cosiddette prove INVALSI, sulle conoscenze, abilità e qualità complessiva dell'offerta formativa degli studenti e delle istituzioni di istruzione e formazione professionale, inclusa l'educazione permanente. Inoltre, gestisce il Sistema Nazionale di Valutazione (SNV).

2. Studia le cause dell'insuccesso e dell'abbandono scolastico, considerando il contesto sociale e i diversi tipi di offerta formativa.

3. Conduce rilevazioni necessarie per valutare il valore aggiunto ottenuto dalle scuole.

4. Prepara annualmente i testi della nuova prova scritta, a carattere nazionale, per verificare i livelli di apprendimento conseguiti dagli studenti nell'esame di Stato conclusivo della scuola secondaria di primo grado.

5. Fornisce modelli per la terza prova prevista dall'esame di Stato conclusivo della scuola secondaria di secondo grado.

6. Valuta i livelli di apprendimento degli studenti al termine della scuola secondaria di secondo grado utilizzando le prove scritte degli esami di Stato, seguendo criteri e modalità comparabili a livello internazionale.

7. Offre supporto e assistenza tecnica alle scuole, alle regioni e alle istituzioni scolastiche per attività di monitoraggio, valutazione e autovalutazione.

8. Svolge attività di formazione per insegnanti e dirigenti scolastici riguardanti i processi di valutazione e autovalutazione delle istituzioni scolastiche.
9. Conduce attività di ricerca su iniziativa propria o su incarico di enti pubblici e privati.
10. Partecipa a progetti di ricerca europei e internazionali nel campo della valutazione, rappresentando l'Italia negli organismi competenti.
11. Formula proposte per l'attuazione del sistema di valutazione dei dirigenti scolastici, definisce le procedure per la loro valutazione e propone programmi di formazione per i membri del team di valutazione.
12. Monitora lo sviluppo e gli esiti del sistema di valutazione.

Ai sensi dell'articolo 3 del decreto, l'INVALSI si occupa del coordinamento funzionale del SNV, assicurando la coerenza e l'efficacia del sistema di valutazione. Inoltre, propone i protocolli di valutazione e il programma delle visite alle istituzioni scolastiche svolte dai nuclei di valutazione esterna. Definisce gli indicatori di efficienza e di efficacia che vengono utilizzati per identificare le istituzioni scolastiche che necessitano di supporto e che devono essere sottoposte a una valutazione esterna prioritaria.

Un altro compito dell'INVALSI è mettere a disposizione delle singole istituzioni scolastiche gli strumenti necessari per il processo di valutazione, facilitando l'implementazione delle azioni previste. Inoltre, definisce gli indicatori per la valutazione dei dirigenti scolastici.

Per svolgere i propri compiti, seleziona, forma e inserisce in un elenco gli esperti dei nuclei di valutazione esterna. L'INVALSI si occupa anche della formazione degli ispettori che partecipano ai nuclei di valutazione.

Oltre a ciò, redige relazioni e rapporti sul sistema scolastico e formativo che consentono una comparazione anche su base internazionale. Infine, l'INVALSI partecipa a indagini internazionali e altre iniziative legate alla valutazione, rappresentando l'Italia.

Prove INVALSI

Le prove INVALSI sono test nazionali standardizzati anonimi e vengono svolte in diverse fasi del percorso scolastico.

I risultati delle prove INVALSI vengono utilizzati per monitorare i progressi degli studenti, identificare eventuali bisogni di intervento e supportare le decisioni delle scuole e dei responsabili delle politiche educative. È bene sottolineare che le prove INVALSI sono uno strumento utilizzato per ottenere una panoramica generale dell'istruzione in Italia e non sono concepite come esami individuali per gli studenti.

Nella scuola primaria le prove vengono svolte in seconda (solo italiano e matematica) e in quinta (italiano, matematica e inglese).

Nella scuola secondaria di primo grado le prove sono previste in terza e hanno ad oggetto italiano, matematica e inglese.

Nella scuola secondaria di secondo grado sono previste in seconda e quinta.

Le prove INVALSI sono obbligatorie, pena la non ammissione all'esame di Stato; si svolgono nel mese di aprile e la votazione riportata alle prove non incide sul voto finale degli esami di Stato conclusivi del primo e del secondo ciclo.

Le prove durano 45-90 minuti e consistono di domande aperte e domande a scelta multipla. Per la scuola secondaria di primo e secondo grado sono computer based.

Infine, gli alunni compilano un questionario dello studente che ha l'obiettivo di raccogliere informazioni sul contesto socio-culturale dell'alunno e sul suo percorso. Il questionario è anonimo e viene compilato in due momenti: durante la classe quinta della scuola primaria e classe seconda della scuola secondaria di secondo grado.

6.14.3 INDIRE

L'Istituto Nazionale di Documentazione, Innovazione e Ricerca Educativa (INDIRE) è un ente che si occupa di ricerca, sviluppo e diffusione di pratiche innovative nel campo dell'istruzione e della formazione. Ha il compito di promuovere e sostenere la qualità e l'innovazione nel sistema educativo italiano. Si occupa inoltre di raccogliere, elaborare e diffondere informazioni, documenti e risorse nel campo dell'educazione, al fine di fornire supporto alle scuole, agli insegnanti, ai dirigenti scolastici e ad altri attori del sistema educativo.

Le attività dell'INDIRE comprendono la ricerca pedagogica, la sperimentazione di nuovi metodi didattici, la produzione di materiali e risorse educative, la promozione di progetti e iniziative innovative, nonché la formazione degli insegnanti e dei dirigenti scolastici e la realizzazione di percorsi di aggiornamento professionale.

L'obiettivo dell'INDIRE è quello di favorire l'innovazione didattica, la valorizzazione delle buone pratiche e la diffusione di approcci educativi efficaci. L'istituto collabora con le scuole, le università, le istituzioni educative e le altre agenzie nazionali e internazionali per promuovere il progresso e la qualità dell'istruzione in Italia.

Ai sensi dell'articolo 4, l'INDIRE, all'interno del SNV, supporta le istituzioni scolastiche nel miglioramento della qualità dell'offerta formativa e dei risultati degli studenti. Si occupa di promuovere l'innovazione e l'utilizzo delle nuove tecnologie, attraverso progetti di ricerca e interventi di formazione per il personale scolastico. Inoltre, fornisce consulenza su richiesta delle scuole e si impegna nel sostegno dei processi di innovazione didattica.

6.14.4 Contingente ispettivo

Il contingente ispettivo, ai sensi dell'articolo 5, è composto da dirigenti di seconda fascia del MIUR. I dirigenti svolgono compiti di valutazione e supervisione e partecipano ai nuclei di valutazione esterna, contribuendo alla valutazione delle istituzioni scolastiche secondo i protocolli stabiliti dall'INVALSI. Essi sono incaricati di valutare la qualità dell'offerta formativa, monitorando l'efficienza e l'efficacia del sistema educativo. I dirigenti ispettivi sono utilizzati in via esclusiva per le attività di valutazione durante la durata dei loro incarichi.

6.14.5 Procedimento di valutazione

Il procedimento di valutazione delle istituzioni scolastiche, ai sensi dell'articolo 6, si articola in 4 fasi e valorizza il ruolo delle scuole nel processo di autovalutazione.

Inizialmente, le scuole si autovalutano analizzando i dati disponibili e redigendo un rapporto di autovalutazione e un piano di miglioramento.

Successivamente, viene effettuata la valutazione esterna da parte di nuclei composti da un dirigente tecnico e da due esperti scelti da un elenco apposito. Le scuole sottoposte a verifica sono individuate dall'INVALSI sulla base di indicatori di efficienza ed efficacia definiti dall'INVALSI medesimo.

Le istituzioni scolastiche riadattano i loro piani di miglioramento in base ai risultati della valutazione esterna. Seguono azioni di miglioramento, che possono coinvolgere anche il supporto dell'INDIRE e la collaborazione con altre istituzioni.

Infine, i risultati e gli indicatori vengono pubblicati per favorire la trasparenza e il confronto con la comunità.

Il dirigente scolastico è valutato in base ai risultati delle azioni di miglioramento. Tali risultati sono tenuti conto dal direttore generale del competente Ufficio Scolastico Regionale in sede di conferimento del successivo incarico nonché della valutazione del dirigente stesso.

6.14.6 Autovalutazione delle scuole

L'autovalutazione delle scuole è una delle fasi previste dal processo di valutazione.

In questa fase, la scuola analizza la sua situazione e la qualità del suo servizio con l'obiettivo di individuare delle aree di miglioramento. A tale scopo produce due documenti: il rapporto di autovalutazione (RAV) e il piano di miglioramento (PDM).

Rapporto di autovalutazione

Il RAV è un documento redatto dalle istituzioni scolastiche nell'ambito del procedimento di valutazione. Esso rappresenta un'analisi dettagliata e critica del proprio servizio educativo, basata su dati e informazioni forniti dal sistema informativo del Ministero dell'Istruzione, dalle rilevazioni sugli apprendimenti e da altre fonti rilevanti. Il RAV comprende una valutazione interna dell'istituzione scolastica, evidenziando punti di forza e di debolezza, e fornisce le basi per la definizione di un piano di miglioramento. Questo documento permette alle scuole di autovalutarsi in modo strutturato e di identificare le aree su cui concentrare gli interventi per migliorare la qualità dell'offerta formativa.

Il RAV è compilato dal dirigente scolastico e dal Nucleo interno di valutazione (NIV).

Il NIV è un gruppo formato da docenti dell'istituzione che ha il compito di supportare il dirigente scolastico nella definizione degli obiettivi e nel monitoraggio dei progressi.

Il RAV è composto da 5 sezioni:

1. *Contesto e risorse:* la scuola è chiamata ad esaminare il contesto socio-economico in cui opera così da individuare

opportunità e punti di debolezza. A tal fine analizza la popolazione scolastica, il territorio e le risorse economiche, materiali e professionali a disposizione.

2. *Esiti:* vengono esaminati i risultati scolastici degli alunni con particolare attenzione agli esiti delle prove INVALSI.

3. *Processi:* viene analizzata la scuola in ogni sua parte: gli studenti, il PTOF, gli ambienti di apprendimento, le metodologie impiegate, le iniziative di orientamento, i processi di inclusione, lo sviluppo e la valorizzazione del personale, l'integrazione della scuola con il territorio e i rapporti con le famiglie.

4. *Processo di autovalutazione*: viene descritto il processo di autovalutazione e le modalità di coinvolgimento dei docenti, del personale e degli studenti. Vengono inoltre analizzati i risultati del processo di autovalutazione con lo scopo di individuare punti di forza, le criticità e le aree di miglioramento.

5. *Individuazione delle priorità*: sulla base dei risultati del processo di autovalutazione vengono identificati gli obiettivi di miglioramento e le azioni concrete per affrontare le criticità individuate.

Il RAV viene pubblicato nella sezione dedicata alla valutazione del portale Scuola in chiaro.

Il passo successivo è l'elaborazione di un Piano di miglioramento.

Piano di miglioramento

Il PDM definisce le azioni e le misure specifiche che un'istituzione scolastica intende adottare per affrontare le criticità emerse dal RAV e promuovere il miglioramento dei risultati e delle prestazioni degli studenti. Il piano viene elaborato dal dirigente scolastico e dal NIV coinvolgendo e informando tutta la comunità scolastica.

L'INDIRE ha elaborato un modello di piano che prevede interventi su due livelli: le pratiche educative e le pratiche gestionali ed organizzative.

Il modello prevede 4 azioni:

1. Scelta degli obiettivi di processo più rilevanti sulla base del RAV.
2. Individuazione delle azioni da intraprendere per raggiungere gli obiettivi prefissati.
3. Pianificazione delle azioni di ciascun obiettivo di processo individuati. È necessario definire le risorse umane e strumentali impiegate, i tempi di attuazione delle azioni e i criteri di monitoraggio per verificare lo stato di avanzamento.
4. Valutazione, condivisione e diffusione dei risultati del PDM.

Il PDM viene inserito nel PTOF indicando le priorità, i traguardi e gli obiettivi di processo individuati, nonché le azioni pianificate per il raggiungimento degli obiettivi stessi.

6.15 Competenze chiave europee 2018

La *"Raccomandazione del Consiglio relativa alle competenze chiave per l'apprendimento permanente"* è un documento ufficiale adottato dal Consiglio dell'Unione Europea il 22 maggio 2018.

Questa raccomandazione rappresenta una guida politica per i paesi membri dell'UE riguardo alle competenze ritenute essenziali per l'apprendimento lungo tutto l'arco della vita.

Il documento sottolinea l'importanza di sviluppare una serie di competenze che consentano ai cittadini di partecipare attivamente alla società contemporanea, di affrontare i cambiamenti e di adattarsi alle nuove sfide. Le competenze chiave sono considerate fondamentali per il successo personale, professionale e sociale.

La raccomandazione del Consiglio delinea otto competenze chiave che riflettono le esigenze e le sfide attuali. Di seguito vengono descritte le otto competenze chiave:

1. La *competenza alfabetica funzionale* si riferisce alla capacità di individuare, comprendere, esprimere, creare e interpretare concetti, sentimenti, fatti e opinioni sia oralmente che per iscritto, utilizzando materiali visivi, sonori e digitali provenienti da diverse discipline e contesti. Questa competenza implica la capacità di comunicare e relazionarsi efficacemente con gli altri in modo appropriato e creativo. Lo sviluppo della competenza alfabetica funzionale rappresenta la base per l'apprendimento successivo e per un'ulteriore interazione linguistica. A seconda del contesto, questa competenza può essere sviluppata nella lingua madre, nella lingua di istruzione scolastica e/o nella lingua ufficiale di un paese o di una regione.

2. La *competenza multilinguistica* si riferisce alla capacità di utilizzare diverse lingue in modo appropriato ed efficace per comunicare. Questa competenza condivide molte delle abilità fondamentali della competenza alfabetica. Si basa sulla capacità di comprendere, esprimere e interpretare concetti, pensieri, sentimenti, fatti e opinioni sia oralmente che per iscritto (comprensione orale, espressione orale, comprensione scritta ed espressione scritta) in una varietà di contesti sociali e culturali, a seconda delle preferenze o delle necessità individuali. Le competenze linguistiche comprendono anche una dimensione storica e competenze interculturali. Questa competenza implica la capacità di mediare tra diverse lingue e mezzi di comunicazione, come indicato nel quadro comune europeo di riferimento. A seconda delle circostanze, può includere il mantenimento e lo sviluppo ulteriore delle

competenze nella lingua madre, così come l'acquisizione della lingua ufficiale o delle lingue ufficiali di un paese.

3. La *competenza matematica* è la capacità di utilizzare il pensiero matematico per risolvere problemi nella vita quotidiana, comprendendo e applicando i concetti matematici. Questo include l'uso di modelli matematici e la padronanza delle operazioni aritmetiche. La *competenza in scienze, tecnologie e ingegneria* implica l'abilità di spiegare il mondo circostante utilizzando conoscenze scientifiche e metodologiche, comprese l'osservazione e la sperimentazione. Le competenze in tecnologia e ingegneria consentono di rispondere alle esigenze umane. Questa competenza comprende anche la consapevolezza dei cambiamenti causati dall'attività umana e la responsabilità individuale come cittadino.

4. La *competenza digitale* implica l'interesse e l'uso responsabile delle tecnologie digitali per l'apprendimento, il lavoro e la partecipazione alla società. Include l'alfabetizzazione informatica, la comunicazione e la collaborazione, la creazione di contenuti digitali (compresa la programmazione), la sicurezza online (compresa la cybersicurezza), la gestione della proprietà intellettuale, la risoluzione di problemi e il pensiero critico.

5. La *competenza personale, sociale e la capacità di imparare a imparare* comprende la capacità di auto-riflessione, gestione del tempo e delle informazioni, collaborazione efficace con gli altri, resilienza e auto-gestione dell'apprendimento e della carriera. Include anche la capacità di affrontare l'incertezza e la complessità, imparare ad apprendere, promuovere il benessere fisico ed emotivo, mantenere la salute e orientarsi al futuro, mostrare empatia e gestire il conflitto in un ambiente inclusivo.

6. La *competenza in materia di cittadinanza* implica la capacità di agire come cittadini responsabili e di partecipare attivamente alla vita civica e sociale. Questa competenza si basa sulla comprensione delle strutture e dei concetti sociali, economici, giuridici e politici, nonché sulla consapevolezza dell'evoluzione globale e della sostenibilità.

7. La *competenza imprenditoriale* implica la capacità di prendere iniziative basate su idee e opportunità e di trasformarle in valore per gli altri. Questa competenza si basa sulla creatività, sul pensiero critico e sulla risoluzione di problemi, sull'iniziativa e sulla perseveranza. Include anche la capacità di lavorare in modo collaborativo per pianificare e gestire progetti che hanno un valore culturale, sociale o finanziario.

8. La *competenza in materia di consapevolezza ed espressione culturali* riguarda la comprensione e il rispetto delle diverse espressioni creative e comunicative presenti nelle diverse culture attraverso le arti e altre forme culturali. Implica l'impegno nel comprendere, sviluppare ed esprimere le proprie idee e il senso del proprio ruolo nella società in vari modi e contesti.

6.16 Insegnamento di Educazione Civica

La L. 92/2019 introduce l'insegnamento dell'Educazione Civica per una durata di almeno 33 ore annuali da svolgersi nel monte orario obbligatorio.

L'insegnamento è trasversale, è previsto nel primo e nel secondo ciclo di istruzione ed è oggetto di valutazione periodica e finale.

Le scuole del primo ciclo affidano l'insegnamento a docenti sulla base di un curricolo specifico, mentre nelle scuole del secondo ciclo l'insegnamento è affidato ai docenti abilitati nelle discipline giuridiche ed economiche.

Per ogni classe viene individuato un docente referente che ha compiti di coordinamento.

L'insegnamento mira a formare cittadini responsabili e attivi, promuovendo la partecipazione consapevole alla vita civica, culturale e sociale delle comunità. Esso si basa sul rispetto delle regole, dei diritti e dei doveri. Inoltre, si concentra sulla conoscenza della Costituzione italiana e delle istituzioni dell'Unione Europea, al fine di promuovere i principi di legalità, cittadinanza attiva e digitale, sostenibilità ambientale e diritto alla salute e al benessere.

I traguardi per lo sviluppo delle competenze riguardano diverse tematiche, tra cui la Costituzione italiana, l'Agenda 2030 per lo sviluppo sostenibile, l'educazione alla cittadinanza digitale, il diritto, l'educazione ambientale, la legalità, il rispetto del patrimonio culturale e la protezione civile.

Ai fini dell'insegnamento sono incoraggiate collaborazioni tra scuole, amministrazioni comunali e altri enti locali per favorire attività didattiche, visite a istituzioni e organizzazioni, e incontri con esperti del territorio.

6.17 Continuità didattica ed educativa

La continuità didattica si riferisce alla coerenza e alla progressione dell'insegnamento e dell'apprendimento all'interno di un percorso educativo. La continuità didattica mira a garantire che gli studenti ricevano una formazione coerente e completa, in cui le conoscenze e le competenze acquisite in precedenza siano integrate e utilizzate come base per gli apprendimenti successivi.

La continuità educativa va oltre la dimensione didattica e si concentra sull'intero processo educativo, comprese le dimensioni cognitive, affettive, sociali e morali dello sviluppo degli studenti. La continuità educativa ha la finalità di garantire che ci sia un'armonia e una coerenza nel modo in cui gli studenti vengono formati e accompagnati in tutto il loro percorso educativo. Tale continuità è stata introdotta con la C.M. 1/1988 e la C.M. 262/1988 ai fini dell'integrazione degli alunni con disabilità e successivamente estesa a tutti gli alunni il D.M. 339/1992.

In sintesi, la continuità didattica riguarda la progressione logica e graduale degli insegnamenti e dell'apprendimento, mentre la continuità educativa si concentra sulla coerenza e sulla completezza dell'intero processo educativo, comprendendo anche gli aspetti personali, sociali e morali dello sviluppo degli studenti.

6.17.1 Continuità verticale

La continuità verticale si realizza tra le classi terminali e le classi iniziali di gradi di scuola differenti, ad esempio nel passaggio dalla scuola primaria alla scuola secondaria di primo grado.

La continuità verticale si concentra sull'organizzazione e sull'articolazione dei contenuti in modo che si sviluppino in modo sequenziale e coerente lungo tutto il percorso educativo.

L'obiettivo è garantire una transizione fluida e un'appropriata progressione dell'apprendimento per gli studenti.

6.17.2 Continuità orizzontale

La continuità orizzontale si riferisce alla sinergia tra l'azione formativa delle scuole e la realtà territoriale in cui operano, al fine di creare un curricolo che sia integrato con il contesto economico, sociale e culturale del territorio.

Per implementare con successo la continuità orizzontale, è necessario che il dirigente scolastico analizzi la realtà in cui la scuola opera identificando i punti di forza da valorizzare e le criticità da affrontare. Solo attraverso questa comprensione è possibile stabilire una relazione scuola-territorio che porti a vantaggi reciproci ad entrambe le parti.

Ad esempio, la scuola potrebbe mettere a disposizione del territorio risorse professionali, strumentali e strutturali per sostenere iniziative formative per gli adulti.

D'altra parte, il territorio può investire risorse, come capitale umano o materiale, per migliorare le infrastrutture della scuola.

In questo modo si crea una situazione vantaggiosa per entrambe le parti, in cui la scuola si integra maggiormente con il contesto territoriale e il territorio sostiene e potenzia l'ambiente scolastico.

Le istituzioni scolastiche possono realizzare questo tipo di continuità nell'ambito della loro autonomia ai sensi dell'articolo 7 del D.P.R. 275/1999. In particolare, le scuole, sia individualmente che in rete, possono stipulare convenzioni con università, istituzioni, enti, associazioni o agenzie locali. Possono anche promuovere e partecipare ad accordi e convenzioni per coordinare attività di interesse comune coinvolgendo più scuole, enti e associazioni del volontariato e del settore privato, realizzando di fatto uno scambio reciproco con il territorio in cui operano.

6.18 Dispersione scolastica

La dispersione scolastica è un fenomeno che si verifica quando gli studenti abbandonano la scuola o non completano con successo il percorso educativo previsto. Questo fenomeno può avvenire a diversi livelli di istruzione, come la scuola primaria, secondaria di primo grado o di secondo grado, e può essere influenzato da molteplici fattori.

La dispersione scolastica può essere suddivisa in due categorie: dispersione esplicita e dispersione implicita.

La dispersione esplicita si verifica quando uno studente lascia volontariamente la scuola senza completare gli studi richiesti. Ciò può essere dovuto a diversi motivi, tra cui problemi familiari, difficoltà economiche, mancanza di interesse per gli studi, bullismo, mancanza di supporto da parte dei genitori o del corpo docente, o scarse performance scolastiche. Gli studenti che abbandonano la scuola esplicitamente spesso non raggiungono un livello di istruzione adeguato e possono incontrare difficoltà maggiori nella loro vita professionale e personale.

La dispersione implicita, invece, si riferisce a quegli studenti che ottengono un diploma di scuola secondaria di secondo grado, ma che non raggiungono i livelli minimi di competenza richiesti per il loro percorso di studio.

6.19 Bullismo e cyberbullismo

Il D.M. 18/2021, emesso con la Nota 482/2021, rappresenta l'aggiornamento delle Linee Guida per la prevenzione e il contrasto del bullismo e cyberbullismo. Questo decreto fornisce a dirigenti, docenti ed operatori scolastici gli strumenti necessari per comprendere, ridurre e contrastare i fenomeni negativi che colpiscono gli alunni. Gli strumenti proposti sono basati su solide evidenze scientifiche, consentendo una maggiore efficacia nell'affrontare tali problematiche.

Rispetto alla versione precedente delle Linee di Orientamento del 2017, l'aggiornamento delinea i principali sviluppi in merito alle strategie e alle pratiche per contrastare il bullismo e il cyberbullismo. Alcuni dei punti salienti sono:

- Introduzione del progetto *Safer Internet Centre-Generazioni Connesse* come strumento utile per affrontare il problema.
- Promozione della formazione e-learning per i docenti referenti tramite la Piattaforma ELISA, che fornisce strategie anti-bullismo.
- Indicazioni di procedure operative efficaci, suddivise in azioni prioritarie e consigliate.
- Invito alla costituzione di Gruppi di Lavoro (Team Antibullismo e Team per l'Emergenza) a livello scolastico e territoriale, integrati da figure specialistiche di riferimento.

In caso di impossibilità, si suggerisce la creazione di reti di scopo.

- Protocollo d'intervento per una prima valutazione dei casi di emergenza.
- Raccomandazioni e responsabilità degli organi e del personale scolastico.
- Indicazione dei referenti del bullismo e cyberbullismo sui siti scolastici istituzionali.
- Inclusione di un'appendice con un modello fac-simile per segnalare reati o situazioni di rischio alle Forze di Polizia o all'Autorità Giudiziaria.

6.20 Integrazione degli alunni stranieri

La Nota MIUR 4233/2014 fa riferimento alle linee guida emanate dal Ministero dell'Istruzione, dell'Università e della Ricerca riguardanti l'inclusione degli studenti stranieri nelle scuole italiane.

Questa nota fornisce indicazioni e orientamenti alle scuole sull'accoglienza e l'inclusione degli alunni stranieri, con l'obiettivo di garantire un percorso educativo adeguato e integrato per tutti gli studenti, indipendentemente dalla loro provenienza.

Gli alunni con cittadinanza non italiana hanno la possibilità di richiedere l'iscrizione alle scuole in qualsiasi periodo dell'anno scolastico. Inoltre, il numero degli alunni con cittadinanza non italiana in ogni classe non può superare il 30% del totale degli iscritti. Questo limite è il risultato di una distribuzione equilibrata degli studenti con cittadinanza non italiana tra le scuole che operano sullo stesso territorio.

Gli studenti con cittadinanza non italiana, soggetti all'obbligo di istruzione nel territorio nazionale, sono valutati secondo le modalità previste dall'articolo 45 del D.P.R. 394/1999. Tale normativa è richiamata anche nel regolamento sulla valutazione scolastica stabilito dal D.P.R. 122/2009. Pertanto, per gli studenti iscritti nelle scuole italiane, sia statali che paritarie, si applicano le seguenti disposizioni:

- Hanno il diritto di essere valutati periodicamente e in modo equo, secondo criteri definiti.
- Ricevono voti espressi in decimi per tutte le discipline di studio e per il comportamento (ad eccezione della scuola primaria, dove il voto può essere sostituito da un giudizio).
- Possono accedere alla classe successiva o agli esami di Stato se ottengono voti non inferiori ai 6/10 in tutte le discipline e nel comportamento.
- In sede di esami di Stato, non è possibile differenziare le prove per gli studenti stranieri, ma solo per gli studenti con BES certificati o comunque forniti di un piano didattico personalizzato.

6.21 Life skills dell'OMS

Le Life Skills, secondo il Bollettino Skills for Life n. 1/1992 dell'OMS (Organizzazione Mondiale della Sanità), sono un insieme di abilità cognitive, emotive e sociali che consentono alle persone di affrontare le sfide della vita quotidiana in modo efficace.

Queste abilità sono essenziali per favorire la crescita personale, promuovere la salute mentale e il benessere, e per consentire ai singoli individui di adattarsi e partecipare attivamente alla società.

Le Life Skills vengono insegnate e sviluppate sin dall'infanzia, ma sono importanti in tutte le fasi della vita. Esse comprendono una vasta gamma di competenze che aiutano le persone a prendere decisioni consapevoli, risolvere problemi, comunicare in modo efficace, gestire lo stress e le emozioni, stabilire relazioni positive, avere una visione positiva di sé stessi e affrontare le pressioni sociali.

L'OMS ha identificato le seguenti categorie di Life Skills:

1. *Consapevolezza di sé:* questa abilità riguarda la conoscenza e la comprensione di sé stessi, inclusi i propri

valori, emozioni, punti di forza e debolezze. La consapevolezza di sé è fondamentale per sviluppare una visione positiva di sé stessi e per prendere decisioni in linea con i propri obiettivi personali.

2. *Gestione delle emozioni:* si riferisce alla capacità di riconoscere, comprendere e gestire le proprie emozioni in modo sano ed equilibrato. Ciò include l'essere consapevoli delle emozioni, saperle esprimere in modo appropriato e gestire lo stress e le frustrazioni in modo efficace.

3. *Gestione dello stress:* questa abilità riguarda la capacità di gestire e affrontare lo stress in modo sano. Include la conoscenza e l'applicazione di strategie per ridurre lo stress, come la gestione del tempo, la pratica di tecniche di rilassamento e l'adozione di uno stile di vita equilibrato.

4. *Empatia:* si riferisce alla capacità di comprendere e condividere le emozioni e le prospettive degli altri. L'empatia implica l'abilità di mettersi nei panni degli altri, ascoltarli attentamente e rispondere in modo sensibile alle loro esigenze e sentimenti.

5. *Comunicazione efficace:* questa abilità riguarda la capacità di esprimere le proprie idee, pensieri e sentimenti in modo chiaro e comprensibile agli altri. Comunicare in modo efficace implica anche l'ascolto attivo e la capacità di adattare il proprio messaggio al contesto e all'interlocutore.

6. *Capacità relazionali:* riguarda la capacità di stabilire e mantenere relazioni positive e sane con gli altri. Questa abilità include la capacità di collaborare, risolvere i conflitti in modo costruttivo, negoziare e mantenere un buon equilibrio tra le proprie esigenze e quelle degli altri.

7. *Creatività:* si riferisce alla capacità di pensare in modo originale e sviluppare idee nuove e innovative. La creatività implica la flessibilità mentale, la capacità di problem-solving e la generazione di soluzioni non convenzionali.

8. *Senso critico:* questa abilità riguarda la capacità di valutare in modo obiettivo le informazioni, le situazioni e le opinioni. Il senso critico implica l'analisi e la valutazione delle prove, il riconoscimento delle argomentazioni valide e l'assunzione di decisioni informate.

9. *Prendere decisioni:* riguarda la capacità di raccogliere informazioni, valutare le opzioni disponibili e prendere decisioni consapevoli e responsabili. Prendere buone decisioni implica anche l'essere consapevoli delle conseguenze delle proprie azioni e di come queste possano influire su sé stessi e sugli altri. Questa abilità richiede un senso di responsabilità e la capacità di considerare i valori personali, gli obiettivi e le implicazioni a lungo termine prima di prendere una decisione.

10. *Risolvere problemi:* riguarda l'abilità di affrontare e superare le difficoltà che si presentano nella vita quotidiana. È un processo che richiede di identificare il problema, esaminarne le cause e trovare soluzioni efficaci.

6.22 Quiz

1. Chi presiede il Consiglio di Istituto?
   A. Il dirigente scolastico
   B. Un docente
   C. Un Ministro
   D. Un Genitore

2. Per la Costituzione Italiana l'esercizio dell'insegnamento è:
   A. Soggettivo
   B. Passivo
   C. Guidato
   D. Libero

3. Cosa si intende per BES?
   A. Bisogni Emergenti Scolastici
   B. Buoni Esercizi Specifici
   C. Bisogni Educativi Speciali
   D. Buono Esemplificativo Semplice

4. Che cosa significa PEI?
   A. Progetto Educativo Indifferenziato
   B. Piano Europeo Individualizzato
   C. Piano Educativo Individualizzato
   D. Piano Educativo Internazionale

5. Che cosa significa RAV?
   A. Rapporto di Autovalutazione
   B. Ricorso alla Valutazione
   C. Rinforzo autovalutativo
   D. Rapporto di Aggiornamento e Verifica

6. In base al Regolamento recante le norme in materia di autonomia delle istituzioni scolastiche, da quale organo viene elaborato il POF?
   A. Consiglio di Interclasse
   B. Collegio dei Docenti
   C. Consiglio di Istituto
   D. Consiglio di Classe

7. Quando è stata introdotta l'educazione civica in tutti gli ordini di scuola?
   A. Con la L. 169/2008
   B. Con la L. 92/2019
   C. Con il D. Lgs. .66/2017
   D. Con la L. 107/2015

8. Come si adempie all'obbligo formativo?
   A. Frequentando attività formative fino al compimento del diciottesimo anno di età
   B. Con la frequenza di una scuola secondaria di II grado
   C. Con il raggiungimento della qualifica professionale
   D. Con il rilascio del diploma

9. La L. 170/2010 definisce la disgrafia come:
   A. Un disturbo specifico che si manifesta con una difficoltà nell'imparare a leggere
   B. Un disturbo specifico di scrittura che si manifesta con una difficoltà nei processi linguistici di transcodifica
   C. Un disturbo in cui l'acquisizione delle normali abilità linguistiche è compromessa sin dai primi stadi dello sviluppo
   D. Un disturbo specifico della scrittura che si manifesta con una difficoltà nella realizzazione grafica

10. In base al D.P.R. 275/1999, gli ampliamenti dell'offerta formativa realizzati dalla scuola:

A. Devono essere realizzati in promozione o adesione a convenzioni o accordi stipulati a livello nazionale, regionale o locale

B. Devono essere realizzati senza nuovi o maggiori oneri per lo Stato

C. Devono essere realizzati tramite consorzi o collegamenti tra le scuole

D. Devono tener conto delle esigenze del contesto culturale, sociale ed economico delle realtà locali

6.23 Soluzioni commentate

1. Risposta corretta: D.
Il Consiglio di Istituto, ai sensi dell'articolo 8, comma 6 del D. Lgs. 297/1994, è presieduto da uno dei rappresentanti dei genitori eletto a maggioranza assoluta da tutti i componenti del Consiglio.

2. Risposta corretta: D.
Secondo l'articolo 33 della Costituzione Italiana, l'arte e la scienza sono libere e libero ne è l'insegnamento. Questo stabilisce il principio della libertà di insegnamento.

3. Risposta corretta: C.
I Bisogni Educativi Speciali si riferiscono a tutti quegli studenti che necessitano di attenzioni e strategie didattiche specifiche a causa di disabilità, disturbi o svantaggi.

4. Risposta corretta: C.
Il Piano Educativo Individualizzato è un documento che stabilisce un percorso educativo personalizzato per gli studenti con disabilità, in conformità con la legislazione italiana sull'inclusione scolastica.

5. Risposta corretta: A.
Il Rapporto di Autovalutazione è uno strumento utilizzato dalle scuole per valutare internamente la propria efficienza e efficacia, parte del processo di autovalutazione delle scuole.

6. Risposta corretta: B.
Il POF (Piano dell'Offerta Formativa) è elaborato dal Collegio dei Docenti, come previsto dall'articolo 3 del D.P.R. 275/1999.

7. Risposta corretta: B.

La L. 92/2019 ha introdotto l'Educazione Civica come disciplina trasversale in tutti gli ordini di scuola in Italia.

8. Risposta corretta: A.

L'obbligo formativo, diverso dall'obbligo scolastico, è il diritto/dovere degli alunni che hanno assolto all'obbligo scolastico di frequentare attività formative fino all'età di 18 anni.

9. Risposta corretta: D.

La L. 170/2010 definisce la disgrafia come un disturbo specifico della scrittura che si manifesta con una difficoltà nella realizzazione grafica, identificandola come un disturbo specifico dell'apprendimento.

10. Risposta corretta: D.

Questa disposizione permette alle scuole di adattare la loro offerta formativa in base alle specificità e alle esigenze del contesto locale, esercitando la loro autonomia didattica.

Sugli autori

Francesco Odierna è docente di ruolo di informatica, autore di *"Guida pratica alla progettazione di unità di apprendimento"* ed esperto nella preparazione di concorsi. Con i suoi manuali e la sua esperienza, aiuta gli aspiranti docenti a prepararsi al meglio ai concorsi.

Alessia Iscaro è docente specializzata di sostegno nella scuola secondaria di secondo grado. È laureata in lingue e culture straniere ed è abilitata, tramite concorso ordinario, all'insegnamento della lingua inglese nella scuola secondaria di I e II grado. Dopo numerosi concorsi superati con successo ha deciso di mettere a disposizione degli aspiranti docenti la sua esperienza.

Espansioni online

Puoi accedere alle mappe sulla normativa scolastica inquadrando il codice QR o cliccando un link che segue:

http://eepurl.com/iAtt6E

Altri manuali della collana Guide Pratiche

Concorso Straordinario Ter. Informatica e Competenze Digitali con Quiz Commentati.
Il manuale tratta gli aspetti della digitalizzazione nella scuola (PNSD e CAD), argomenti di informatica quali hardware, software e reti, nonché una parte dedicata alle tecnologie digitali, anche in ottica inclusiva. Tutto in 130 pagine!
Link Amazon: https://amzn.eu/d/gpeWfzK

Guida pratica alla progettazione di unità di apprendimento
Il manuale di riferimento in materia di progettazione di UDA.
In meno di 150 pagine viene spiegato passo passo e con esempi come progettare un'UDA. Con oltre 300 recensioni, è il manuale più recensito su Amazon nella sua categoria.
Link Amazon: https://amzn.eu/d/aSp9Txo

Guida pratica alla preparazione del TFA sostegno
In poco più di 300 pagine vengono trattati tutti gli argomenti oggetto della selezione: psicologia, pedagogia, normativa, metodologie e tecniche didattiche, PEI e ICF.
Anche questo manuale è stato scelto con soddisfazione da centinaia di docenti.
Link Amazon: https://amzn.eu/d/hdgZwR1

La tua opinione è importante per noi

Se stai leggendo questa pagina, molto probabilmente avrai finito di leggere il manuale e ti ringraziamo per il tuo tempo.

Speriamo che il manuale abbia soddisfatto le tue aspettative e che si sia rivelato un valido aiuto allo studio. Se sei soddisfatto, ti chiediamo di lasciare una recensione su Amazon. Ti basta inquadrate il QR code o cliccare questo link, ci vorranno solo due minuti! Le recensioni sono importanti perché ci aiutano a migliorare i nostri manuali e ad aiutare sempre più docenti. In bocca al lupo.

Se il manuale non ti soddisfa, puoi richiedere il rimborso tramite Amazon. In questo caso saremo lieti di rimborsarti, ma per favore non lasciare alcuna recensione.

Francesco e Alessia

7 Bibliografia

1. F. Cambi, Manuale di storia della pedagogia. Editori Laterza 2003.
2. F. Cambi, M. Giosi A. Mariani, D. Sarsini, Pedagogia generale. Carocci, 2017.
3. J. Dewey, Esperienza e educazione, a cura di F. Cappa. Cortina, 2014.
4. E. Macinai, Pedagogia e diritti dei bambini. Carocci, 2013.
5. H. Demo, Didattica aperta e inclusione. Erickson, 2016.
6. L. D'Alonzo, A. Monauni, Che cos'è la differenziazione didattica. Per una scuola inclusiva ed innovativa. Scholé, 2021.
7. L. Mason, Psicologia dell'apprendimento e istruzione, terza edizione. Il Mulino, Bologna, 2019.
8. F. Sulla, Psicologia dell'educazione, seconda edizione. McGraw-Hill Education, 2022.
9. G. Buonaiuti, A. Calvani, M. Ranieri, Fondamenti di didattica. Teoria e prassi dei dispositivi formativi. Carocci editore, 2016.
10. H. Gardner, Frames of Mind; The Theory of Multiple Intelligences. Basic Books, 2011.
11. D. Goleman, Intelligenza emotiva. Rizzoli, 2011.
12. J. Dewey, How we think, 1910.
13. J. Dewey, Democracy and Education, 1916.
14. L. Vygotskij, Tool and symbol in child development, 1930.
15. E. L. Thorndike, Human Learning. The Century Co, 1931.
16. B. F. Skinner, Il comportamento degli organismi, 1938.
17. B. F. Skinner, Teaching Machines, 1958.
18. C. L. Hull, Mathematico-Deductive Theory of Rote Learning, 1940.

19. B. Bloom, Bloom's taxonomy of cognitive learning objectives, 1956.
20. B. Bloom, Learning for Mastery, 1968.
21. J. Bruner, The Act of Discovery, 1961
22. J. Bruner, Needed: A Theory of Instruction, 1963.
23. J. Bruner, The Role of Tutoring in Problem Solving, 1976.
24. H. Murray, Explorations in Personality. Oxford University Press, 1938.
25. É. Claparède, La scuola su misura, 1920.
26. Costituzione della Repubblica Italiana (Gazzetta Ufficiale n. 298 del 27-12-1947).
27. Decreto Legislativo 15 aprile 2005, n. 76. Definizione delle norme generali sul diritto-dovere all'istruzione e alla formazione, a norma dell'articolo 2, comma 1, lettera c), della legge 28 marzo 2003, n. 53.
28. Decreto 22 agosto 2007, n. 139. Regolamento recante norme in materia di adempimento dell'obbligo di istruzione, ai sensi dell'articolo 1, comma 622, della legge 27 dicembre 2006, n. 296.
29. Legge 15 marzo 1997, n. 59. Delega al governo per il conferimento di funzioni e compiti alle regioni ed enti locali, per la riforma della pubblica amministrazione e per la semplificazione amministrativa.
30. Decreto Legislativo 31 marzo 1998, n. 112. Conferimento di funzioni e compiti amministrativi dello Stato alle regioni ed agli enti locali, in attuazione del capo I della legge 15 marzo 1997, n. 59.
31. Decreto del Presidente della Repubblica 8 marzo 1999, n. 275. Regolamento recante norme in materia di autonomia delle istituzioni scolastiche, ai sensi dell'art. 21 della legge 15 marzo 1997, n. 59.

32. Legge 31 dicembre 1962, n. 1859. Istituzione e ordinamento della scuola media statale.
33. Regio Decreto 6 maggio 1923, n. 1054. Relativo all'ordinamento della istruzione media e dei convitti nazionali.
34. Legge 4 agosto 1977, n. 517. Norme sulla valutazione degli alunni e sull'abolizione degli esami di riparazione nonché altre norme di modifica dell'ordinamento scolastico.
35. Legge 30 marzo 1971, n. 118. Conversione in legge del decreto-legge 30 gennaio 1971, n. 5, e nuove norme in favore dei mutilati ed invalidi civili.
36. Legge 5 febbraio 1992, n. 104. Legge-quadro per l'assistenza, l'integrazione sociale e i diritti delle persone handicappate.
37. Legge 3 marzo 2009, n. 18. Ratifica ed esecuzione della Convenzione delle Nazioni Unite sui diritti delle persone con disabilità, con Protocollo opzionale, fatta a New York il 13 dicembre 2006 e istituzione dell'Osservatorio nazionale sulla condizione delle persone con disabilità.
38. Legge 8 ottobre 2010, n. 170. Nuove norme in materia di disturbi specifici di apprendimento in ambito scolastico.
39. Decreto Ministeriale 12 luglio 2011, n. 5669.
40. Linee guida per il diritto allo studio degli alunni e degli studenti con disturbi specifici di apprendimento allegate al Decreto Ministeriale 12 luglio 2011, n. 5669.
41. Direttiva MIUR 27 dicembre 2012. Strumenti d'intervento per alunni con bisogni educativi speciali e organizzazione territoriale per l'inclusione scolastica.
42. Decreto Legislativo 13 aprile 2017, n. 66. Norme per la promozione dell'inclusione scolastica degli studenti con disabilità, a norma dell'articolo 1, commi 180 e 181, lettera c), della legge 13 luglio 2015, n. 107.

43. Decreto del Presidente della Repubblica 20 marzo 2009, n. 89. Revisione dell'assetto ordinamentale, organizzativo e didattico della scuola dell'infanzia e del primo ciclo di istruzione ai sensi dell'articolo 64, comma 4, del decreto-legge 25 giugno 2008, n. 112, convertito, con modificazioni, dalla legge 6 agosto 2008, n. 133.

44. Decreto Legislativo 13 aprile 2017, n. 65. Istituzione del sistema integrato di educazione e di istruzione dalla nascita sino a sei anni, a norma dell'articolo 1, commi 180 e 181, lettera e), della legge 13 luglio 2015, n. 107.

45. Decreto 16 novembre 2012, n. 254. Regolamento recante indicazioni nazionali per il curricolo della scuola dell'infanzia e del primo ciclo d'istruzione, a norma dell'articolo 1, comma 4, del decreto del Presidente della Repubblica 20 marzo 2009, n. 89.

46. Legge 30 ottobre 2008, n. 169. Conversione in legge, con modificazioni, del decreto-legge 1 settembre 2008, n. 137, recante disposizioni urgenti in materia di istruzione e università.

47. Legge 28 marzo 2003, n. 53. Delega al Governo per la definizione delle norme generali sull'istruzione e dei livelli essenziali delle prestazioni in materia di istruzione e formazione professionale.

48. Decreto Legislativo 19 febbraio 2004, n. 59. Definizione delle norme generali relative alla scuola dell'infanzia e al primo ciclo dell'istruzione, a norma dell'articolo 1 della legge 28 marzo 2003, n. 53.

49. Progetto Brocca. Piani di Studio della Scuola Secondaria Superiore e Programmi dei Trienni. Le Proposte della Commissione Brocca, 1992.

50. Decreto del Presidente della Repubblica 15 marzo 2010, n. 87. Regolamento recante norme per il riordino degli istituti

professionali, a norma dell'articolo 64, comma 4, del decreto-legge 25 giugno 2008, n. 112, convertito, con modificazioni, dalla legge 6 agosto 2008, n. 133.

51. Linee guida per il passaggio al nuovo ordinamento degli istituti professionali a norma dell'articolo 8, comma 6, del decreto del Presidente della Repubblica 15 marzo 2010, n. 87.

52. Decreto del Presidente della Repubblica 15 marzo 2010, n. 88. Regolamento recante norme per il riordino degli istituti tecnici a norma dell'articolo 64, comma 4, del decreto-legge 25 giugno 2008, n. 112, convertito, con modificazioni, dalla legge 6 agosto 2008, n. 133.

53. Decreto del Presidente Della Repubblica 15 marzo 2010, n. 89. Regolamento recante revisione dell'assetto ordinamentale, organizzativo e didattico dei licei a norma dell'articolo 64, comma 4, del decreto-legge 25 giugno 2008, n. 112, convertito, con modificazioni, dalla legge 6 agosto 2008, n. 133.

54. Decreto Legislativo 13 aprile 2017, n. 61. Revisione dei percorsi dell'istruzione professionale nel rispetto dell'articolo 117 della Costituzione, nonché raccordo con i percorsi dell'istruzione e formazione professionale, a norma dell'articolo 1, commi 180 e 181, lettera d), della legge 13 luglio 2015, n. 107.

55. Decreto Legge 23 settembre 2022, n. 144. Ulteriori misure urgenti in materia di politica energetica nazionale, produttività delle imprese, politiche sociali e per la realizzazione del Piano nazionale di ripresa e resilienza (PNRR). Informalmente Nuova Riforma degli Istituti Tecnici e Professionali.

56. Decreto Legislativo 17 ottobre 2005, n. 226. Norme generali e livelli essenziali delle prestazioni relativi al secondo ciclo

del sistema educativo di istruzione e formazione, a norma dell'articolo 2 della legge 28 marzo 2003, n. 53.

57. Decreto Ministeriale 7 ottobre 2010, n. 211. Schema di regolamento recante 'Indicazioni nazionali riguardanti gli obiettivi specifici di apprendimento concernenti le attività e gli insegnamenti compresi nei piani degli studi previsti per i percorsi liceali di cui all'articolo 10, comma 3, del decreto del Presidente della Repubblica 15 marzo 2010, n. 89, in relazione all'articolo 2, commi 1 e 3, del medesimo regolamento".

58. Direttiva Ministeriale 15 luglio 2010, n. 57. Linee guida per il passaggio al nuovo ordinamento degli istituti tecnici a norma dell'articolo 8, comma 3, del decreto del Presidente della Repubblica 15 marzo 2010, n. 88.

59. Nota MIUR 240 del 16 gennaio 2013. Insegnamento di discipline non linguistiche (DNL) in lingua straniera secondo la metodologia CLIL nei Licei Linguistici - Norme transitorie.

60. Nota MIUR 4969 del 25 luglio 2014. Avvio in ordinamento dell'insegnamento di discipline non linguistiche (DNL) in lingua straniera secondo la metodologia CLIL nel terzo, quarto, quinto anno dei Licei Linguistici e nel quinto anno dei Licei e degli Istituti tecnici - Norme transitorie a.s. 2014/15.

61. Decreto del Presidente della Repubblica 24 giugno 1998, n. 249. Regolamento recante lo Statuto delle studentesse e degli studenti della scuola secondaria.

62. Decreto del Presidente della Repubblica 21 novembre 2007, n. 235. Regolamento recante modifiche ed integrazioni al decreto del Presidente della Repubblica 24 giugno 1998, n. 249, concernente lo statuto delle studentesse e degli studenti della scuola secondaria.

63. Decreto Legislativo 16 aprile 1994, n. 297. Testo Unico delle disposizioni legislative vigenti in materia di istruzione, relative alle scuole di ogni ordine e grado.

64. Legge 13 luglio 2015, n. 107. Riforma del sistema nazionale di istruzione e formazione e delega per il riordino delle disposizioni legislative vigenti.

65. Decreto Legislativo 13 aprile 2017, n. 62. Norme in materia di valutazione e certificazione delle competenze nel primo ciclo ed esami di Stato, a norma dell'articolo 1, commi 180 e 181, lettera i), della legge 13 luglio 2015, n. 107.

66. Decreto del Presidente della Repubblica 22 giugno 2009, n. 122. Regolamento recante coordinamento delle norme vigenti per la valutazione degli alunni e ulteriori modalità applicative in materia, ai sensi degli articoli 2 e 3 del decreto-legge 1° settembre 2008, n. 137, convertito, con modificazioni, dalla legge 30 ottobre 2008, n. 169.

67. Decreto Ministeriale n. 850 del 27 ottobre 2015. Obiettivi, modalità di valutazione del grado di raggiungimento degli stessi, attività formative e criteri per la valutazione del personale docente ed educativo in periodo di formazione e di prova, ai sensi dell'articolo 1, comma 118, della legge 13 luglio 2015, n. 107.

68. Decreto del Presidente della Repubblica del 28 marzo 2013, n. 80. Regolamento sul sistema nazionale di valutazione in materia di istruzione e formazione.

69. Raccomandazione del Consiglio dell'Unione Europea relativa alle competenze chiave per l'apprendimento permanente del 22 maggio 2018.

70. Legge 20 agosto 2019, n. 92. Introduzione dell'insegnamento scolastico dell'educazione civica.

71. Circolare Ministeriale 4 gennaio 1988, n. 1. Continuità educativa nel processo di integrazione degli alunni portatori di handicap.

72. Circolare Ministeriale 22 settembre 1988, n. 262. Attuazione della sentenza della Corte Costituzionale n. 215 del 3 giugno 1987. Iscrizione e frequenza della scuola secondaria di II grado degli alunni portatori di handicap.

73. Decreto Ministeriale n. 18 del 13 gennaio 2021. Linee di Orientamento per la prevenzione e il contrasto del Bullismo e il Cyberbullismo.

74. Nota MIUR 4233 del 19 febbraio 2014. Linee guida per l'accoglienza e l'integrazione degli alunni stranieri.

75. Bollettino Skills for Life n. 1/1992 dell'Organizzazione Mondiale della Sanità.

Printed by Amazon Italia Logistica S.r.l.
Torrazza Piemonte (TO), Italy

53727655R10179